JN018169

20世紀経済史

ユートピアへの緩慢な歩み

上

次世代の君たち、
マイケル、ジャンナ、ブレンダン、メアリー＝パティ、マシュー、
コートニー、ブライアン、バーバラ、ニコラス、マリア、アレクシス、アレックスへ

日本語版序文

長い二〇世紀で度肝を抜かれる日本という物語

「世界には四種類の国がある。ゆたかな国、貧しい国、アルゼンチン、日本だ」——こう言ったのは、たしかサイモン・クズネッツだった。一九七一年にノーベル経済学賞を受賞した大学者である。

誰が言ったにせよ、この言葉は正しい。一八〇〇年代後半からの日本経済は、二〇世紀の経済史において他の何よりも印象的で勇気づけられるものだった。また一八七〇年以降の日本の政治は、当初こそ徳川時代の鎖国を破ったヨーロッパの国々から不幸にも近代帝国主義の悪しき病原菌をうつされはしたものの、その後はきわめてうまくいったと言えよう。では日本の将来はどうなるのか。それは、本書を読んでくださる日本の読者および広く日本の人々に懸かっている。

二〇世紀の経済は大きく分けて四つのパターンをたどったが、日本はそのうち一つのパターンの代表格である。日本は注目すべきお手本であり、鼓舞してくれる物語であり、その驚くべき成果は他の多くの国を奮い立たせた。第一波として韓国、台湾、香港、シンガポールが、第二波としてマレーシアとタイが、そしていま第三波として中国沿岸部とベトナムが続き、近代的な工業と脱工業化時代の技術を活用して富裕国の仲間入りをするという困難な事業をやり遂げている。

となれば、二〇世紀の経済史を描く著作の中で日本が重要な役割を演じると考えても当然である。だが原書が五八〇ページある本書で日本に割かれたページ数は四九ページに過ぎない。これでは、日本に本来充てるべき分量の半分にも満たないと考える読者もおられよう。この点についてはお詫びしなければならない。ヘンリー・ロソフスキー教授をはじめとする教授陣の忠告にもかかわらず、私は日本について十分に勉強せず、そのせいで当然持っていてしかるべき知識を十分に持ち合わせていない。このため、専門家として価値のある意見を言える範囲の出来事や物語にもっぱら集中することになった次第である。

だが日本についての記述が乏しいことは、日本語版の読者にとって欠陥にはなるまい。そもそも日本の読者は自国の経済や歴史について私よりよく知っているし、誤りや不正確な判断があれば眉を顰《ひそ》めることだろう。よって日本の読者には、明治維新から始まった日本経済の刮目すべき歴史を理解する足掛かりとして本書を使ってほしい。

それにしても、日本の物語にはまったく度肝を抜かれる。

日本にとっての長い二〇世紀は、工業国としての地位を確立したときから始まった。工業立国のプロセスは日露戦争での勝利で加速する。この戦争はまた、近代帝国主義を奉じる国家として日本が東アジアに登場する前触れとなり、地政学的な勢力図を塗り替え、日本にいっそうの経済成長と開発の機会をもたらした。北大西洋の工業先進国は木を切り水を引いて暮らすような貧困国の鋳型に後発国を押し込めようとしていたが、その鋳型から逃れる方法を示してくれた国として、多くの人が日本に注目するようになる。

第二次世界大戦前の日本の経済発展がじつに華々しいものだったことはまちがいない。それに、大恐慌を巧みに回避した日本の成功事例は、詳細に分析し研究していれば他国にとって大いに参考になったはずだ。にもかかわらず一九六〇年になるまで、日本の背中を追いかけようとする国さえなかった。

第二次世界大戦後の日本は、経済成長の可能性がいかに大きいか、その可能性をどう実現するかということを世界に示してのける。アメリカの戦略的爆撃で軍人以上に民間人に大量の死者を出し、国土は荒廃したが、戦争が終わると空前の経済成長が始まったのである。それはもう奇跡としか言いようのないものだった。本書は戦後復興と好景気を、冷戦が貿易政策や技術交流に与えた影響も含むグローバルな経済動向の広い文脈で捉えている。日本の読者はこうした視点を通じて自国の経済政策の際立つ独自性を再認識すると同時に、他の先進工業国の戦後復興と成長という大きな物語の中に自国のたどった足跡を組み込むことができるだろう。

一九六〇年以降は、他国が日本の桁外れの経済的成功から学び始める。各地域の条件に合わせた日本モデルの模倣が、極東すなわちアジアの太平洋沿岸地域で経済成長の太陽を高く昇らせまぶしく輝かせる原動力になったと言っても過言ではあるまい。政府介入、民間部門のイノベーション、ステークホルダー重視の経営の組み合わせは、とくに一九七〇年代の新自由主義への転回以降に北大西洋諸国で採用された自由放任《レッセフェール》寄りのアプローチとは対照的である。政府（経済に深く関わっているが自律的である）と市場（利益主導の意思決定をすみやかに下す）の両方を経済運営の羅針盤とする日本のアプローチがいかに特徴的でしかも効果的だったか、日本の読者は気づくはずだ。また北大西洋諸国の新自由主義秩序の下で採用された自由放任型政策との対比も、いっそう明確になるだろう。

だが新自由主義への転回以降に世界秩序は様変わりし、その中で日本経済はかつての勢いを維持できなくなった。本書では、一九七〇年代に起きた社会民主主義のニューディール的秩序から新自由主義的秩序への転回と、それに伴うグローバル経済の混乱についてくわしく考察した。この混乱は日本経済に重荷となってのしかかることになる。一九七一年にニクソン・ショックがあり、一九七三年と一九七九年に石油ショックがあった。さらにレーガン政権（一九八一～八九年）がグローバル経済に与えたショックは、アメリカの巨額の財政赤字と貿易赤字（双子の赤字）とその結果としての一九八〇年代前半のドル高、プラザ合意の赤字削減の約束をアメリカが守れなかったことなどに起因すると考えられる。

これらの要因が、一九九一年の日本の不動産バブルの崩壊を誘発することになった。バブル崩壊とその後の「失われた一〇年」を理解しておかなければ、日本経済の脆弱性と回復力を正しく認識することはできない。バブル後の長い停滞は日本の経済成長率を大幅に押し下げ、一人当たりGDPの伸びはきわめて低かった。二〇一二年に故安倍晋三首相によるマクロ経済政策改革「三本の矢」が始まってからかなり時間が経つまで、その状態が続いたのである。

ここ数十年に関しては、本書はグローバル化の影響、情報経済の隆盛、グローバル経済の金融化に焦点を当てている。これらの現象は日本に困難な課題と同時に機会ももたらすはずだ。本書には、日本の経済政策が世界の金融・貿易のパラダイムシフトにどう適応してきたかを理解する枠組みが示されている。

日本経済は今後どうなるのか。この疑問には多くの人が強い関心を持って予測をしてきた。日本の人口高齢化、技術と医療・健康への革新的なアプローチ、アジアにおける戦略的地位を踏まえると、二〇世紀の経済史から正しい教訓を学ぶことがきわめて重要になる。日本経済の将来の道筋は、国としての政策の優先順位とグローバル経済からの圧力のせめぎ合いの中で正しく舵取りできるかどうかに懸かってくる。日本には科学技術、環境の持続可能性、多国間貿易協定などで主導的な役割も期待される。

カリフォルニアのシリコンバレーではなく日本の東京大都市圏が世界経済の先頭を走る未来もあり得ただろう。だがその未来図から日本は一九八〇年代に脱落した。世界の主要国が高品質で信頼性の高い製品を作ることに苦労する中、日本が経済において演じた役割は、製造業におけるドイツに非常に近いものだった。ただし日本は最先端中の最先端を行く製品を作ることはできなかったし、プロセス・イノベーションではなくプロダクト・イノベーションの最前線を他国に先駆けて遠くまで押し広げることもできなかった。製造業以外では日本は効率性に長《た》けているとは到底言えず、いまだに人手頼みである。だがこの状況はむしろ、今後数世代にわたる満足のいく経済成長の足がかりとなるだろう。才能に恵まれ勤勉な多くの人々が世界中で生まれていることを考えれば、なおのことだ。彼らにとって、産業資本ストックが蓄積された日本のしっかりした環境で働き生活する機会は大きな価値を持つにちがいない。

　忘れないでほしい。バブル後の日本経済は、世界の中でみれば今なおすばらしく生産的である。日本は所得の比較より生活の質を測る指標の多くで、はるかに高い地位にランクされている。賢くよく生きることに関して、今日の日本には他の富裕国に教えてあげられることがたくさんあるのだ。新型コロナウイルス（Covid-19）の死者数でアメリカと日本には大きな差がついた。アメリカ人は自分たちの社会がした選択について猛省しなければならないし、日本はある意味ではナンバーワンなのではないかと真剣に考え直さなければならない。

二〇二四年四月

ブラッドフォード・デロング

参考文献

- **DeLong, J. Bradford**. 2022. *Slouching Towards Utopia: The Economic History of the 20th Century*. New York: Basic Books. <https://archive.org/details/slouching-towards-utopia>.
- **Haass, Richard**. 2024. "Blocked Sun, Rising Sun." Home & Away. April 12. <https://richardhaass.substack.com/p/blocked-sun-rising-sun-april-12-2024>
- **Taylor, Alan**. 2014. "The Argentina Paradox: Microexplanations and Macropuzzles". NBER Working Paper No. 19924. February. <https://www.nber.org/papers/w19924>.
- **Yglesias, Matthew**. 2012. "The four types of economies and the global imbalances." *Slate*, April. <https://web.archive.org/web/20230412215407/https://slate.com/business/2012/04/the-four-types-of-economies-and-the-global-imbalances.html>.

目次

〔下巻目次〕

序論

大きな物語

My Grand Narrative

「長い二〇世紀」と私が呼ぶものは一八七〇年頃に始まった。この頃に重大な転機となる出来事が相次いで三つ起きている。グローバル化、産業研究所、近代的な企業の出現である。これらの出来事は、悲惨な貧困から世界を脱出させるさまざまな変化の先ぶれとなった。なにしろそれまで一万年もの間、農耕の発見以来ずっと、貧困が人類に定められた運命だったのである[1]。

この「長い二〇世紀」は、二〇一〇年に終わる。世界経済を主導してきた北大西洋の国々は、この年になってもなお二〇〇八年グローバル金融危機から立ち直っていなかった。そしてその後は、一八七〇年以降にあたりまえのように実現してきた経済成長のペースを回復することができず、それに近づくことさえできていない。二〇一〇年以降、政治や文化をめぐって無数の市民の怒りが噴出し社会を不安定化させてきた。二〇世紀型システムの失敗に誰もがさまざまな理由から動転していた。二〇世紀型システムは、市民が当然のごとく望んでいたようにはもはや機能しなくなっている。

一八七〇年〜二〇一〇年の間の時期は、すばらしくもあり恐ろしくもあったが、人類の歴史における他のどの時期と比べても、恐ろしいことよりはるかにすばらしいことのほうが多かったと言うべきだろう。一八七〇〜二〇一〇年の一四〇年間、すなわち「長い二〇世紀」は、人類が通過してきたあらゆる世紀の中で最も重要な世紀だったと確信する。「長い二〇世紀」はまた、歴史を織りなす経糸《たていと》のうち最も重要な糸が経済となった初めての世紀でもあった。そのことに異論を唱える人はおそらくいないだろう。何と言っても、この世紀に人類はほとんど世界を覆い尽くしていた悲惨な物質的貧困から脱け出すことができたのだから。

「長い二〇世紀」に着目して歴史を読み解くべきだという私の見解に対して、別の見方をする研究者もいる。その代表格がイギリスのマルクス主義歴史学者エリック・ホブズボームだ。彼の一派は「短い二〇世紀」と命名したものに注目する。「短い二〇世紀」は一九一四年の第一次世界大戦から始まり、一九九一年のソ連崩壊で終わる。[2] 短い二〇世紀論者は、一九世紀を民主主義と資本主義が台頭し君臨した長い世紀（一七七六〜一九一四年）、二〇世紀を社会主義が実際に存在しファシズムが世界を揺るがした短い世紀とみなす。

長いにせよ短いにせよ、歴史を世紀で捉える見方は必然的に大きな物語になる。そして物語の書き手は望みの筋書きをそこで展開することが可能だ。二〇世紀から一九一四〜一九九一年を切り取ることによって、ホブズボームは語りたいストーリーを容易に語れるようになった。

だがそれでは、もっと大きくもっと重要だと私が信じるストーリーを見落とすことになる。それは一八七〇年頃から二〇一〇年にかけて、すなわち人類が貧困に閉じ込められていた扉をこじ開けたときから、この最初の成功を契機に回り出した経済の成長ペースをもはや維持できなくなったときまで続くストーリーである。[3]

本書で語るのは二〇世紀の歴史において最も重要だと私が考えるストーリーであり、主に経済が主軸となる。この大きな物語は必然的に一八七〇年に始まり、必然的に二〇一〇年に終わったと私は考えている。

オーストリア出身の思想家でジキル博士めいた天才フリードリヒ・アウグスト・フォン・ハイエク（一八九九〜一九九二）が指摘したとおり、市場経済はそれ自体が引き起こした問題の解決を無数の人々に委ねる。[4]すなわちインセンティブを設けて草の根レベルでの解決を促し調整する。一八七〇年以前には、どうやったらゆたかになれるかということは貧弱な市場経済においては問題にもならなかった。人類がしかるべき技術も組織も持ち合わせていなかったからである。だから、一八七〇年にいたるまでの数千年間に人類が市場経済を運営していたとしても、いやそれが言い過ぎなら経済の一角を市場経済が占めていたとしても、その市場経済にできたのは、贅沢品や便利な品物の買い手を見つけ、富裕層の生活を豪奢に、中流層の生活を便利で快適にすることぐらいだった。

この状況が変わり始めたのが一八七〇年の前後である。企業を興し、技術を研究する環境が整い、本格的なグローバル化が始まるとともに、産業研究所と近代的な企業が出現した。この三つが文字通り鍵となり、それまで人類を悲惨な貧困に閉じ込めていた扉を開いたのだった。かくして市場経済は、人々をいかにゆたかにするかという問題に取り組むことになる。いまや市場経済は答えを持ち合わせていた。扉を開けたその先にはユートピアへと続く細い道が続いていた。その道を進み始めれば、ほかにもすばらしいことがついてくると考えられた。

実際、すばらしいことが次々に起きた。

私は世界で蓄積された有益な知識の価値を年代ごとに推定し、指数化している。ここでいう有益な知識とは、自然の制御および人間の努力と知恵の組織化に関する知識を意味する。人類はこうした知識を発見あるいは開発して経済に投入してきたのであり、この指数の伸び率は経済成長の核心部分の平均伸び率に相当すると考えている。この伸び率を推定（当て推量に近いことをお断りしておく）すると、一八七〇年以前は年率約〇・四五％だったが、その後は二・一％になった。一八七〇年はまさに分水嶺だったといえよう。一八七〇～二〇一〇年まで一四〇年にわたって平均成長率が二・一％だったということは、一四〇年で経済の規模は二一・五倍になったということである。これはすばらしいことだ。富を生み出し収入を得る能力が高まれば、人々の暮らし向きはよくなり、必需品はもとより生活を便利あるいは快適にしてくれるものから贅沢品にいたるまで、すべてをより多く持つことができる。だからと言って、二〇一〇年の人類が一八七〇年の二一・五倍も物質的に裕福になったわけではない。というのも、二〇一〇年の人口は一八七〇年の六倍になっているからだ。その結果として資源は一段と希少になり、生活水準と労働生産性は伸び悩むことになる。おおざっぱに見積もって、二〇一〇年の一人当たり所得の世界平均は一八七〇年の八・八倍程度と考えられる。つまり二〇一〇年の一人当たり平均所得は年一万一〇〇〇ドルということになる（八・八という数値は、二二・五を六の平方根で割ると求められる）。この数字を二〇一〇年の人類が一八七〇年よりどれほど裕福だったのかを表すおおざっぱな目安として頭の片隅にとどめておいてほしい。ただし二〇一〇年の富は、一八七〇年よりずっと偏って地球上に分布していることをけっして忘れてはいけない[5]。

年二・一％のペースで経済が成長すると、三三年ごとに二倍になる計算だ。そう考えると、一九〇三年の社会と経済を支えていた技術と生産性は、一八七〇年とはまったくちがっていたことがわかる。一八七〇年は農業と地主が経済を支えていたのに対し、一九〇三年は工業とグローバル化だった。さらに一九三六年には大量生産が、すくなくとも北半球の工業先進国に登場し、いよいよ一八七〇年とのちがいが顕著になる。一九六九年には大量消費と郊外化現象という根深い変化が現れ、情報化時代に突入した二〇〇二年にはマイクロエレクトロニクスが新たに経済を支えた。こうして世代ごとに革命的変化を遂げてきた経済は、社会と政治にも革命をもたらす。政府は繰り返し起きる嵐のような革命に対応しようと躍起になり、嵐に翻弄される人々をなんとか養おうと大変な苦労を強いられた。

多くのよいことが起きたが、多くの悪いこともどっと押し寄せた。人間は技術を使えるようになり、実際にも使いこなし始める。自然を操作するといったハードな技術から、人間を組織するといったソフトな技術まで、さまざまな技術を使って搾取し、支配し、圧制した。長い二〇世紀には、歴史上最も残虐で最悪の独裁政治が行われている。

善悪が入り混じったことも多々起きている。それまで盤石だったものが跡形もなく消え、確立された秩序や様式が消滅した[6]。二〇一〇年になっても一八七〇年と同じように行うことができ、実際にも行われた経済活動はごく一部に過ぎない。しかもそのごく一部の経済活動でさえ、ちがいがあった。あなたが一八七〇年の人々と同じ仕事を同じ場所でしたとしても、仕事にかかった労働時間には一八七〇年よりはるかに低い価値しか認めてもらえないだろう。経済に関する限り、ほぼすべてのことが変化に次ぐ変化を重ねてきた。経済は、すくなくとも幸運にも世界の成長の中心となった場所では世代ごとに革命的変化を遂げたのであり、その変化は社会、政治、文化のすべてを変貌させたのだった。

ここで、一八七〇年に戻ることができたと想像してほしい。当時の人々に二〇一〇年に人類がどれほどゆたかになるかを話して聞かせたら、彼らはどう反応するだろうか。おそらく、それは楽園《パラダイス》、あるいは理想郷《ユートピア》だと言うにちがいない。八・八倍もの富を持つとなれば、自然を操作し人間の努力や知識をうまく組織して、人類を悩ませてきたあれやこれやの問題のほとんどを解決できるはずだ、と考えるだろう。

残念ながらそうはなっていない。一八七〇年からもう一五〇年も経っているが、私たちは道の終わりにも近づいていないし、ユートピアにも到達していない。私たちはまだ道半ばだ――おそらくは。おそらくは、と言ったのは、道の終わりがもはやはっきりとは見えていないし、そもそもこの道がどこへ行くのかもわかっていないからだ。

どこでまちがったのだろうか。

ハイエクは天才かもしれないが、それは彼の天才のジキル的な面だけだった。ハイエクも、その後継者も、逆の面では途方もなく愚かだった。彼らはこんなことを考えたのである――市場に任せておけばすべてうまくいく、と。そして、市場はあわれな人間にはけっして理解できないそれ自体の論理に従って動くのだから、それにすべてを委ねよと人類に説いた。「市場は与え、そして奪う。市場の御名に祝福あれ」。人類に救済というものがもしあるとすれば、それはタラソスのパウロの「唯一の信仰」ではなくハイエクの「唯一の市場」によって与えられるのだと彼らは考えたのだった。[7]

だが人類は納得しなかった。市場は、市場自身が引き起こした問題を解決したけれども、社会はそのような解決は望んでいなかった。社会が求めたのは、他の問題、すなわち市場経済には起因しない問題に対する解決である。そうした問題の解決を市場は無数の人々に委ねたが、そこで得られた解決は適切ではなかった。

この問題に最もすぐれた説明をしたのは、おそらくハンガリー出身のユダヤ系思想家カール・ポラニー（一八八六〜一九六四）だろう。市場経済は財産権を認める。それによって市場は、持てる者（正確には価値があると市場が決めた財産を持つ者）に欲しがるだけ与えるという問題を自ら引き起こす。財産を持っていない者には、何の権利もない。持っている財産に市場価値がなければ、権利はないに等しい。

だが人々は、自分たちには他の権利があると考える。価値のある財産を持っていなくても声を上げる社会的な権利はあるし、社会は自分たちが必要とするものや望むものに配慮すべきだと考えている。[8] 市場経済は彼らの必要や欲望を満たせるはずだが、たとえ満たしたとしてもそれは偶然に過ぎない。というのも、市場経済が人々の必要や欲望を満たすのは「利益最大化」という試験に合格したときに限られるからだ。この試験は、持てる者が欲しいだけ手にできたかという問題に答えを出すだけである。[9]

そこで長い二〇世紀を通じて、社会も人々も市場経済が自分たちに何をもたらしてくれるのかに注目し、次のように問うた。「われわれは市場に命令できるのか」。社会はさらに別のものも求めた。ハイエクの中の愚かなハイド氏は、それを「社会正義」と名づける。そして社会正義を強く批判し、人々はそれを忘れるべきだと主張した。市場経済は社会正義をけっして実現しないし、社会正義が実現するよう社会を改革すれば、市場経済が本来できたはずのことができなくなるという。[10] 市場経済に本来できることとは、富を増やし、価値のある財産を持つ者に富を分配することである。

この文脈では、ある特定の集団が望むものに関する限り「社会正義」がつねに「正義」そのものであること、この「正義」は合意された先験的な原理に裏付けられてはいないことに注意されたい。またハイエクの社会正義はまずもって平等主義ではないこと、平等でない人が平等に扱われるのは不正義だとみなされていることにも注意されたい。しかし市場経済に実現できる「正義」とは、富者が正義とみなすものだけだ。なぜなら、市場にとって重要なのは財産の所有者だけだからである。しかも市場経済は、強力ではあるが完全ではない。ほんの一例を挙げるなら、市場は自ら研究開発をすることはできないし、環境の質に配慮することもできず、それどころか、完全雇用を安定的に維持することすらできない[11]。

よって「市場は与え、そして奪う。市場の御名に祝福あれ」という呪文は、社会と政治を統べる安定した原理にはなり得ない。安定した原理というものがあるなら、それは次のようなものであるべきだ。「市場は人のために定められた。人が市場のためにあるのではない」。だがここで問題がある。人とは誰か。誰のために市場はあるべきか。他に最善の原理があるとすれば、それはどのようなものか。これらの問いをめぐる論争にどう決着をつけたらよいだろうか。

長い二〇世紀を通じて、多くの人が、たとえばカール・ポラニー、ジョン・メイナード・ケインズ、ベニート・ムッソリーニ、ウラジーミル・レーニンがこの問題の解決を試み、思想や行動や運動のよき道しるべの役割を果たした。彼らは、ハイエク一派が支持し作り上げようとした偽古典的・半自由主義的秩序を批判した。なぜ偽古典的かと言えば、ハイエクらが提唱した社会・経済・政治秩序は一八七〇年以降の世界ではきわめて新しかったからであり、なぜ半自由主義的かと言えば、彼らの秩序は自由と同等程度に継承された権威に依拠していたからである。ポラニーやケインズらは、市場の役割を減らし、あるいは別のやり方に変え、あるいは他の制度に多くを委ねることを建設的かつ破壊的に主張した。おそらく人類がこの主張に最も近づいたのは、ハイエクとポラニーを強引に結婚させ、これにケインズが祝福を与えたときだと言えるだろう。それは具体的には、第二次世界大戦後の北大西洋諸国において開発志向の社会民主主義という形で実現した。だが社会民主主義は、持続可能性の試験に落第する。その結果、人類は道の終わりにはいまだ到達しておらず、道半ばにいる。そしてユートピアに向かう足取りは、ごく好意的にみてもきわめてのろい。

長い二〇世紀は、歴史を織りなす経糸のうち最も重要な糸が経済となった初めての世紀だったという私の主張に戻ろう。この主張が成り立つのか、ここで立ち止まって考えてみたい。この長い世紀の間には、ほんの一例を挙げるだけでも二度の世界大戦とホロコーストがあったほか、ソ連が台頭して崩壊し、アメリカの影響力が頂点に達し、共産中国が台頭している。これらはどれも主に経済の物語の一部だと言い切れるのだろうか。そもそもたった一本の経糸が重要なのだと断言してよいのだろうか。

私がそう断言したのは、大きな物語を紡ぐためである。歴史を考えるには、そうしなければならない。大きな物語は、二〇世紀を先導した哲学者ルートヴィヒ・ヴィトゲンシュタインに言わせれば「無意味」である。だがある意味で人間の思想に意味などないのだ。曖昧で、混乱しがちで、往々にして読者を見当外れの方向に導く。しかもそうした曖昧なやり方でしか人間は考えられない。そうやって人間は進歩してきたのである。幸いにもヴィトゲンシュタインは、私たちにも「無意味であると認識すること」はできると言っている。この理解を踏み段として利用し、「登りきったあとに……梯子を投げ捨てなければならない」。なぜなら、おそらく私たちは意味のない「これらの命題」を克服したときに初めて「世界を正しく見る」ことができるようになるからだ[12]。

私がこの大きな物語を書いたのは、無意味を克服し世界を一瞬でも正しく見たいと願ったからだ。この願いを込めて、私はためらうことなく、長い二〇世紀の最も重要な経糸は経済だったとここに宣言する。

一八七〇年以前には、技術は人間の生殖能力つまり再生産のスピードに何度となく敗北を喫していた。人間の数はどんどん増え、資源は希少で、しかも技術革新のペースは鈍いため、ほとんどの人はほとんどの時代に、来年も自分の家族が十分に食べられ住むところにも困らないという確信は持てなかった[13]。一八七〇年以前にそうした快適な暮らしを営んでいた者は、より多く生産する方法を見つけてそうなったのではなく、他人から奪ってそうなったのだった（奪うのではなく生産していた者は無防備であり、奪うことに特化した者の格好の標的になった）。

この膠着状態に楔が打ち込まれたのは一八七〇年より前である。一七七〇～一八七〇年に技術と組織は生殖能力に一歩か二歩先んじることに成功する。とは言えわずか一歩か二歩に過ぎなかった。一八七〇年代前半にイギリス上流階級出身の経済学者・思想家にして官僚のジョン・スチュアート・ミルは次のように主張したが、それには一定の根拠があった。「従来行われたすべての機械的発明が、果たして人類の日々の労苦を軽減したと言えるのか甚だ疑わしい」[14]。全面的な物質的進歩があったことに疑いの余地が完全になくなるまでには、一八七〇年から一世代が過ぎるのを待たねばならない。しかも、状況が再び膠着する可能性もあった。蒸気、鉄、レール、織物に関する一九世紀の技術はピークに近づいていたし、それらはすべて安価な石炭に依存しており、その石炭は枯渇しかかっていたからである。

それでも長い二〇世紀以前を生きた人に今日の富、生産性、技術、高度な生産組織について話して聞かせたら、すでに述べたとおり、彼らは一様にこう言うだろう。それほどの力と富を集団として手にしたのなら、ユートピアを建設できるにちがいない、と。

実際、彼らはそう言ったのだった。一九世紀のアメリカでおそらく三番目によく売れた小説はエドワード・ベラミーの『顧みれば』である。ベラミーは大衆主義者であり、本人はそうと認めなかったが社会主義者でもあった。彼は、政府が産業の所有者となり、破壊的な競争を排除し、人間のエネルギーを利他的に活用することで実現するユートピアを夢見た。技術や組織の知識がゆたかになれば社会もゆたかになると信じたのである。だから彼の小説は「文字通りの空想であり、社会的至福のおとぎばなし」だった。そこには「現代の薄汚い物質的な世界をはるかに超えて空中に浮かんでいる……理想の人類にとっての雲のお城」が描かれている[15]。『顧みれば』では語り手である主人公が未来へ、具体的には一八八七年から二〇〇〇年へと送り込まれる。そして二〇〇〇年の世界であるとき招かれた家で、音楽はいかが、と尋ねられる。女主人がピアノを弾いてくれるのだろうと彼は考えた。これだけでも時代がずいぶんと進んでいることがわかる。一九〇〇年頃に好きな音楽を好きなときに聴くには、まず家に楽器がなければならず、誰かが演奏する技術を習得していなければならない。高品質のピアノを買うだけで、平均的な労働者二四〇〇時間分のコストがかかる。おおざっぱに言うと、週五〇時間働いて一年分だ。さらにピアノのレッスンを受ける費用と時間がかかる。

だが『顧みれば』の主人公は予想外の事態に驚くことになる。女主人はピアノの前に座らず、何かの「ダイヤルを何度か回した」。すると部屋中が「音楽で満たされた。音楽であふれたのではなく、ちょうどよく満たされたのだ。私たちがいた部屋のサイズにほんとうにぴったりの音量に調整されていた。〝すばらしい〟と私は叫んだ。〝この楽器にはバッハが宿っているにちがいない。でも楽器はどこにあるのですか?〟」。

そこで主人公は、楽団に電話をしただけだと教えられる。電話をすれば生演奏がスピーカーに送り込まれるのだという。ベラミーのユートピアでは、地元のオーケストラに電話すれば生演奏を聴くことができるのだ。これだけでも驚きだが、さらに驚くことがあった。そのとき演奏中のオーケストラは四つあって、好きなものを選べるという。

主人公はこれにどう反応しただろうか。「もし［一八〇〇年代の］私たちがすべての人の家に音楽を届けられるようになったら、しかも完璧な品質で、聴きたい放題で、気分に合わせて選べて、好きなときに始めたり止めたりできるようになったら、きっと人間は幸福の限界にもう達したのだと考えるだろう」[16]。この「幸福の限界」という言葉に注意してほしい。

ユートピアというものは、定義からして最終的な目標であり、究極のあり方である。「すべての人が完璧に満たされているような想像上の場所または状態」とオックスフォード辞典には定義されている[17]。人類の歴史の大半はさまざまな種類の完璧さの理想との悲劇的な戯れに費やされてきた。中でも最も衝撃的でグロテスクな出来事は、長い二〇世紀の間にユートピア的想像力が撒き散らしたイメージに原因があったと考えられる。

哲学者で歴史家のアイザイア・バーリンは、一八世紀の偉大な哲学者イマヌエル・カントの言葉「人間を作っている樹がこれほど曲がっているのに、完全にまっすぐなものを作りだすことはできない」を引用したうえで、次のように結論づけている。「このため、人間の関わることに関する限り、完全な解決というものは現実に不可能というだけでなく、原理的にも不可能である」[18]。

バーリンはさらにこう書いた。「完全な解決をめざす断固たる試みは、苦悩、幻滅、失敗に終わる可能性が高い」。長い二〇世紀は基本的に経済の世紀だったと私が考えた一因は、この指摘にもある。なるほど経済は不平等な利益をもたらし、人間の幸福を増やしたが幸福の限界に近づくことはできず、不完全さを露呈したけれども、それらを踏まえてなお、二〇世紀の経済はほとんど奇跡と思えるほどうまくいったと言えるからだ。

長い二〇世紀がもたらした結果はまことに驚嘆に値する。「極貧」とされる一日二ドル以下で暮らす人々の割合は一八七〇年には人口のおよそ七〇％だったが、今日では九％以下だ。しかもその九％の人々でさえ、その多くが公的医療や携帯電話にアクセスできる。これは大きな価値のあることだ。今日、先進国の一人当たりＧＤＰは一八七〇年のすくなくとも二〇倍、一七七〇年の二五倍以上に達している。しかも、富は今後も大幅に増えると期待できる。今日、先進国と呼ばれる幸運な国では、ふつうの市民が移動、通信、創造、破壊の力を持ち合わせており、それを巧みに使いこなすことができる。かつては魔術師か神しか持っていないと考えられていた力に近いものを、ごくあたりまえに使っているわけだ。幸運でなかった国や「グローバルサウス」と呼ばれる開発途上国でも、市民の多くは一八〇〇年や一八七〇年の一日二ドルまたは三ドルで暮らしてはいない。平均すると一日一五ドルに近づいている。

過去一世紀で出現した多くの技術的発明は、かつては稀で贅沢だったこと、金持ちが大金を払ってようやく実現できたようなことを近代的生活の標準に変えた。私たちはそれを当たり前と思っているので、かつての贅沢品が自分の財産目録の上位二〇位どころか上位一〇〇位にすら入らないほどだ。日々の幸福に慣れ切っているので、それが昔なら信じられないようなことだという事実を見落としてしまう。いまの私たちは、いわゆる大金持ちでさえ、自分が途方もなく幸運で幸福だということに気づかない。だが人類史上で初めて、現在はほとんどあらゆるものが十分以上に存在する。

世界では十分以上のカロリーが生産されているので、誰も飢える必要はない。

世界には十分以上の住居が存在するので、誰も雨に濡れる必要はない。

世界の倉庫には十分以上の服が眠っているので、誰も寒い思いをする必要はない。

そして世界には十分以上のモノが存在し、日々生産されているので、誰も必要なものが足りなくて困る必要はない。

要するに私たちはもはや「必要の領域」と呼べるところにはいない。G・W・F・ヘーゲルは「まず食物と服を求めよ、その後に神の王国が加わる」と語った。[19]だとすれば、人類はユートピアと言えるようなところにいるはずだと考えられる。この仮説を受け入れられないのは、全面的に経済の物語を生きていたことの結果にほかならない。ユートピア願望に駆り立てられた歴史は、ユートピアに到達するかしないか、つまりオール・オア・ナッシングの問題になるが、これに対して経済の歴史の成功と失敗は、多くの場合に限界部分で感じられるものだ。

長い二〇世紀の勝利の雄叫びが長続きしなかった原因の一部はそこにある。二〇一〇年代の政治経済を一目見れば、勝ち誇ってなどいられないことはあきらかだ。アメリカは世界のよきリーダーの座から後退した。イギリスはヨーロッパの重鎮の地位を失った。北米と欧州では、民主的な代議制による合意形成型政治を拒絶する動きが強まっている。そうした動きは「ファシズム」に行き着くと、前国務長官のマデレーン・オルブライトは言ったものだ（では、彼女はまちがっていると言った私はファシストなのか？）[20]。ともかくも、ここ一〇年間にグローバル経済の先導者たちが犯した顕著な失敗の数々を前にしたら、どんな勝利の物語もあっけなく崩れ落ちるだろう。

それでも一八七〇～二〇一〇年には技術も組織も飛躍的に進化した。突然裕福になった人類は、より多くの知識とより高度な技術でもって、人口膨張ひいては資源希少化という深刻な問題に圧倒的な勝利を収めたのである。だが物質的なゆたかさは、犯罪的と言えるほどの醜悪さで地球上に不均等に分布した。しかも物質的な富は人々を幸福にはしなかった。政治家をはじめとする連中が人々を不幸にしたままにする方法を見つけ、身勝手にも自分たちだけが富み栄えたからである。だから長い二〇世紀の物語は、ユートピアに近づく道を進んだ勝利の駆け足や速足というわけにはいかない。いや、並足とも言えまい。人類の進みはやる気のないのろのろ歩きだった――どれほど贔屓目《ひいきめ》に見たとしても。

ユートピアをめざす人類の歩みが鈍かった理由の一つは、進歩の多くに介在していたのが市場経済だったからである。市場経済が生み出すのは、あの「不正の富」なのだ。これはいまも変わらない。市場経済はきわめて生産的な分業に従事する八〇億近い人々に驚くべき協力と協調を可能にする。しかし市場経済は、その国の政府が所有を認めた財産に伴う権利以外は、人間の権利を認めない。しかもそうした財産権に何かしらの価値があるのは、富者が買いたいと思うものの生産に関わる場合だけだ。これが正しいとは言えまい。

ハイエクは、さきほど述べたように、生産性やゆたかさではなく正義を求めるセイレンの声に耳を傾けてはいけないと警告を発した。その誘惑に負けないよう帆柱に体を縛り付けておかなければいけない。市場への干渉は、どれほど善き意図から始められたものであっても、結局は負のスパイラルを引き起こす。そう、工業社会版の隷従への道に人々を誘い込むというのである。これに対してポラニーは、そのような見方は非人間的だし成り立たないと批判した。人間は、市場経済を活性化させる財産権以上に重要で財産権に優先する他の権利を持つ、と固く信じている。社会から支援される権利、自分たちにふさわしいリソースを確保できるだけの所得を手にする権利、不安なく働き続けられる経済的安定を保障される権利を持っているのだ、と。だからもし市場経済が財産権以外のすべての権利を排除しようとするなら、目にもの見せてくれよう！[21]

ユートピアへの歩みがいかにのろくても、止まっているよりはましだし、後退するよりはずっといい。これは分かりきったことで、人類のどの世代も異論を唱えたことはない。人間は昔から創意工夫にあふれており、技術の進歩が止まったことはまずない。風車、堤防、開墾、作物、動物のおかげで、一七〇〇年にはオランダの農村部の経済は、沼地で細々と農業を営んでいた七〇〇年頃とはまったくちがう姿になっていた。また一七〇〇年に中国の広東港に係留されていた船は八〇〇年より航続距離が大幅に延びており、積み下ろしされる商品もはるかに高価なものばかりになっていた。だがその八〇〇年の商業と農業にしても、紀元前三〇〇〇年頃の最初に文字を持った文明と比べれば、技術的にずっと進んでいたのである。

そうは言っても、工業化前の農耕社会における技術の進歩は、一世代、いや数世代の間にさえ目に見える変化がほとんど感じられない程度に緩慢だった。そして平均的な人々の生活水準はと言えば、数世紀どころか千年経ってもほとんど向上しなかったのである。

さきほど、自然の制御と人間の努力の組織化に関する有益な知識の価値の世界合計を私が推定・指数化していることをお話ししたことを読者は覚えておられるだろうか。本書ではこの二種類の知識のうち前者を技術、後者を組織に関する知識と呼ぶが、経済学者は一括りに「技術《テクノロジー》」と呼ぶことが多い。ともあれこの指数の計算にあたっては、世界の標準的な生活水準が一%向上するごとに、有益な知識の価値も一%増えると仮定した。単純な正規化である。指数を（所得の平方根や二乗ではなく）実質所得に対応させたかったからだ。また、一定の生活水準で人口が一%増えるごとに、有益な知識の価値は〇・五%増えると仮定した。人口増による資源の希少化に直面したら、生活水準を維持するために何かしら創意工夫が必要になるからである。自然資源には限りがある以上、同じ人口を高い生活水準で養う場合と同じく、増えた人口を同じ生活水準で養うためにも人間は知識を増やして対抗しなければならない[22]。

この指数を以降「グローバル知識価値指数」と呼ぶことにしたい。基準年は長い二〇世紀が始まる一八七〇年とし、このときの指数を一とする。農業が発明され家畜が開発された紀元前八〇〇〇年に遡《さかのぼ》ると、指数は〇・〇四だ。同じ資源と同じ規模の農地で働くとすると、一八七〇年に労働者一人でこなせる仕事を紀元前八〇〇〇年には二五人がかりでやっていた。だが紀元一年、つまり八〇〇〇年後になると、指数は〇・二五に飛躍する。資源が同じで技術が向上したおかげで、平均的な労働者の生産性は八〇〇〇年前の六倍になった。それでも、一八七〇年の平均的な労働者の四分の一に過ぎない。紀元一五〇〇年には指数はおよそ〇・四五になる。紀元一年の七〇%増、一八七〇年の半分を少し下回る水準まで来た。

じつに驚異的な変化である。八〇〇〇年前に生きていた人からすれば、奇跡としか言いようがないだろう。人間の活動領域は大きく広がった。一五〇〇年頃の技術としては、明の陶器、ポルトガルの帆船、コメの水耕栽培などが挙げられる。どれもたしかにすばらしいが、しかしそれらが登場するまでにはじつに長い長い時間がかかった。紀元一年から一五〇〇年までに、技術は年〇・〇三六%というカタツムリのようなペースでしか進歩していない。当時の平均寿命は二五年だから、人が生まれてから死ぬまでに〇・九%しか進歩しなかったわけである。

それでも進歩はしていたのだから、一五〇〇年における平均的な人の生活は紀元前八〇〇〇年よりずっと快適だったと考えたくなる。だがそうではなかった。なぜなら、紀元一年から一五〇〇年まで、人口は平均年〇・〇七%のペースで増えたからだ。この人口増のために、労働者一人当たりの平均農地面積も、その他の自然資源も減ってしまう。よって、仮により高い技術で生産が行われたとしても、追加的な純生産は平均的にはないも同然だった。たしかに一五〇〇年の支配層は、紀元前八〇〇〇年や紀元一年よりはるかに快適な暮らしをしていた。だが農夫や職人といったふつうの人々の暮らしは、祖先よりほとんど、あるいはまったく楽ではなかったのである。

農耕社会はとにかく貧しく、ほとんどの人が最低生活水準で暮らしていた。当時は、平均して母親一人当たり二・三人の子供が再生産年齢まで生き残っている。平均的な女性（幼児期に死ぬ七人に一人に入っておらず、加えて子供が育つ前に死ぬ五人に一人に入っていなかった女性。その中には子供と同じ感染症にかかって死ぬ母親も多く含まれている）は、二〇年ほどは二人のために、つまり自分と胎児および母乳のために食べなければならなかった。生涯に九回は妊娠したからだ。そのうち六回が生きて生まれ、三人か四人の子供が五歳まで生存した。子供たちの平均寿命は、三〇歳をおそらくは大幅に下回っていた[23]。

子供を死なせないことが、どの親にとっても最優先かつ最重要の願いだった。農耕社会はその願いを信頼性の高い方法で叶えることはできなかった。このことは、当時の人類がどれほど物質的欠乏の重圧を受けていたかを雄弁に物語っている。

そのうえ人口は、一世代二五年として一世代当たり平均一・五％増のペースで着々と増えている。一五〇〇年の人口は五億人と、紀元一年の一・七億人のおよそ三倍になった。しかしこれだけ増えても、物質的欠乏は紀元一年よりひどくはなっていない。一五〇〇年には技術と知識がいくらかなりとも進歩していたから、一人当たりの自然資源の減少を補うことはできたからである。文化、政治、社会の歴史が進行する表舞台にあって、経済の歴史はのろのろと変化はしていたものの、相変わらず背景にとどまっていた。

この膠着した状況が緩み始めたのは、一五〇〇年以降である。分水嶺を越えて新たな水系に入ったという比喩がぴったりかもしれない。今度の流れは速く、新しい方角に向かっている。この変化を「帝国主義的交易革命」の時代の到来と呼ぶことにしよう。発明発見のペースは上がり、一七七〇年頃には再び分水嶺を越えて、世界の繁栄と経済成長に関する限りまた別の水系に入る。一七七〇年から始まる一世紀を「産業革命」の時代と呼ぶことにしたい。一八七〇年のグローバル知識価値指数は一だから、一五〇〇年の二倍を上回る。〇・〇四から〇・四五とおよそ一〇倍になるまでに、九五〇〇年を要したわけだ。伸びが平均的だったとすれば、二倍になるのに一九〇〇年かかったことになる。だがその次に二倍になるまでに三七〇年しかかかっていない。

だからと言って、一八七〇年の人類が裕福かつ快適に暮らしていたかと言えば、そうではなかった。すくなくともそれほど快適だったとは言えない。なにしろ一八七〇年には地球上に一三億人が暮らしていたからだ。一五〇〇年の二・六倍である。一人当たりの農地面積は平均して一五〇〇年の五分の二まで減ってしまい、平均的な人の生活水準に関する限り、技術の進歩の大半を打ち消す結果となった。

一八七〇年頃に、人類は再び分水嶺を越えてまた別の水系に入った。サイモン・クズネッツの言う「近代経済成長」の時代である。[24] このときから始まった長い二〇世紀に、指数は爆発的な伸びを示す。

二〇一〇年に世界の人口はおよそ七〇億人に達し、グローバル知識価値指数は二一となる。驚くべき数字だ。平均して年二・一％伸びた計算である。一八七〇年以降、技術は爆発的に進歩し物質的富は爆発的に増えた。二〇一〇年には、平均的な家族にとってもはや次の週、いや次の年の衣食住の確保さえ最優先の緊急課題ではなくなっていた。

技術と経済の観点からすると、一八七〇〜二〇一〇年は産業研究所と近代的な組織を持つ企業の時代ということができる。研究所は経済成長を後押しするような工学技術が開発される共同体であり、企業は発明の果実を市場化する知識と能力が集積される組織だ。グローバル化時代はもうすぐそこに来ていた。海上運賃と鉄道輸送費の低下により、距離はコスト要因ではなくなり、大量の人間がよりよい生活を求めて移動できるようになる。通信網も発達し、世界中の人とリアルタイムで話すことが可能になっていた。

産業研究所、企業、グローバル化は、発見、発明、イノベーション、市場化、グローバル経済の統合を加速させ、グローバル知識価値指数を大幅に押し上げた。それだけではない。一八七〇年のロンドンは世界の経済成長と開発の最先端にいる都市だったが、そのロンドンの未熟練労働者の日給では、自分と家族のために熱量に換算して五〇〇〇カロリー分のパンしか買うことができなかった。これでもだいぶましにはなっている。一八〇〇年には四〇〇〇カロリー分の全粒粉パン、一六〇〇年には三〇〇〇カロリー分の粗挽きの全粒粉パンしか買えなかった(粗挽きで食物繊維が豊富な全粒粉や雑穀入りのパンのほうが健康にいいじゃないかという読者もおありだろう。だがそんなことを言えるのはすでに十分にカロリーを摂っていて元気に働くことができ、食物繊維の摂取といったことを考える余裕があるからだ。当時はとにかくできるだけ多くのカロリーを吸収する必要があり、それには白い精製パンのほうが適していた)。今日ではロンドンの未熟練労働者の日給は二四〇万カロリー分のパンを買うことができる。これは一八七〇年のおよそ五〇〇倍に相当する。

生物学的社会学の観点から言うと、この物質的な進化のおかげで、平均的な女性はもはや妊娠や母乳のために二人分食べる年月を二〇年も費やす必要はなくなった。二〇一〇年には、二人分食べる必要があるのは四年にとどまっている。また長い二〇世紀には初めて、赤ちゃんの半分以上を流産、死産、乳幼児期の死亡から救えるようになる。また、母親の出産時の死亡数を九〇%以上減らすことができた[25]。

国家と政治の観点から言うと、富の創出と分配は四つのことをもたらした。第一に、最も重要なこととして、アメリカが超大国になった。第二に、この期間中に世界を構成するのは帝国ではなく国民国家になった。第三に、経済の重心に位置するのがバリューチェーンの中心に君臨する大規模な寡占企業になった。第四に、普通選挙の導入により、すくなくとも名目上は、政治秩序がおおむね正統性を持つようになった。それまでは、カネ、伝統、指導者のカリスマ性、歴史的正統性に関する秘密の知識といったものが政治を支配していたのである。

毎年経済が成長するにつれて、私たちの祖先が「ユートピア」と呼んだものはすこしずつ実現に近づいていた。なるほど成長は微々たるものではあったが、それでも複利計算で蓄積されていく。

ただ一八七〇年の時点では、爆発的な伸びは予想されていなかった。すくなくとも大方の人は予想していなかった。もっとも一七七〇〜一八七〇年には人類史上初めて、生産能力が人口増と資源希少化を上回り始めている。一九世紀の最後の四半世紀には、先進国（イギリス、ベルギー、オランダ、アメリカ、カナダ、オーストラリア）の平均的な市民の物質的な富と生活水準は、産業革命前の平均的な市民の二倍前後に達していた。

これは分水嶺として十分と言えるだろうか。

一八七〇年代に遡ると、ジョン・スチュアート・ミルは『経済学原理』最終版に最後の仕上げを加えていた。同書は、当時の人々が経済学を理解しようとするときに必ずバイブルのように読んだ本である。イギリスで産業革命が起きた一七三〇〜一八七〇年を取り上げ、自分の周囲をつぶさに観察しているが、そこでミルが発見したのは、人々がまだ貧しく悲惨な境遇に置かれていることだった。日々の労苦が軽くなるどころか、当時の技術にできたのは「大勢の人々は今も同じ苦役の生活を送り同じ罠に囚われる一方で、富をなす資本家や製造家の数を増やす」ことだけだった。[26]

ここで、ミルの使った「囚われ」という言葉が私の注意を引いた。たしかにミルが目にしたのは、金持ちの富がさらに増え中流階級が拡大している世界である。一八七一年の世界が苦役の世界、つまり人々が単調な労働を長時間しなければならない世界であること、大方の人が飢餓すれすれの生活を送っていること、識字率が低く、人類の集合知や娯楽にアクセスできる人はごく一部に限られ、その数はのろのろとしか増えないことにも気づいた。だがそれだけではない。ミルが見たのは、囚われの世界だった。足枷をはめられ、鎖で地下牢につながれていたのである。[27] そこから抜け出す道は一つしかないとミルは考えた。政府が人間の生殖能力を制限し、出産を許可制にして、子供を適切に養育・教育できない者には再生産を禁じることである。そうなったとき初めて（ミルは「もしかしたら」と考えたかもしれない）、機械という発明は「人類が生まれながらにして未来に実現すると定められていた運命を大きく変えることができる」とミルは述べている。[28]

ミル以上に悲観的だった学者もいる。一八六五年に当時三〇歳だったイギリスの経済学者ウィリアム・ジェヴォンズは、イギリス経済の暗い運命を予想して名を上げた。次第に残り少なくなり価値の高まる石炭を節約するために工業生産を直ちに縮小しなければならない、と述べたのである。[29]

悲観論一色となったため、経済が高度成長を遂げるなどとは誰も予想もしなかった。しかし経済成長について危険な誤解をした人物もいた。

カール・マルクスとフリードリヒ・エンゲルスは、科学技術が火を盗んだプロメテウスの力を秘めていることを一八四八年の時点ですでに理解していた。その力は、人間が古い（神話の）神を捨てて自らが神の力を持つことを可能にする。科学、技術、そして利益を追い求めてそれらを活用する企業家たちについて、マルクスとエンゲルスは次のように述べた。

百年ばかりの階級的支配のうちに、過去のすべての時代を合計したよりも大量の、また大規模な生産能力を生み出した。自然の力の征服、機械、工業および農業への化学の応用、汽船、鉄道、電信、全大陸の開墾、河川の運河化、地面から湧き出てくるような人口増加——これほどの生産能力が社会の労働力の中に眠っているとは、一世紀前には予想もしなかったことである。[30]

エンゲルスは、科学、技術、工学の力を見落とすとは、あわれな経済学者（たとえばミル）はカネのためなら何でも書き散らす輩《やから》に過ぎないと揶揄《やゆ》したものである。[31]

だがマルクスとエンゲルスが掲げた約束は、いつの日か十分な食べ物、十分な住居、十分な服が大衆に行き渡る日が来るということではなかった。まして、世界の知識の価値が爆発的に増えるとか、聴きたい音楽を無制限に選択できるようになるということでもない。経済成長ののろのろした歩みあるいは駆け足は、ユートピアへとつながる道で必然的に起きる発作に過ぎないとした。彼らが約束したのはユートピアである。社会主義革命以後の世界がどうなるかについて、マルクスは『ゴータ綱領批判』などでひどく貧弱な説明をしただけだ。マルクスが予見したユートピアは、「使徒言行録」にある天の王国に達した人々のふるまいの説明にそっくりである（意図的にそうしたにちがいないが、どういう意図だろうか）。たとえば、各人は「それぞれの力に応じて」貢献する（言行録一一・二九）。また、人々はすべてを共有し、「必要に応じておのおのに分配された」（同四・三五）[32]。マルクスがあまりユートピアについて説明せず、詳細に立ち入らなかったのは、おそらくミルの構想とほとんど同じだったからだろう。ミルは、貧困の罠に囚われ苦役を強いられる日々の終わりが来る、すべての人が真に自由になる社会が来るのだと考えた。

　だがそこで重要になるのは、のろのろ歩きであれ駆け足であれ、ともかくも経済が上向くことである。

　今日の私たちは、一世紀前の台所がどんなふうだったが、想像がつくだろうか。家庭に電気が引かれて洗濯機が導入される前は、洗濯はちょっと面倒な雑用などではなく、家庭の、主に女性の一週間の家事の中で重要な労働だった。今日、狩猟、採集、農耕に従事している人は少ない。狩猟、採集、農業、さらに牧畜、糸紡ぎに機織り、掃除、採掘、精錬、製材などはどれも、あまたある職業のごく一部を占めるに過ぎない。しかも、実際に農業、畜産、製造、建設、鉱業に従事している人たちの圧倒的多数は機械を操作しているし、今日ではロボットのプログラミングをこなすケースも増えている。何かを製造する場合でも、もはや自分の手で作るわけではない。

では現代人は何をしているのか。現代人の強みは科学技術の知識であり、それを活用して互いに教育している。互いが医者であり看護師である。子供を育て高齢者を世話する。互いに娯楽を提供する。互いにサービスを提供する。こうすれば、それぞれの専門化のメリットを活かすことができる。さらに、二〇一〇年の時点で七〇億人を抱える経済において地位と権力を分配し、分業を調整するという複雑で象徴的な相互作用にもそれぞれが関与している。

長い二〇世紀が進行する間に、人類はこれまで慣れ親しんだことと現在やっていることの間の大きな分水嶺を越えた。だが分水嶺の先にあったのはユートピアではなかった。ベラミーはたぶん感銘を受けると同時に落胆することだろう。

経済史家のリチャード・イースタリンは、ユートピアに達しなかった理由に説明らしきものを与えている。過去に人類が追い求めてきた目標を振り返ると、人類はユートピアには向かないというのだ。富が増えるにつれて、かつて命懸けで手に入れようとしたものも関心の対象ではなくなる。それどころか存在に気づきもしなくなる。代わって欲望の対象になるのは、生活をより便利に快適にしてくれる財やサービスだ。それが満たされると今度は、贅沢な財やサービスが欲望の対象になる。その後は次々にもっと贅沢な財やサービスを思いつく。[33]

イースタリンは、「今日最も富裕な国々で物質的な欲望がかつてなく強く、物質的ニーズの追求が勢いを増している」ことに当惑し、いったいなぜなのか頭を捻った。そして彼は、人々が快楽のトレッドミルに乗っていて抜け出せないのだと考えた。「どの世代もどの世代もあと一〇%、あと二〇%所得を増やそう、そうすれば完璧に幸福になれると考えている……結局、経済成長の勝利は人類の物質的欲求に対する勝利ではない。逆だ。物質的欲求の人類に対する勝利なのだ」[34]。私たちは、欲求を制圧するために富を使おうとはしない。逆に欲求が富を使い尽くし、私たちを制圧する。この快楽の回し車こそ、すべてがこの上なくうまくいったとしても、私たちがユートピアに向かって駆け足ではなくのろのろとしか進まない最大の原因なのである。にもかかわらず、回し車から降りるのは恐ろしい。あの悲惨な貧困に後戻りするのは、意図的にせよ無知からにせよ、愚か者のすることだと考えられている。

ここでもう一度、本書で展開される大きな物語をかいつまんでお話ししておこう。一巻に収めるために、本来なら一冊の本を書くべき内容が章ごとに詰め込まれている。大きなテーマを追究することを優先し、細部は犠牲にした。さらに、度々根っこから掘り起こす必要に迫られて時間を逆戻りし、後世に影響をおよぼしたおおもとの出来事を見きわめ、それを検討する作業もしている。そうしなければ、物語の言葉で考えることはできないからだ。たとえば、一五〇〇年に起きたことは一九〇〇年に起きたことにどのような影響を与えただろうか。細部、グ

レーゾーン、論争、歴史的不確実性といったものは大幅に割愛したが、それは目的があってのことである。これまで人類は、長い二〇世紀の重要性は基本的に経済にあると考えようとしなかった。その結果、長い二〇世紀から学ぶべき教訓を学べずにいる。人類は政治、軍事、社会、文化、外交の歴史からはさまざまな教訓を導き出した。だが経済の歴史から得るべき教訓もそれらに劣らず重要だ。いや、より重要だと言ってよかろう。

過去に例のない物質的富の爆発的増加からすべてが始まった。長い二〇世紀には、上位中流階級《アッパーミドル》に属す人々や世界経済の産業の中枢にいる人々が一段と裕福になった。かつてユートピア社会主義者が夢見た以上にゆたかになったのである。富の驚異的な増加は、次の五つの重要な現象やプロセスを引き起こした。この五つは、そのまま本書のテーマを構成する。

1　歴史の主役が経済になった：富の大幅な増大の結果、長い二〇世紀は歴史上初めて経済を中心に回り始めることになる。さまざまな出来事や変化が展開される表舞台が経済になり、経済的な変化が他の変化を背後で牽引した。これは、かつてなかったことである。

2　グローバル化が進行した：他の大陸で起きたことが緊急度の低い対岸の火事ではなくなり、遠いどこかで起きたことが決定的な重要性を持つようになった。

3

豊富な技術が原動力となった：物質的富の増大を可能にした、というよりもその大前提となったのは、人間の技術知識の飛躍的な進歩だった。技術知識の修得には文化、科学者や技術者を育てる教育制度、通信手段、過去の発見を参照する記憶装置の拡充が欠かせない。それだけでなく、科学者や技術者にリソースが提供され研究が成果を上げられるように市場経済が機能することも重要になる。

4

政府は市場の管理に失敗し、不安定と不満足を招いた：長い二〇世紀における各国政府は、自己規制のできない市場をどう規制すれば、繁栄を維持し機会を創出し平等を実現できるか理解していなかった。

5

独裁政治が増殖した：長い二〇世紀の独裁政治は過去のどの時代よりも残虐で野蛮だった。しかも富の爆発的な増大をもたらした力と奇妙かつ複雑で混乱した形で結びついていた。

本書を執筆したのは、これらの教訓を人類の集団的な記憶に深く刻みつけたかったからだ。そのために私が知っている唯一の方法は、物語を綴ることだ。

始まりは一八七〇年である。人類はまだよりよい技術が登場してふつうの人の生活水準を押し上げることなど想像もせず、人口はどんどん増え資源はどんどん足りなくなって、全員とは言わないまでもほとんどの人にとって生活の物質的向上の望みは潰えるのだと信じていた。人類はまだ、悪魔の魔法にかけられていたのである。トーマス・ロバート・マルサスの悪魔である。[35]

第1章 グローバル化する世界

Globalizing the World

その男は、民主主義や理性やフェミニズムや啓蒙や革命を熱心に説く長々しい論文にうんざりしていた。男の書斎机にはその手の論文がうずたかく積まれている。そこで学者にして聖職者のこの男トーマス・ロバート・マルサスは大部の反論を書き上げた。それが『人口論』である。一九世紀が始まる直前の一七九八年のことだった。マルサスの目的は、論敵である政治社会哲学者ウィリアム・ゴドウィン（『フランケンシュタイン』を書いたメアリー・シェリーは彼の娘である）とその同類どもは、たとえ善き意図からだとしてもまったく近視眼的であり、人心を惑わす公共の福祉の敵だと断じることである。人類に必要なのは革命を起こして民主主義、理性偏重、フェミニズム、啓蒙主義をはびこらせることではなく、正統的な宗教、君主制、家父長制を厳格に守ることだという[1]。

というのもマルサスの考えでは、人間の性欲はまずもって抵抗し難いものだからだ。性欲を何らかの方法で抑え、女性が篤い信仰心を持ち続け、家父長制度を維持すると同時に、厳格な条件を満たして許可を得た性行為以外には政府が制裁を科すべきだとマルサスは主張した。さもないと人口は、「積極的抑制」により強制的に歯止めがかかるまでとめどなく増え続けるという。この積極的抑制とは、食糧不足のため女性が痩せこけて排卵が不定期になったり、子供たちが栄養失調になって免疫システムが働かなくなったりして、ようやく人口増加が止まることを意味する。積極的抑制より好ましい代替策としてマルサスが提案したのは、「予防的抑制」だった。こちらは、家長の権威により二八歳くらいまで娘に処女を守らせ、その後も現在の結婚相手以外との性行為は政府が厳しく禁じる。地獄に落とされるという宗教的な不安も相俟って、女性は禁止令にそむくようなことはしない。このとき初めて人口は安定均衡に落ち着き、人々は（無制限に人口が増えた場合に比べれば）栄養も摂取できるしっかり働けるようになる。

マルサスが書いたことは、彼の見方からすれば嘘ではない。すくなくともマルサスの生きた時代とそれ以前にとっては、けっしてまちがいではなかった。紀元前六〇〇〇年の世界人口はおそらく七〇〇万人前後で、グローバル知識価値指数は〇・〇五一だった。生活水準は、国連および開発経済学者の手法を借りれば一日平均二・五〇ドル、年換算ではおよそ九〇〇ドルとなる。紀元一年になると、発明、技術革新、技術開発は紀元前六〇〇〇年と比べれば大幅に増えており、グローバル知識価値指数は〇・二五に達する。ところが生活水準はと言えば、相変わらず年平均九〇〇ドルだ。なぜ上昇しないのだろうか。マルサスの指摘通り、性欲は抵抗し難いからだった。世界の人口は、紀元前六〇〇〇年の七〇〇〇万人から、紀元一年には一七〇〇万人に増えている。経済学者グレッグ・クラークが行ったイングランドの建設労働者の実質賃金に関する研究によると、賃金指数を一八〇〇年が一〇〇とすると、一六五〇年、一三四〇年、一二六〇年、一二三〇年はみな一〇〇だという。賃金指数が最高値の一五〇に達するのは一四五〇年だ。一三四六～四八年のペスト大流行でヨーロッパの人口のおよそ三分の一が奪われ、その後も何度となく再流行したうえ、農夫の反乱が度々起きて、貴族による農奴制の維持が困難になった時期である。一四五〇～一六〇〇年には実質賃金は再び一〇〇に戻った。[2]

マルサスが提案した処方箋、すなわち信仰、君主制、家父長制は、農耕社会の平均的な人間の悲惨な生活水準の向上にはほとんど役に立たなかった。一八七〇年までには、すくなくともイングランドではある程度の改善は見られた（しかし一八七〇年のイングランドが群を抜いて富裕な工業国であったこと、世界で最も先進的な経済を誇っていたことを忘れてはいけない）。一八七〇年には、クラークによるイングランドの建設労働者の実質賃金指数は一七〇に達する。だがイングランドの状況が好転したとは考えない学者もいた。ジョン・スチュアート・ミルを思い出してほしい。彼らは、人類はまだ決定的な分水嶺を越えてはいないと考えていた。

ミルとその一派にも一理あった。一七七〇～一八七〇年の産業革命は、世界の先頭を走るイギリスで大半の人々の労苦をいくらかなりとも軽減したと言えるかどうか甚だ疑わしかった。イギリスに産業革命は圧倒的多数の人々の生活水準を物質的に引き上げることができたのか。

おいてさえ、向上はごく小幅にとどまった。産業革命以前の人類と比べたら、たしかに偉大な成果ではある。蒸気機関、製鉄、自動織機、電信線といったものは、快適と富をもたらした。だがそれはごく少数の人々にだけであって、大多数の人々の生活はほとんど変わらなかったのである。加えて当然の恐怖もあった。一九一九年になってもまだジョン・メイナード・ケインズは、マルサスの悪魔は「鎖で繋がれ視界から消えた」としながらも、第一次世界大戦という悲劇とともに「おそらく彼を再び解き放ってしまった」と書いている[3]。

食料は当時の人類にとって切迫した問題だった。紀元前一〇〇〇年から紀元一五〇〇年にかけて、カロリー不足の制約を受けた世界の人口は、年〇・〇九%というのろのろしたペースでしか増えていない。この間の人口はおそらく五〇〇〇万人から五億人に増えたと思われる。子供はたくさんいたが、栄養状態が悪く、人口を増やせる年齢まで生き延びるのはむずかしかった。この期間中、農民や職人の平均的な生活水準にほとんど変化はない。彼らはつねに、使えるエネルギーと現金の半分以上を最低限必要なカロリーと栄養素の確保に充当していた。

それ以外に生きる方法がなかったのである。そう仕向けたのはマルサスの悪魔だった。人口の増加が技術と組織における発明・発見の恩恵を食べ尽くしてしまい、搾取的な上流階級だけが桁違いに裕福に暮らしていた。そのうえ、技術と組織における発明・発見の平均ペースはひどくのろかった。おそらく年〇・〇四%程度だったろう（一八七〇年からこのペースが年二・一%になったことを思い出してほしい）。

これが、最初の分水嶺である帝国主義的交易革命が起きた一五〇〇年までの人類の生活だった。この分水嶺を越えたとき、人類の技術的・組織的な能力は勢いよく成長し始める。伸びのペースが年〇・〇四%から年〇・一五%とほぼ四倍に飛躍したのだ。外洋航海の可能なカラベル船、馬の新しい品種、牛や羊の新しい品種（とくにメリノ種）、印刷機の発明、主要作物の成長を促すために窒素を土壌に蓄える方法の発見、運河、馬車、大砲、そして時計（一六五〇年頃）……。これらはどれも技術のもたらした驚くべき成果であり、人類にとってはお恵みだったと言えよう（大砲と、一部の人にとっての帆船を除くとしても）。だがこの伸びのペースも、人類の大半を極貧に閉じ込めるマルサスの悪魔の呪文を打ち破るには十分ではなかった。人口が知識の拡大とほぼ同じペースで拡大し、その恩恵を打ち消したからだ。世界全体を見渡せば、富裕層の暮らしは上向き始めた。[4] だがふつうの人はほとんどその恩恵に与《あずか》ることはできず、むしろ大きな痛手を被っている。技術と組織の高度化によってあらゆるものの生産を増やすことが可能になったが、そのあらゆるものの中には殺傷、征服、奴隷化を効果的かつ残忍に実行する道具や方法も含まれていたからだ。

一七七〇年はマルサスが『人口論』を発表する一世代前だが、このときに人類はもう一つの分水嶺を越えることになる。イギリス産業革命である。人類の技術と組織の知識は再び伸びのペースが加速し、今度は年〇・一五%から年〇・四五%前後へとおおむね三倍になった。おそらく産業革命の中心地ではさらにその二倍になったと考えられる。中心地とは、ブリテン島南東端にあるドーバーの白亜の崖から半径四八〇キロメートルの範囲を指す（北アメリカ北東海岸に枝分かれした分を含めてもよいだろう）。一七七〇〜一八七〇年のこの早いペースの進歩は、北大西洋諸国ではどこでも見られたし、世界の他の地域でも認められた。世界の人口の増加ペースも上がり、年〇・五％になる。そして人類史上初めて、世界の生産高は一人当たり一日三ドル（現在のドル価値）を突破した。

数字は重要だ。いや、決め手だと言うべきだろう。経済史家のロバート・フォーゲルがかつて言ったように、経済学者は数字に強いという秘密兵器を持っている（これを最初に言ったのは、筆者の高祖叔父で経済史家のアボット・ペイソン・アッシャーだった）[5]。人間はとにかく物語の好きな動物である。手に汗握る展開に因果応報の大団円に私たちは夢中になる。人間は物語として考え、物語として記憶するのだ。とは言え物語の筋書きは、登場人物が人生の重大な岐路にさしかかりその行動が人類の運命を決するとか、登場人物自身が人類を特別に代表する選ばれし者であるといったときにしか重要な意味は持たない。どれが代表的な筋書きで、どの決断が真に重要なのかを決定づけるのは、数字の裏付けだけだ。技術一つひとつはどれも重要だとしても、より重要なのはそれが生産に与える影響である。その影響の度合いを知るには、古いものを生産する効率がどれほど上がったか、新しいものの生産がどれだけできるようになったか、計測しなければならない。

産業革命は起きるべくして起きたわけではない。革命を不可避なものとするような原因があったわけではなかった。とは言え産業革命の原因を特定し、歴史の必然ではなかったと証明する作業は本書の手に余る。さしあたっては、多元的宇宙論に倣い、私たちが生きている世界と同じような世界がほかにもいくつもあると考えてほしい。それらの世界は見ることも聞くことも触ることもできず、ラジオの電波を合わせるような具合にして存在を確かめることもできない。私たちの世界について知っていることからすれば、他の世界の大半にはイギリス産業革命はないと私は確信する。産業革命のない世界では、経済の成長率は商業革命時代の年〇・四五%か、下手をすると中世の年〇・〇四%にとどまっているだろう。半永久化した火薬帝国と帆船による貿易の時代には、そちらのシナリオのほうがよほどふさわしい[6]。

だが私たちの世界はそうはなっていない。そしてこの世界においてさえ、帝国主義的交易革命とイギリス産業革命が決定的な要素だったとは私は考えていない。

技術と組織に関する人間の知識が世界で活用されるペースが産業革命期の年〇・四五%にとどまり、年〇・九%に達する人口増加率（これは一世代当たり二五%近い）にすっかり打ち消されてしまうと考えてほしい。平均的な夫婦四組の子供八人以上、おそらくは一〇人近くが再生産年齢まで生き延びないと人口は増えない。だがさほど栄養が行き届いていなくても、人間の性欲はそれ以上のことをやってのける。海を渡って北アメリカへ行ったイギリス人たちは、黄熱病の危険のないメーソン＝ディクソン線（東西方向にほぼ北緯三九度四三分に沿った線で南部と北部を分けるとされる）の北側に入植した。彼らの人口は一〇〇年ごとに自然増で四倍になっている。

近代的な公衆衛生など何もない状況で、である。食べ物はあるが貧しく、乳幼児死亡率が高いとなれば、入植者たちは老後の世話をしてもらうためにも子孫を増やしたいと考えるだろう。そこで四組の夫婦は子供一〇人どころか一四人を生み育てる。そうなると、技術の知識が年〇・四五％増えたところで、マルサスの悪魔のくびきから逃れる術《すべ》はない。こうしたわけで、一八七〇年の世界はひたすら貧しかった。一八七〇年には人口の五分の四が、自分たちの食べる食料の大半を育てるために土を耕していた。平均寿命は、延びたとしてもごくわずかだったと考えられる。一八七〇年の世界の銅産出量は一人当たり一四〇グラムにすぎない（二〇一六年は二二六八グラム）。鉄鋼も一人当たり四五三グラム（二〇一六年は一五九キログラム）と微々たるものだった。

では人類の技術的知識は一七七〇〜一八七〇年の間ずっと年〇・四五％のペースで増えたのだろうか。歴史を振り返ると、せっかく開花した人類の能力はやがて枯渇してしまい、再び経済は停滞することを繰り返してきた。いや、もっと悪い。征服されて暗黒時代に突入している。デリーは一八〇三年に国外からの侵略者により略奪された。北京は一六四四年、コンスタンティノープルは一四五三年、バグダッドは一二五八年、ローマは四一〇年、ペルセポリスは紀元前三三〇年、ニネベは紀元前六一二年に同じ憂き目に遭っている。

となれば、一七七〇〜一八七〇年の成長も同じく尻すぼみにならないとどうして期待できるだろう。帝国主義のイギリスがちがう道筋をたどると考えられる特別な理由でもあるだろうか。

経済学者のウィリアム・スタンレー・ジェヴォンズは、まだ三三歳の生意気な若造だったときに『石炭問題』を発表して一躍時の人となる。イギリスはすくなくとも一世代のうちに石炭が枯渇すると予言したのだ。そうなれば工場は止まってしまうという。[7]当時、偉大な小説家のラドヤード・キプリングほど大英帝国の熱心な信奉者はいなかっただろう。キプリングにとって大英帝国は善そのものだった。しかし一九一五年九月二七日、第一次世界大戦中にフランスのリール郊外で一人息子のジョンが戦死して、すべてが変わる。それでも一八九七年にはヴィクトリア女王戴冠六〇周年の記念に「退場の歌」を捧げたが、そこにはロンドンがニネベと同じ運命をたどることが暗示されている。「狂乱した驕りと愚かさのため……／汝の民への汝の慈悲、ああ主よ！[8]」。

こうしたわけだから、経済成長の原動力として産業革命以上に強力な後押しが必要だった。それがなかったら、今日の世界はいまだに蒸気機関の世界だっただろう。世界人口は二〇一〇年に実際と同じ七〇億人になったとしても、発明・発見の平均ペースが一七七〇〜一八七〇年のままだったら、七〇億人の大半は一八〇〇〜一八七〇年あたりの平均的な生活水準とほぼ同程度の暮らしをしているはずだ。今日の世界の技術と組織が一九一〇年と同じ水準だったら、飛行機はまだおぼつかない未熟な技術だっただろうし、都市部の輸送網では馬糞の処理が重要課題だっただろう。そして人類の五〇％（今日では九％）が一日二ドルで、九〇％は五ドル以下で暮らしていたはずだ。一人当たりの農地面積は一八〇〇年の六分の一になっていたと考えられる。そして上流階級の最上位だけが、今日グローバルノースと呼ばれる北半球の先進国における中流階級の生活水準を享受していただろう。

だがもちろん、そうはなっていない。実際に起きたのは、一八七〇年以降に発明・発見のペースが加速したことだ。三番目の分水嶺を越えたのである。

一八七〇年頃の人類の技術と組織に関する知識と能力は一気に伸び始め、そのペースは四倍になって現在の二・一％に飛躍する。その後は、技術が人口増加のペースを凌駕するようになった。そして世界の最富裕国では人口が減少に転じ始める。十分に裕福になり十分に長寿になった人類にとっては、出生数を抑えることが望ましい選択肢だった。

一八七〇～一九一四年の期間は、それまでの時代から見たら「経済の黄金郷《エルドラド》」あるいは「経済の理想郷《ユートピア》」だった。ケインズが一九一九年にそう回想している[9]。

一九一四年の世界は、近代と古代が奇妙に入り混じったような感じだった。この年、イギリス人は一億九四〇〇万トンの石炭を燃やした。今日のイギリスが消費するエネルギーを石炭に換算すると、一九一四年の二・五倍にしかならない。その一方で、一九一四年にアメリカの鉄道は平均すると一人当たり五六〇キロ運んだのに対し、今日では四八〇〇キロである。一九一四年の時点では、ヨーロッパの国々はフランスを除いてどこも農地を掌握した地主が政治と社会を支配しており、彼らの大半は、剣をとって国王のために戦う騎士の子孫を自認していた。

過去と比べれば、一九一四年の世界はほとんどユートピアだったと言える。この年の未熟練労働者の実質賃金は、世界各地で一八七〇年の水準の一・五倍に達した。農耕が始まって以来、これほど高い生活水準が実現したのは人類史上初めてのことである。

一八七〇年以降、一七七〇年〜一八七〇年は四年ごとに実現したのと同じくらいの技術的・組織的進歩、もっと言えば、一五〇〇年〜一七七〇年には一二年ごと、あるいは一五〇〇年以前は六〇年ごとに実現したのと同程度の進歩をなぜ毎年実現することができたのだろうか。また、当初は地理的にヨーロッパ域内と周辺に集中していた急激な発展が、世界的な現象になった(ただし地域的な偏りはあったが)のはなぜだろうか。

第2章の議論を先取りして言えば、いまの問いの答えは、産業研究所、近代的企業、グローバル化の出現にあるのではないかと私は考えている。この三つは一つのグローバル市場経済を出現させ、世界は自ら作り出した問題の解決へ前進することになる。中でも最大の課題は、経済成長のギアを入れる方法を見つけることだった。研究所と企業はトーマス・エジソンやニコラ・テスラのような発明家の出現を可能にした。その大きな理由は、工房を構えて人を雇うといった先行世代の発明家たちがこなしていた他の多くの役割を、やらなくてよくなったからである。その役割は企業が引き受けた。このちがいは大きい。発明された技術は、手続きに従ってプロの手腕で合理的に実用化される。

一八七〇年前後のこうした成り行きは、必然だったと言えるだろうか。歴史においては多くの出来事が必然でもなければ必要でもなかったことを私たちは知っている。いま私たちが生きているのは、起きたことと同じだけ起きなかったことの結果なのだ。歴史は、起きたかもしれなかったことに溢れている。一つだけ例を挙げよう。一九三三年二月一五日、イタリア人移民のジュゼッペ・ザンガラは、大統領に選ばれたばかりのフランクリン・デラノ・ルーズベルトの暗殺を試みた。このとき、リリアン・クロスがハンドバッグで彼の銃を殴りつけなかったとしたら、銃弾はシカゴ市長アントン・サーマクの肺に命中せずに大統領の脳を直撃し、サーマクではなくルーズベルトが死んでいただろう。もしそうなっていたら、大恐慌に見舞われたアメリカの一九三〇年代はまったくちがったものになったはずだ。では、産業研究所はどうだろう。研究所は一人とか数人では成り立たない。さまざまな目的のために多くの人が何年にもわたって共に働く。多くの人が時間をかけてやることは、必ずとは言わないまでも高い確率で特定の結果につながりやすい。

経済成長のギアを入れるプロセスはほかにも可能ではあっただろう。だが、他の方法がどのようなものだったか、どの程度の範囲の異なる結果が生じたか、うまく想像することができない。歴史家のアントン・ハウズが指摘したように、一七三三年までの五〇〇〇年にわたって、機織りをする人は飛び杼《ひ》を発明しさえすればはるかに楽に織ることができたはずだ。だがジョン・ケイが一七三三年に発明するまで、誰も飛び杼を思いつかなかった。ジョン・ケイはとくに深い知識を持っていたわけではないし、特殊な材料も使っていない。杼（シャトル）にローラーを付け、片手で遠くまで飛ばせるようにしただけで、織る速度が驚異的に上がり、幅の広い織機を使うことも可能になった。ハウズが感嘆したとおり、「ケイの発明はきわめて単純だった」。一方、研究所や企業は人間には全体像を把握しきれないほど複雑な組織である。[10]研究所と企業が世界を変えるためには、何か促進剤の役割を果たすものが必要だった。最強の促進剤となったのは、グローバル化である。

一七〇〇年以前の世界で「国際貿易」と呼べるものが扱ったのは、貨幣を鋳造するための高価値の貴金属、香料、絹、向精神薬（アヘンなど）、精巧な工芸品（剣、陶磁器など）、錫《すず》など重要な希少資源（錫は青銅を作るのに欠かせない）、時に食料（小麦はエジプトとチュニジアからローマへ、コメは長江デルタから北京へ船で運ばれた）、そして奴隷だった。奴隷にされた人は、改めて言うまでもなくその社会的環境から引き剝がされ、階級社会の最下層に投げ込まれ、ごくわずかな食べ物を与えられて過大な労働を強いられる。国際貿易は重要だった。支配階級の快適で洗練された暮らしに関する限り、貿易は大いに役に立った。とは言え、当時の経済活動において貿易が重要な役割を果たしたとは言えない。なにしろ「国際貿易」は、多く見積もっても世界の経済活動の六％しか占めていなかった。平均的な地域で消費されるものの三％が外国から輸入され、平均的な地域で生産されるものの三％が外国へ輸出されたわけである。

一七〇〇年あたりを境にこの状況は変わり始める。一七〇〇〜一八〇〇年の北大西洋では、武器（イギリスからアフリカへ）、奴隷（アフリカからアメリカ・カリブ海へ）、砂糖（アメリカからイギリスへ）という三角貿易が経済活動の重要な柱となった。三角貿易は、西アフリカと西インド諸島を悪の巣窟とする一方で、世界の富をイギリスに集中させる。かくしてイギリスは世界の海運帝国となり、市場経済、立憲政治、産業革命、さらには覇権国家への道を歩み始めることになった。とは言え一八〇〇年の時点では、国際貿易は世界の経済活動のせいぜい九%を占めていたに過ぎない。

一八〇〇年以降、世界貿易の重要品目に綿花と綿織物が加わる。綿花は産業革命の発祥地であるイギリスに輸入された。綿工業の主力となったのは、英仏海峡に面した地域、具体的にはイングランド南東沿岸部に位置するドーバーを中心に半径四八〇キロほどの円をなす地域である。アメリカのニューイングランドと呼ばれる地域でも綿工業がさかんになり、これらの地域から織物その他の工業製品が世界各地に輸出された。それでも一八六五年の世界貿易は、世界の経済活動の七%にとどまっている。[11]

輸送のグローバル化も進み、船体が鉄製でスクリュープロペラを装備した外航船が鉄道網と結ばれるようになる。通信もグローバル化され、海底電信ケーブルが敷設されて地上通信網に接続された。一八七〇年にはロンドンとボンベイの間で電信のやりとりができたし、一八七六年にはニュージーランドとの間でも可能になっている。

当時のグローバル化の特徴の一つは、モノや人の往来を阻む障壁がなかったことである。開かれた国境の影響を最も強く受けたのは、移住だった。ただし中国、インドなどの貧しい移民は気候が温暖な地域への移住を認められなかった。それが許されたのはもっぱらヨーロッパ

（とくに中東）からの移民である。この点を除けば、大量の移民が自由に移動した。一八七〇〜一九一四年には、じつに一億人、つまり一四人に一人が生まれ故郷を離れ新天地に居を定めている。[12]

世界各国の政府が市場開放を支持したのだから、貿易、投資、通信に法律上の障壁は存在しなかった。人の移動とともに、金融、機械、鉄道、蒸気船、電信、生産、物流網も、潤沢な自然・生物・物質資源を追いかけて世界に広がっていく。今日の国境を越えて展開されたグローバルな経済活動の比率は、一八〇〇年の九％から一九一四年には一五％に上昇したと見込まれる。これは、生産コストの激減を大幅に上回る輸送コストの激減の賜物である。輸送はまちがいなく大きなちがいをもたらしたのだった。

鉄道を考えてみてほしい。金属工業の発展により安価にレールや蒸気機関が製造できるようになったおかげで、鉄道が通っていれば の話だが、運河や沿岸航路による水運と同程度のコストで陸上輸送が可能になった。しかも鉄道のほうが速い。

もちろん、いつの時代にも文句を言う輩はいる。一九世紀半ばの超絶主義作家ヘンリー・デービッド・ソローの鉄道に対する感想は「私の芝生から出ていけ！」というものだった。代表作『森の生活　ウォールデン』には次のような一説がある。

彼らはこの共同資本事業をずっと続けていれば、誰もがしまいにはどこかで鉄道に乗るというぼんやりした考えを抱いているらしい。乗れば、何の目的もなくおそろしい速さで運ばれる。人々が駅に押し寄せ、汽車が煙を吐き出し、蒸気が窓を曇らせ、車掌が〝ご乗車願います！〟と叫んでも、乗るのは数人だけだろう。残りは轢《ひ》かれてしまう。そしてあとになって〝悲しい事故だった〟と回想されるのだ。[13]

だが私自身の祖先や大方の人の感想はソローとは全然ちがった。鉄道が登場する前は、農作物を一六〇キロ以上陸路で運ぶことはまずもって不可能だった。それ以上の距離になると、運搬役の馬にせよ牛にせよ、運ぶ農作物以上の飼料を食べてしまう。航行可能な水路、願わくば一六〇キロよりずっと長い水路を見つけるか、さもなくば死ぬまで自給自足で暮らすほかない。つまり、食べる物も着る物もたまさかの娯楽も、すべて手近なところで間に合わせるしかない。遠国で作られたものを手に入れようとしたら、法外な費用がかかる。

ソローにとって、ボストンまで徒歩または馬に乗って行くのに丸一日かかるのはよいことであり、時間をかけてていねいに暮らすことの一部だった。だがこれは金持ち、すくなくとも養う家族がおらず、同志ラルフ・ウォルドー・エマソンの後妻リディアン・ジャクソンがパイを焼いてくれるような恵まれた者の視点だと言わざるを得ない。

研究所、企業、輸送と通信のグローバル化に加えて、さまざまな障壁が存在しなかったことが重なり合った結果、人類は決定的な分水嶺を越え、マルサス的貧困から脱することが可能になった。これらの要素は、かつてなかった方法で世界経済を一つの物語にすることも成し遂げている。

人類が航海可能な河川や海の近くに住みたがる傾向を考えると、最大の輸送革命は一八三〇年代に鉄道がもたらしたものではなく、もっとあとに登場した蒸気船によるものだったと考えるほうが妥当だろう。一八七〇年に北アイルランドのベルファストを拠点とするハーランド＆ウルフ造船所は船体が鉄製で石炭炊きの蒸気機関を搭載し、スクリュープロペラを装備した客船ＲＭＳオセアニック号を建造する（ＲＭＳはイギリスの定期郵便船のことで、安全性と信頼性にイギリス政府がお墨付きを与えた証拠だった）。オセアニック号はリヴァプールからニューヨークまで、大西洋を九日で横断する。一八〇〇年だったら一カ月かかっていた航路だ。

オセアニック号は乗組員一五〇人で三等船客一〇〇〇人を担当する。三等運賃は三ポンドで、当時の未熟練労働者の賃金一・五カ月分だった。一等船客は一五〇人で、こちらの運賃は一五ポンドである。[14] 現在のドルに換算すれば、一等運賃は一万七〇〇〇ドルとなる。だがそれよりも、一八七〇年代にもっと近い時期と比べるほうが意味があるだろう。一世代前の三等運賃は、一八七〇年よりもっと遅くて安全性も劣るにもかかわらず、一八七〇年の二倍だった。さらに遡って比べると、一八〇〇年の三等運賃は四倍だったのである。一八七〇年以降、家族の誰かを外国に出稼ぎに出すことは、最貧層を除き、ヨーロッパのすべての家庭にとって十分に可能な選択肢となる。

そして実際にも人類は、数百万人単位でこの選択肢を摑《つか》みとった。一八〇〇年代の生産と貿易のグローバル化は、新天地を求めて祖国を離れた一億人の移民によって加速する。それ以前にもそれ以後にも、これほど短期間で地球上の人間の再分配が行われた例はない。

ヨーロッパから五〇〇〇万人が主にアメリカとオーストラリアへ、そのほか南アフリカ、ケニアの高原地帯、ポントス・カスピ海草原などに移住した。一八七〇〜一九一四年は、労働者階級の人々がよりよい生活を求めて何度も海を渡ることのできる稀有な時代だったと言える。

私の家族の歴史が正しいとすれば、私の祖先はまさにそうやって一八〇〇年頃にアメリカへ渡っている。当時の国外移住は、苦しい生活に囚われていた人、年季奉公に縛られていた人、そして中流層がするものだった。私が名前を知っているのは、エドマンド・エドワード・ギャラハー（一七七二年、アイルランドのワートミース生まれ）以降だ。彼とリディア・マッギニス（一七八〇年、ニューハンプシャー生まれ）は、一八〇〇年代初めにペンシルベニア州チェスターに住んでいた。そこで息子ジョンの出生届を出している。一方、私の妻の祖先は、一八七〇年以後の大量移民の時期にアメリカへやって来た。その一人がマリア・ローザ・シルバ（一八七二年、ポルトガル生まれ）だ。彼女は一八九二年にアメリカへ渡り、翌年にはマサチューセッツ州ローウェルでホセ・G・ジル（一八七二年、ポルトガル領マデイラ島生まれ）と結婚する。ホセがアメリカに来たのは一八九一年で、ボストン行きではなくジョージア州サバナ行きの船を選んでいる。

おそらく彼はサトウキビにくわしく、サバナなら可能性があると考えたのだろう。だがサバナでは肌の黒さが目立ちすぎると考えたのか、ローウェルに移った。くわしいことはわかっていない。わかっているのは、夫婦と三人の子供メアリー、ジョン＝フランシス、カリーが一九〇〇年になってすぐボストンからマデイラへ大西洋を渡ったこと、ホセが一九〇三年に南アフリカで亡くなったことである。マリア・ローザと四人の子供（新しくジョゼフが加わった）は再び大西洋を渡り、一九一〇年の国勢調査ではマサチューセッツ州フォールリバーに住んでいたことがわかっている。寡婦の彼女は織工として働き、家を貸し、五人生まれた子供のうち四人と一緒に暮らしていた。

移民は必ずしもヨーロッパから他国へと一方向で行われたわけではない。いま述べたように、ホセ・ジルもマリア・ローザも何度か大西洋を往復している。そしてある著名な人物は逆方向に、つまりアメリカで生まれてイギリスへ恒久的に移住した。その人物の名前はジェニー・ジェローム。一八五四年にニューヨークの投資家レナード・ジェロームとクララ・ホールの娘として生まれた。イギリスへ移住するきっかけは、第七代マールバラ公爵の三男ランドルフ・スペンサー＝チャーチル卿との結婚である。二人は、英仏海峡に浮かぶワイト島のレガッタで出会ってから三日目に結婚を決めたのだが、両方の父親に反対され（一説によると持参金の額で揉めたという）、七カ月先送りされた。二人の長男ウィンストンは結婚後八カ月で生まれ、六年後には次男ジョンが生まれている。[15]

ランドルフは二〇年後の一八九五年に四五歳で死去した。顕著な神経症状を発症しており、おそらくは梅毒だったと思われる。死亡診断書には「精神障害による全身麻痺」とある。夫の死後もジェニーは「プリンスオブウェールズをはじめ大勢の人々から崇拝された」と多くの書物に記されている。一九〇〇年には、長男ウィンストンとほぼ同い年（一カ月遅れ）のジョージ・コーンウォリス＝ウェストと再婚した。

ウィンストン・スペンサー・チャーチル（彼はラストネームの前半分をミドルネームにしてハイフンをとってしまった）は、若かった頃はイギリス政治における「恐るべき子供《アンファン・テリブル》」であり、中年の頃は不出来な大蔵大臣だったが、第二次世界大戦中に首相に上り詰めると、ナチス撃退において決定的な役割を果たすことになったのは読者もよくご存じのとおりだ。戦時の首相としてのチャーチルの卓越した手腕は、彼が半分アメリカ人だったことに由来すると言ってよかろう。彼はアメリカにどう話せば通じるか、とりわけ時の大統領フランクリン・デラノ・ルーズベルトにどう話せばいいかを熟知していた。

当時のアメリカには、カリフォルニア北部の杉林などに観音菩薩を祀《まつ》った寺が多数あり、カリフォルニアをはじめ温暖な地域には多くの中国人入植地が存在した。しかし戦争が始まると、中国からの移民は直ちに禁止される。リーランド・スタンフォード（鉄道で財を成して「泥棒男爵」と呼ばれ、カリフォルニア州知事になり、息子の名を冠したスタンフォード大学を創設した）のような金権政治家は移民に好意的だったが、ポピュリスト政治家は移民排斥を唱えた。彼らは西欧か東欧かを問わずヨーロッパからの移民の大半は阻止できなかったものの、中国人は追い返すことに成功する。インド人も同じ仕打ちを受けた。

そのインドで生まれたマハトマ・ガンディーことモーハンダース・カラムチャンド・ガーンディーも、移民を経験した一人だ。彼は一八六九年生まれで、父は当時のポールバンダル藩王国の宰相カラムチャンド・ガーンディー、母は第四夫人のプタリーバーイーである。[16] 一四歳のとき、両親は当時の風習に倣い息子をカストゥルバと結婚させる。一八八八年、ガンディーは一八歳でムンバイからイギリスへ渡って法律を勉強し、三年後に二二歳で弁護士となってインドに戻った。しかし仕事はあまりうまくいかなかった。彼は一八九三年に、南アフリカから四万ポンドの債権を回収するために弁護士を探している商人に偶然出会う。ガンディーはこの仕事を引き受けることにし、再び海を渡って南アへ行った。一年で帰国するつもりだったが、とどまる決意をし、一八九七年にいったん帰国し家族を連れて南アへ戻る。結局ガンディーは二二年間南アに滞在し、この地で反帝国主義者、政治家、活動家へと変貌を遂げる。南アではインド亜大陸からの移民はアフリカ先住民ほどひどい扱いは受けなかったものの、下から二番目に位置付けられていたことが理由の一つだったと推察される。

大量移民の波に乗ったもう一人の著名な政治家は、鄧小平《とうしょうへい》である。彼は一九〇四年にまずまず富裕な地主の息子として生まれた。父親の所得はおそらく当時の中国の平均の五倍はあっただろう。[17] 一九二〇年一二月、鄧小平はフランスにやって来る。働きながら勉強するためだった。第一次世界大戦（一九一四～一八年）で大量の労働者が召集され、多数の戦死者や負傷者を出したため、フランス政府は戦時中・戦後期を通じてとにかく人手不足を穴埋めしてくれる労働者を欲しがっていた。鄧小平はこの機会を活用し、パリ近郊の工場で工員として働く。そこで共産党員になり、周恩来《しゅうおんらい》など将来の指導者たちに会っている。一九二六年にモスクワへ移り、モスクワ中山大学で学んだ。翌年帰国して政治委員となり、さらに中国共産党幹部にのし上がった。毛沢東《もうたくとう》時代に二度にわたって追放されるが（一度目は「党内第二の走資派」と批判された）、三度復活を果たし、一九八〇年代についに中国を経済成長の軌道に乗せる傑出した指導者となる。鄧小平は長い二〇世紀においておそらくは最も重要な人物の一人である。

ポピュリスト政治家がヨーロッパからの大量移民は阻止できず、アジア系移民は阻止した結果、アメリカ、カナダ、アルゼンチン、チリ、ウルグアイ、オーストラリア、ニュージーランドはヨーロッパ系移民の定住先となる。一方、中国やインドからの移民は、セイロンの茶畑、マレー半島のゴム農園などに向かわざるを得なかった。五〇〇〇万人の中国人とインド人は、南アジアのほか、アフリカ、カリブ海諸国、ペルーの高原地帯にも入植している。

カナダ、アルゼンチンなどヨーロッパに似た気候で資源のゆたかな入植地の存在は、ヨーロッパの人々の生活水準の向上に寄与する。というのも、移住した人々の三分の一はやがて祖国へ戻るが、その多くが異国で財を成しており、本国で中流層にがっちりと食い込んだからである。移住した先にとどまった三分の二の人々およびその子供世代の生活水準は、当初の一・

五〜三倍になっている。移住せずヨーロッパにとどまった人々も恩恵を受けた。大量移民時代の数十年間にヨーロッパでは最終的に賃金水準が上昇したからだ。本国の労働者たちは労働供給の過剰による競争に悩まされなかったし、新世界からの安価な輸入品を買うこともできた。[18]

金権政治家とポピュリスト政治家も、同じように移民の恩恵を受けている。すでに労働力が不足気味だったアメリカ東岸では、労働力の豊富なヨーロッパから大量移民が押し寄せたからといってアメリカ人労働者がしわ寄せを受けることはなかった。アメリカ、カナダ、アルゼンチンの実質賃金は、一九一四年までそれぞれ年平均一・〇%、一・七%、一・七%上昇したと見込まれる。これに対してヨーロッパ北西部の実質賃金上昇率は年平均〇・九%だった。オーストラリアのみ、一九一四年までの半世紀の伸びは横ばいだった。ただし同国の労働力は不足しており、移民の増加が労働者の相対賃金を押し下げた様子は見受けられない。いずれにせよ、気候が温暖な地域への移民は資本を持って移住したため、受け入れ先の経済規模は拡大した。[19]

では、移民を受け入れた熱帯地域はどうだったのだろう。相対賃金は押し下げられたのだろうか。答えはイエスだ。それは、移民の来ない地域にも波及した。ブラジルでは、イギリスの資本の流入、そして中国とマレー半島からやってきた労働者が、マレー半島が地球上のどこにあるかも知らないブラジルの労働者（彼らが働くゴム農園はブラジル資本で運営されている）の賃金に強烈な下押し圧力をかける。こうして経済的低開発状態が一八七〇〜一九一四年に形成されていった。

移民を送り出した中国とインドでも、賃金水準はさして上がっていない。どちらの国も人口があまりに多く、出て行った人間の数など大海の一滴だった。

不運と悪しき統治が重なり、インドと中国はマルサスの悪魔の足枷から逃れそこなう。技術は進歩したが、生産性の伸びの可能性は人口増加で吸収されてしまい、生活水準は改善されなかった。一九世紀後半の中国の人口は、紀元一〇〇〇年から三倍に増えている。こうした状況で中国とインドから移民として出ていく人々が求めたのは、ヨーロッパの人々の目から見れば最低限の生活さえおぼつかない程度の飢餓賃金だった。

このように、中国とインドにおける多すぎる人口、乏しい物質的富、低い農業生産性が、アジア系移民を受け入れたすべての地域、すなわちマレー半島、インドネシア、カリブ海諸国、東アフリカにおける賃金上昇を阻んだ。これらの地域では、飢餓賃金をさして上回らない賃金水準で労働者を輸入し雇用している。それでも、やってくる労働者はそうした仕事に飛びついた。マレー半島やアフリカの農場で得られる雇用機会や生活水準は、中国やインドでは望めなかったからだ。この低い賃金水準のおかげで、アジア系移民を受け入れた国では何であれ安上がりに生産することができた。かくしてマレー半島のゴム農園との価格競争に直面したブラジルのゴム農園の賃金は伸び悩み、それどころか下落し始める。その結果、一九世紀後半を通じてブラジルの生活水準と賃金水準は、中国とインドよりましではあったものの低いままだった。そしてブラジルをはじめとする地域はグローバルサウスと呼ばれるようになる。

世界はいまやよくも悪くも一つになり、一つの物語を紡ぐようになった。

このグローバルな物語は、世界的な分業時代の到来を告げた。熱帯地域はゴム、コーヒー、砂糖、植物油、綿花など安価な農産物をヨーロッパに供給する。ヨーロッパからの移民の定住が進んだ温暖な地域、すなわちアメリカ、カナダ、オーストラリア、ニュージーランド、アルゼンチン、チリ、ウルグアイ、ウクライナ、そしておそらく南アフリカは、主食となるような穀物、食肉、毛織物を生産し、ヨーロッパへ輸出する。ドイツの農家は新たな競争者の出現に気づくことになった。アメリカ大陸からだけでなく、ロシア産の穀物がオデッサ港から送り込まれてきたのだ。西ヨーロッパは工業製品を輸出して輸入代金に充当した。アメリカ北東部もそうだ。この地域からの工業製品や物資の輸出は、一九一〇年にはアメリカの輸出のまるまる半分に達している。

立ち遅れた地域では賃金水準が下がると同時に、国内で工業をさかんにするような裕福な中流層が育つ可能性も消えていった。

なぜそうなったのかを理解するには、大英帝国のやり方を考える必要がある。

イギリス人は、行く先々で要塞、港、植物園をつくった。植物園をこしらえたのは、異国の地の貴重な植物が自分たちの支配下でも育つことを世界に示すためである。一九世紀を通じて、ゴムの木をブラジルからロンドンの王立植物園キューガーデンへ、次にマレー半島へ持ち込んだのはイギリス人だった。彼らは茶の木も中国からセイロンへ持ち込んだ。ゴムがマレー半島、インドネシア、インドシナ半島に植えられたのは一九世紀の最後の四半世紀だったが、第一次世界大戦が終わる頃には、この三つの地域は世界における天然ゴムの主要産地となる。その仲介役をしたのは、多くはイギリス人だった。ただしコーヒーの木をイエメンからブラジルに持ち込んだのはポルトガル人である。だから、一九世紀後半の後進地域の比較優位は、なるべくしてなったのではなく、人為的に作られたのである。[20]

移民の恩恵に最も長期的に与ったのは、アメリカだった。かんたんに同国の将来を展望しておこう。一八〇〇年代から一九〇〇年代前半にかけての移民の大量流入は、長い二〇世紀にアメリカが世界の覇権国家になる道のりで欠かせない要素だった。一八六〇年のアメリカで、女性と子供を含め完全な市民権を持つ人の数、すなわち政府が教育する価値を認めたコーカサス系の英語話者の数は二五〇〇万人に過ぎない。これに対してイギリスと海外領土の完全な市民の数は三二〇〇万人に達していた。一八七〇年と二〇一〇年の中間点である一九四〇年に事態は大きく変わる。アメリカの市民数が一億一六〇〇万人に達したのに対し、イギリスと海外領土は七五〇〇万人だった。どちらも人口は自然増で増えているので、アメリカでは大量に受け入れられ同化していった移民が大きな役割を果たしたと言える。

一八七〇〜一九一四年の数十年間は、技術の進歩、人口増加、移民に特徴づけられるが、それと同時に輸送と通信も進歩し、貿易と投資を牽引した。貨物輸送のコストと並行して旅客輸送のコストも下がっていった。一八五〇年の時点で小麦粉はシカゴで一ポンド一・五セント、ロンドンで三セントだったが、一八九〇年になると、ロンドンでもたった二セントになる。一八七〇年以降はよほど壊れやすいか腐りやすいもの以外、国内を移動するより安く海を渡ってモノを運べるようになった。[21]港と鉄道さえあれば、遠国も隣国も変わらない。誰にでもチャンスがあった。それを阻む要因は多々あるにしても、運賃でなかったことだけはたしかである。

実際、運賃低下の効果は絶大だった。一八七〇〜一九一四年にGDP比でみた輸出はインドとインドネシアで二倍に、中国では三倍以上になっている。また、二世紀半におよんだ徳川幕府の鎖国政策をアメリカの軍艦の到来で強制的に解除させられた日本は、第一次世界大戦前のわずか二世代の間に、ゼロだった輸出をGDP比七%まで増やしている。一五〇〇年の国際貿易は、世界GDP比でわずか一・五%前後だった。それが一七〇〇年には三%に、一八五〇年には四%に、一八八〇年には一一%に、一九一三年には一七%になる。そして今日では三〇%だ。[22]

一八七〇〜一九一四年のこの貿易拡大を経済学者のリチャード・ボールドウィンは「第一のアンバンドリング」と呼んだ。海上運賃の大幅低下は、消費はもはや生産地に縛られる（バンドル）必要がなくなったことを意味する。コストの低いところで生産し、低い運賃で資金力のある国へ運び、そこで買ってもらうことが可能になった。[23]

だからと言って、「世界がフラットになった」わけではない。誰もがよく知っていて品質も確かな品物を買うだけならともかく、それ以上に複雑なことをしようとすれば、コミュニケーションがとれなければならない。こちらが何を欲しいのかを相手に理解させ、相手の生産能力を見極め、両者が共に満足のゆく合意に達しなければならない。相手と会って、どの程度信用できる人間かじかに確かめることも必要だった。ボールドウィンの「第一のアンバンドリング」は、消費地から遠く離れたところでの生産を可能にし、輸送ネットワークを介して最もゆたかな国へ運ぶことを可能にしただけではない。生産者を工業地帯に移動させ、コミュニケーション、交渉、合意形成などに伴うコストを節約することが可能になった。

工場は互いに近いところに建設されるようになった。よって技術研究所も新しいアイデアも狭いエリアに集中するようになる。通信コストがまだ高いせいもあって、アイデアは一カ所に集中しがちだった。これに対してモノは輸送ネットワーク上のどこにでも運べはするが、逆に世界の中で最もローコストで効率的に行えるところにやはり集中するようになる。かくして一九一四年までの世界は好景気に突入し、「グローバルノース」と呼ばれるようになる地域は工業化が進んだ。この楽園にひそんでいた蛇は、相対的な所得水準の乖離である。市場は（グローバルノースに）与え、市場は（グローバルサウスから）奪った。グローバルサウスには工業化が進まないどころかまったく工業化されない地域もあったし、中には工業が衰退した地域すらあった。[24]

ヨーロッパ北西部は工業製品に関して圧倒的な比較優位を確立する。周縁部の天然資源（銅、石炭、コーヒー、鉱物、農産物）の価値も高まった。これらの商品は鉄道で港まで運ばれ、そこからは蒸気船で海を渡る。知識が通信線に沿って普及するのと呼応して市場経済は拡大した。工業化の中心地は、技術知識へのアクセスがよいこともあり、製造業に特化していく。一方、周縁部は、インフラが新たに整備されたおかげで他国への輸出が可能になった一次産品に特化する。要するに、中心部と周縁部両方がそれぞれに経済的価値の高いものに特化できるようになったのである。

一九世紀後半の世界経済を形成したのは技術とインフラへの投資であり、その社会的リターンは膨大だった。ここでは一例を挙げるにとどめよう。ロバート・フォーゲルの試算によると、ユニオンパシフィック鉄道の投資がもたらした社会的リターンは年三〇%に達するという[25]。

貿易の拡大は、比較優位の原則が最大限に効果を発揮したことを雄弁に物語っている。二つの国の間に繊維製品でも金属加工品でも、生鮮食品でなければなんでもよいが、とにかく二種類の財の価格に差があれば、自国で相対的に安く作れる財を輸出し、相対的に高くつく財を輸入することが利益につながるし、社会の幸福にとっても好ましい。いったん確立された比較優位は長続きする。イギリスで発明された自動織機が他国よりイギリスでよく働くということはまったくないはずだが、それでもイギリスの綿織物は一八〇〇〜一九一〇年に右肩上がりで増え、第一次世界大戦直前には年間四五万トンのピークに達した[26]。

しかも比較優位は、その優位がかなり低水準であっても、最高水準であっても、等しく効果を発揮する。つまり、ある国の農業がかなり低調で、工作機械はもっと低調だという状況でも、農作物を輸出して工作機械を輸入することで生活水準の向上が可能になる。自動車製造で世界トップクラスの国であっても、航空機製造ではもっと優れているなら、航空機を輸出して自動車は輸入するほうがよい。これこそが国際貿易を拡大させる推進力となる。ある国の比較優位がイノベーションに長けた起業家集団であれ、工学技術であれ、教育水準の高い労働力であれ、豊富な天然資源であれ、単に貧困で労働コストが安いことであれ、企業はそれを活かして貿易で利益を上げ、社会をよりゆたかにすることができる。そうなれば、工業技術が発展した国だけでなく、世界的に実質賃金水準は押し上げられることになる。

これが、労働力に続いて金融と貿易に起きたことである。一八七〇～一九一四年の世界経済では、過去との比較で言っても投資の強度がきわめて高かった。工業化された西ヨーロッパと北アメリカの東部・中西部は潤沢に労働力を供給して世界の需要を満足させるとともに、鉄道、船舶、港湾、クレーン、電信線、その他の輸送・通信インフラを建設し、グローバル経済というものを初めて実現させる。南北戦争が一八六五年に終結した時点では、世界の鉄道総延長は三万二〇〇〇キロだった。それが一九一四年には四八万三〇〇〇キロに達している（今日では八〇万キロを上回る）。

ハンブルクの労働者は、ノースダコタかウクライナの小麦から作られた安いパンを食べていた。ロンドンの投資家は、モンタナの銅山やカリフォルニアの鉄道建設に出資した（あの泥棒男爵リーランド・スタンフォードは利益のかなりの分け前を懐に入れた）。国の財政支援を受けた東京の企業は、ハンブルクの労働者が作った電気機械類を輸入した。これらすべてをつなぐ電信線は、モンタナで採掘された銅で作られ、マレー半島に移住した中国人労働者やベンガルに移住したインド人労働者が採集したゴムで絶縁された。

一九一九年にケインズが書いたように、世界の中流・上流階級は一九一四年までに「さして費用もかけず面倒もなしに、かつての富豪や王族でも手にできなかった利便性、快適性、娯楽を享受できるようになった[27]」。

貿易の拡大は世界の労働者階級にとって、すくなくとも海運と鉄道にアクセスでき、貿易に何らかの形で関与できる労働者階級にとっては、生活水準と最低生活水準との差が拡大するという結果をもたらした。この結果に対して人口圧力はどう反応したのだろうか。一九一四年には、一世代前に四人だったところに五人が住んでいた。五〇年の間に、農耕社会の五〇〇年を上回る人口増加が起きたわけである。それでも平均的な栄養状態が悪化した形跡は認められない。投資と技術の進歩によって、人類史上初めて、人口が増えても栄養源を含め資源は圧迫されなかったのである。マルサスの悪魔は鎖に繋がれたのだった。

次に、通信の能力を取り上げたい。

一八〇〇年頃、あまり裕福でないアイルランド系英国貴族の家庭の四男として生まれたアーサー・ウェルズリー（未来のウェリントン公爵）は、なんとかして自分の運命を切り拓き名を上げたいという野望を抱いていた。とは言え彼の唯一の才能といえば、けっしてヘボではないがどうみても素人芸のバイオリンの腕前だけである。そこで彼は、英国陸軍第三三歩兵連隊の少佐の地位を買った（イギリス政府は、将校が富裕な領主や貴族の家系出身者で占められれば、一六五〇〜六〇年のクロムウェル独裁のようなことは二度と起きないと固く信じていた。そこで、将校はその地位を買わなければならないという決まりになっていた。そうすれば、将校になれるのは金をやるか貸してくれる富裕な家系の近親者に限定される、という理由からである）。兄のリチャードがアーサーに金を貸してくれた。リチャードは当時インド総督になっており、この縁故をうまく利用してアーサーはまんまとインド征服戦争を指揮する司令官の地位に就く。アーサーはのちにナポレオン・ボナパルトの指揮する軍隊を撃破した唯一の指揮官となるのだが、それでも生涯ずっと、自分が最もうまく指揮したのは初めての戦いだったと言っていた。それは、インド最大の勢力だったマラータ諸侯の同盟を相手に戦った第二次マラータ戦争（一八〇三〜〇五年）である。[28]

当時アーサー・ウェルズリーがイギリスからインドへ行くのに七カ月を要した。インドからイギリスへは六カ月である。これほど時間がかかるとなると、イギリス政府や東インド会社の経営陣がインド総督に質問や指図や命令をウェルズリーに託しても、カルカッタ（現コルカタ）のウィリアム要塞やセントジョージ要塞あるいはボンベイ（現ムンバイ）の居城にそれが届いて返事が来るまでに一年以上を要することになる。単なる質疑応答に一年もかかるのでは対話とは言えない。双方が独白をしているだけだ。まして、これほどの隔たりを越えて方針や具体的な実行手順や必要な能力や目標を伝えるのは至難の業であり、危険なまでに場当たり的な姿勢で臨むことになりかねない。

電信の登場は、対話を可能にした。電信は地上の点と点を結び、電信線を伝って高速でメッセージを送る。

こうした技術の進歩を歓迎しない人もいた。またしてもヘンリー・デービッド・ソローが文句を言っている。「メーン州からテキサス州まで電信線を敷設しようと大勢の人が躍起になっている。だがメーン州からテキサス州に伝えたいような重要なことが何かあるのだろうか」[29]。

一八六〇年夏の時点でテキサス州はメーン州から知らせてほしいようなことはなかったかもしれない。だがシカゴからは重要な知らせがあったはずだ。共和党全国大会でエイブラハム・リンカーンが共和党の大統領候補に指名されたのである。ここから一連の出来事が始まり、五年間でテキサス州の成人の白人二五万人が殺され、さらに二五万人が負傷し、黒人二〇万人が解放されることになる。一方のメーン州もテキサス州から知らせてほしいようなことはなかっただろう。だが電信は東海岸で水揚げされたタラのボストン、プロビデンス、ニューヨーク、フィラデルフィア市場での価格を伝えていた。この情報は、出港しようとするメーン州の漁師にとって重要な意味を持つ。

タラの市場価格を知ることは重要だし、数十万のアメリカ人が自由の身になったと知るのはすばらしいことだ。だがこれらは、電信がもたらす変化のほんの予兆に過ぎなかった。その後は言語の発達という人類の偉大な力の一つが大いに威力を発揮する。おしゃべりや世間話をしたがる傾向が、高度な情報伝達へと発展したのだ。集団の一人が何か有益なことを知っていたら、その集団全員がすぐにそれを共有できるようになり、さらには集団の外にもその情報が伝播するようになった。電信は、相互につながる集団を村やギルドの単位から、可能性としては全世界へと押し広げたと言える。

そうは言っても、電信線を地球全体に張り巡らすのは容易なことではない。とりわけ困難なのが海底ケーブルの敷設である。一八七〇年はこの意味で重要な年だ。イギリス人技師イザムバード・キングダム・ブルネルの建造した当時世界最大の蒸気船グレート・イースタン号（これより大きい船が次に建造されたのは一九〇一年になってからである）がイエメンからムンバイまで海底ケーブルを敷設したのである。ブルネルはグレートウェスタン鉄道の建設やパディントン駅の設計も手がけた英国産業史を代表する技術者である。この年をもって、ロンドンからムンバイまでの海底ケーブルがついにつながった（世界最初の海底ケーブルは一八五一年に英仏海峡に敷設されている）。未来のウェリントン公爵も他のすべての人も、もうロンドンとムンバイの間で連絡をとるのに何カ月も待つ必要はない。質問にはものの数分で答えが返ってくる。一八七〇年以降は、朝起きると海外市場の昨日の値動きを知ることができ、昼前には取引銀行の海外支店に指示や質問を伝えることができるようになった。

電信線の開通は、次の三つの理由から重要な意味を持つ。

第一に、単にやりとりされる情報量が増え意思決定の参考にできるようになっただけでなく、信頼と安全性を高めた。一八七一年にまだ三四歳のアメリカ人銀行家ジョン・ピアポント・モルガンは、四五歳のアンソニー・ジョセフ・ドレクセルと組んで投資銀行ドレクセル・モルガン&カンパニー(J・P・モルガン・チェースとモルガン・スタンレーの前身)を設立する。資本の豊富なイギリスから資源と土地の豊富なアメリカへと流れ込む投資資金を彼らが適切に運用して利益を上げられたのは、電信線のおかげと言えよう。[30] 第二に、技術移転を促した。地球の反対側で発明された技術をこちら側でも活用することが可能になったのである。第三に、帝国の強化に寄与した。信頼性の高いローコストの通信は、軍隊に命令を下すことも、兵站《へいたん》を円滑に実行することも容易にしたからである。よって、たとえ地球の反対側の国であっても、征服かすくなくとも侵略することは、ヨーロッパの大国にとって十分に実行可能になった。そして彼らは実際にそれをやったのだった。

一八七〇年以前は、ヨーロッパの帝国主義の伸長はおおむね侵略先の港湾とその後背地に限られていた(インドにおけるイギリス人総督は例外である)。だが一九一四年には、ヨーロッパによる征服または支配を免れていたのはモロッコ、エチオピア、イラン、アフガニスタン、ネパール、タイ、チベット、中国、日本だけになっていた(なお台湾と韓国は日本の支配下にあった)。

一八〇〇年代末までには情報の伝達速度は大幅に上がり、ヒトと貨物を運ぶコストは大幅に下がっていた。歴史上初めて、人類が持ち合わせている生産的な技術を世界のどの国にも応用

することが可能になったように見えた。

マサチューセッツ州フォールリバーやブリュッセルだけでなく、ムンバイ、コルカタ、上海、ケープタウン、東京にも繊維工場が建設された。北大西洋の工業先進国はこの動きを後押しし、資本、労働力、組織、需要を提供した。彼らはこうした周辺国から製品を買い入れる必要があり、その意志もあったからだ。一八七〇年以前は、西ヨーロッパの主な輸入品は綿花、タバコ、砂糖、羊毛で、そのほかに少量のヤシ油、毛皮、皮革、紅茶、コーヒーといったところだった。どれも贅沢品で必需品ではなく、あれば便利というものでさえない。だが一八七〇年以降になると、技術の進歩により必要なものが変わってくる。ディーゼルエンジンとガソリンエンジンにはオイルが必要だったし、肥料には窒素が、電信線には銅線が、タイヤにはゴムが必要だった。仮に新しい技術が登場しなかったとしても、一八七〇年を境にすっかりゆたかになった北大西洋の先進国では、ココア、紅茶、コーヒー、絹織物、ジュート、ヤシ油をはじめとする熱帯の産物に対する需要がうなぎのぼりに増えていた。こうした需要と技術移転が重なれば、世界はもっと緊密に結びついてもおかしくなかったはずである。だがそうはならなかった。

西インド諸島（現在のセントルシア）生まれの開発経済学者アーサー・ルイスが指摘したとおり、世界が単一の経済になったことの掛け値なしの効果は、多くの国や地域が経済成長の「エスカレーター」に乗り、一人当たりＧＤＰを過去最高水準に押し上げられるようになることだ。だが一八七〇年の時点でこのエスカレーターに乗ったのは六カ国に過ぎない、とルイスは認める。[31]

なぜこれほど少ないのか。その理由の一端を、一八〇五〜四八年にエジプト総督を務めたムハンマド＝アリーの物語から読み取ることができる。アリーの最大の望みはエジプトで大改革を実現することだった。なんとしても自分の子孫の世代がフランス人銀行家やイギリス人地方総督の操り人形にならないようにしたかったのだ。この夢を叶えるためにアリーが選んだ方法は、エジプトを繊維産業の中心地にすることである。だが、どうしても機械を継続的に稼働させることができない。彼の織物工場は操業を停止してしまった。そして一八六三年に総督に就任した孫のイスマイルは、まさにフランス人銀行家やイギリス人地方総督の操り人形に成り果てたのである。[32]

中国、インド、そして第二次世界大戦後にグローバルサウスと呼ばれるようになる地域は、気候が温暖な地域で移民によって生産されてきた価値の高い一次産品（小麦や羊毛など）の生産・輸出ができなかったが、それは当然だった。中国もインドもグローバルサウスも気候が適していないうえ、農業生産性もひどく低かったからである。また、マレー半島、ケニア、コロンビアなどで生産された輸出品の価格が低いままだった原因もはっきりしている。中国とインドからの移民の流入（およびその可能性）によって賃金に強い押し下げ圧力がかかり続けたからだ。

だが、第一次世界大戦前の時期に工業化がなぜもっとハイペースで未来のグローバルサウスに広がらなかったのかは謎だ。思うに、北大西洋の工業先進国をまねるのはそうむずかしくなかったはずである。イギリス産業革命の引き金となった技術（蒸気機関、紡績機、自動織機、鉄鋼製造、鉄道建設など）を発明するには、それぞれにたくさんの優秀な頭脳とひらめきが必要だった。だがそれをまねるのに、天才は必要ない。イギリスやアメリカで使われている産業機械を買って安く運べるのだから、なおのことだ。

ヘンリー・フォードは生産工程を設計し直し、熟練工がやっていたことを未熟練工でもできるようにした。ならば、フォードでも他の誰でも、アメリカ人の未熟練工がやっていることを未熟練で低賃金のペルー人やポーランド人やケニヤ人ができるよう生産工程を再設計するのはたやすいことではないか。なにしろ一九一四年の時点ですでにアメリカ人労働者の賃金は、世界標準からみて途方もなく高かったのだから。

政治的リスクが障害となったのだろうか。機械の製造元や類似品を作る工場が近くにあるという優位性が決定的な要素となったのだろうか。故障や不具合が起きたときに専門家が近くにいることが重要なのだろうか。

私はまだ答えを見つけ出せていない。私だけでなく、経済史研究者の多くがそうだ。第一次世界大戦前に北大西洋の工業先進国から技術が普及するペースがなぜあれほど鈍かったのかについては、ほとんど何もわかっていないのである。

「周縁部」の国々は、大農場型農業《プランテーション》に特化して輸出することに関してはみごとな成果を上げた。だが近代的な製造業を興すことに関してはお粗末だった。製造業においても農業と同じく相対的に低い賃金水準がかなりの長期にわたって比較優位の源泉となったはずなのに、なぜだろうか。

なぜ技術の普及が進まなかったのかと問われたら、私は次のように答えることにしている。イギリス（続いてアメリカ、続いてドイツ）が享受した初期のコスト優位があまりに大きく、他国は「幼稚産業」を育てるために途方もない高関税で対抗するほかなかった。植民地の統治者が植民地の工業化を阻んだ。自由貿易が強固なイデオロギーと化し、技術移転の可能性が考慮の対象にもならなかった。なにしろアレクサンダー・ハミルトン一派の最大の政治的・経済的目標である自由貿易というイデオロギーから一歩たりともはみ出すことは、ほとんどの人が考えもしなかったのである。それでもハミルトンの開発志向のアプローチは、長い目で見れば周縁部の経済に多大な恩恵をもたらすことになった[33]。

市場経済というものは、なすがままに任せていたら、最も価値の高い財産を持つ者の欲望を最大限に満足させようとする。だが高価値の財産の所有者は、自分たちの生活水準を一段と高め外国製の贅沢品を買うことしか考えない。彼らは長期的な経済成長の実現を望むような忍耐強い人間ではなく、まして富と機会のおこぼれを労働者階級に分け与えようなどという気持ちは毛頭ないのだ。そのうえ市場経済は、大農場型農業の確立や鉄道や港湾などのインフラの利用から得られる利益にはめざとくても、その現場に携わる労働者や技術者が獲得した知識の価値には疎く、十全に活用することを考えない。先駆者や競争相手の何が成功し何が失敗したかを見守り、うまくいっているときに称賛し停滞したときに慰めることとは、生産性を高めるための重要な社会的チャネルである。だがそうは言っても、シリコンバレーのバーで会話に花を咲かせたところでお金が入ってくるわけではない。[34] こうしたわけで、市場というものは経済にとっての長期的な利益に無知である。

ジョン・スチュアート・ミルは、「獲得した技能や経験」こそが「生産に関してある国を他国より優位にする」とし、「その獲得を早く始めることによってのみ……本来的な優位性を持たない国が優位に立つ」と述べた。だが利益最大化を追求する市場経済は、誰も手綱をとろうとしない場合、出遅れた国に技能や経験を獲得させまいとする。最も利益が高く最も多くのイノベーションを創出する経済活動が、一八七〇～一九五〇年にいわゆるグローバルノースにどんどん集中していったのはこのためだ。[35]

経済史家のロバート・アレンは、周縁国の工業化が進まなかった決定的な要因は帝国主義にあったと主張する。まず港湾・鉄道・学校・銀行を整備し、高利益の期待できる輸出産業を自前で育てるべく「幼稚産業」を守る関税を導入する、というのが後発国の「標準的政策」である。だが植民地政府は、工業化を可能にしたかもしれないそうした政策に無関心だったという。アーサー・ルイスは、最も重要な要因は移民と一次産品の貿易だったと指摘する。工業化が成功するには、自国に富裕な中流階級が存在し、工業製品を買ってくれなければならない。だが熱帯地域の国々には中流階級を育てることができなかったという。経済史家のジョエル・モキイアは、ヨーロッパにおける啓蒙時代に思考習慣が根付き、知的交流が活発化したことによって、技術や工学を実践する下地が形成されたことが重要だと主張する。北大西洋の工業先進国は、そうした技術知識と人材に依拠しているのだ、と。また開発経済学者のラウル・プレビッシュは、スペイン人征服者《コンキスタドール》の末裔である領主や貴族に原因があると述べた。彼らは自分たちが必要とする贅沢品の生産者が海の向こうにいるほうが、支配的地位の維持にとって好都合だと考えたという[36]。

どの見方が正しいのか、判断する十分な材料を私は持ち合わせていない。答えはおそらく、個人の一つ一つの判断と文化や政治の大きな力との因果関係が絡まり合ったどこかにあるのだろう。私にわかっているのは、二〇世紀が実際にたどった道筋をとらなかったら何が起きたかを知ることはできない、ということだけである。

第2章

技術主導の成長の加速

Revving Up the Engine of Technology-Driven Growth

一八七〇年を境に、世界はそれまで見られなかった形でグローバル化した。このことは何を意味するのだろうか。グローバル化とは、単に通信線が地球上に張り巡らされ、陸海の輸送網が整備されることを意味するのではない。グローバル化とは、アイデアも人間もかつてない速さで移動できるようになることを意味する。それが具体的にどういうことかを理解するためには、ハーバート・フーバーの物語を検討するのがよいだろう[1]。

フーバーは一八七四年にアイオワ州で生まれた。鍛冶屋だった父親は一八八〇年に、母親は一八八四年に亡くなっている。つまりフーバーは一〇歳で孤児になった。一八八五年に彼は西へ移動し始める。まずはオレゴン州へ行き、叔母夫婦のもとで暮らした。それから一八九一年にカリフォルニア州へ行き、本人の言うところによればスタンフォード大学に足を踏み入れた最初の学生となる（始業日の前に到着し、職員は彼がキャンパスで野宿するのを容認した）。大学では鉱山技師になるための勉強をして一八九五年に卒業。一八九三年恐慌の余波でアメリカ中が重苦しい空気に覆われていた頃である。

フーバーの最初の仕事は、カリフォルニア州グラスバレーの鉱山労働だった。年収は六〇〇ドルである。次に鉱山技師の見習いから助手になり、年収は二四〇〇ドルに上がった。彼はさらに西へ移動し、一八九七年には太平洋を横断してオーストラリアへ渡る。同地では鉱山会社ビウィック・モーリングで働き、年収は七〇〇〇ドルになった。次に中国へ赴き、年収は一気に二万ドルに増えている。フーバーは中国で財産の最初の主要部分を築き上げたが、その方法は口にするのがいささか憚《はばか》られるものだった[2]。

一九〇一〜一七年はコンサルティング・エンジニア兼投資家としてロンドンで暮らす。オーストラリア、中国、ロシア、ビルマ、イタリア、中央アメリカ、アメリカで仕事をしたが、これらの国はまた投資先でもあった。一九一七年にアメリカに帰国。そして一九二五年に商務長官に指名され、三年後の一九二八年に大統領に就任する。町の鍛冶屋の息子が大学を卒業し、億万長者の鉱山開発コンサルタントになり、ついにはアメリカの大統領になった。サクセスストーリーに事欠かないアメリカといえども、これほど低いスタートからこれほど高い地位まで一気に上り詰めた人がほかにいるだろうか。フーバーの立身出世はきわめて例外的である。そしてこれが例外的であるということは、長い二〇世紀自体が例外的であったことを物語っている。

もっともフーバーが財を成したのはグローバル化とは関係がない。彼はもっぱら鉱山開発に関する専門知識と組織運営に関するスキルとを活かして出世の階段を登った。グローバル化は、一八七〇年の分水嶺を形成した重要な要素ではなかった。一八七〇〜一九一四年に世界の技術と組織は年二%のペースで進歩する。前の世紀すなわち一七七〇〜一八七〇年の四倍以上のペースだ。ただしグローバル経済を先導した国々（当初はアメリカ、ドイツ、イギリスだったが、イギリスは早々に脱落した）は、一八七〇年以前から他国よりも成長率が高く、おそらく年率〇・九%は高かったと推定される。[3] 一八七〇年以後はこれらの国はさらにペースを上げ、成長率は年二・五%に達したと考えられる。一八七〇年以前と比べると三倍近い。

一八七〇年以前は、発明も技術革新もおおむね単発的な発見とその応用にとどまっていた。人々は古いやり方を新しいやり方に改良した。糸を紡ぐ、布を織る、大量かつ高速にモノを運ぶ、鉄を作る、石炭を掘る、小麦・コメ・とうもろこしを栽培する、等々。これらの改良技術を発見あるいは発明した人たちは、自らその活用方法を考えなければならなかった。つまり発明家は研究するだけではだめで、開発技術者兼修理保守技術者でなければならず、同時に人事管理から市場開拓、宣伝、売り込み、資金調達まで担当しなければならなかった。

一八七〇年以前のシステムは、周囲の環境が整っている限りにおいてはうまく機能した。たとえば一八世紀の蒸気機関の発明を考えてみよう。蒸気機関は、安価な燃料、何か社会的に重要で利益の上がる事業、金属加工技術を必要とする。安価な燃料に関しては、石炭が豊富にあった。事業に関しては、安価な綿花の供給が潤沢であり、機械による紡糸・紡織は蒸気機関の活用にまさにうってつけだった。そして金属加工技術に関しても、鉄製のレールや車輪を安価に生産する技術がすでにあった。かくして産業革命の導火線に火がついたのである。蒸気機関は、一九世紀における自動紡績機、プレス機、機関車の開発を牽引する存在だったと言える。

だが導火線に火がついても途中で消えてしまう可能性は十分にある。結局のところ、一八七〇年以前はまさに立ち消えの連続だった。印刷機、風車、マスケット銃、カラベル船、水車が発明されたし、さらに遡れば馬に農耕具を引かせるための頸環、鋤《すき》、軍団の編成なども考案されている。これらはどれも、当時の経済と社会にとっては革命的なものだった。にもかかわらず、これらのどれ一つとして、一八七〇年以降に実現したハイペースの経済成長にすこしでも似ていると言えるようなものにはつながらなかった。古代地中海文明に続いて出現したのは暗黒時代（この名称はまったく正しい）だったのである。なるほど印刷機は情報の伝播を容易にした。だが書籍は支出総額のごく一部を占めるに過ぎなかったし、印刷機は革命的な発明ではあったが単発であって、派生的な発明を生まなかった。風車と水車のおかげで女性は長い時間をかけて石臼を回さなくてよくなったものの、だからと言って女性が劇的に楽になったわけではない。父親や夫から他の仕事を押し付けられただけである。

マスケット銃とカラベル船は帝国主義的交易の時代を演出した立役者であり、火薬帝国を出現させたこともまちがいない。だがこれもまた単発の飛躍であって、持続的な成長へのテイクオフだったとは言えない。馬の頸環と鋤はヨーロッパの定住と交易の中心地を北へと移動させたが、ヨーロッパの労働者階級の生活を劇的に向上させはしなかった。ローマ帝国の形成にとって軍団は必要不可欠だったものの、帝国は領土拡張の限界に到達すると最終的には衰退の道をたどった[4]。一八七〇年を境に変わったのは、当時先頭を歩んでいた北大西洋諸国が発明を生むしくみを発明したことである。彼らは単に自動織機や鉄道を発明しただけでなく、産業研究所と近代的な企業を発明し、それが大規模な企業の出現につながる。その後は、産業研究所で発明されたものが国家規模さらには大陸規模で活用されるようになった。おそらく何より重要なのは、古いものを改良する発明にとどまらずまったく新しいものを発明すれば、途方もない利益が上がり多くのニーズを満足させられるとこれらの国々が気づいたことだろう。

　そう、単発的な発明ではなかった。組織的な発明の方法が発明されたのである。大規模な企業が単発的に出現したのではなかった。近代的な組織化の方法が発明された。この二つは、近代的企業における中央集権的指揮統制機能の出現にとって欠かせない要素だったと言えよう。一八七〇〜一九一四年の期間には、どの年をとっても初代の産業研究所群からより新しくより優れた工業技術が誕生し、それが実用化された。ときには既存の製造事業者に売り渡されることもあったが、それよりも一つひとつの技術が大きな企業組織の創設や拡大につながることのほうが多かった。

　アーサー・ルイスが指摘したように、一八七〇年の富裕層が所有していたのは一七七〇年の富裕層が所有していたものと変わらなかった。[5] 一八七〇年の富裕層は、一七七〇年の富裕層よりたくさん所有していた可能性はある。たくさんの邸宅、たくさんの服、たくさんの馬と馬車、たくさんの家具、たくさんの召使い……。だが富をひけらかすのは結局のところこれらの数を見せびらかすことであって、自分だけが持っている何か新しい品物を自慢することではなかった。一八七〇年を境にこの状況は一変する。変化をもたらしたのは、それまで存在しなかった工業製品だ。ルイスが指摘するとおり、富裕層は「電話、蓄音機、タイプライター、カメラ、自動車といったもの」を手に入れられるようになる。「そしてこのプロセスは際限なく続くように見える。二〇世紀に入るとここに飛行機、ラジオ、冷蔵庫、洗濯機、テレビ、モーターボート等々が加わった」。家が水洗トイレだというアメリカ人は、一八七〇年には四%しかいなかった。それが一九二〇年には二〇%、五〇年には七一%、七〇年には九六%に達している。家に固定電話があるというアメリカ人は、一八八〇年には一人もいなかったが、一九一四年には二八%、五〇年には六二%、七〇年には八七%に達する。家に電気が引かれているというアメリカ人は、一九一三年には一八%だったが、五〇年にははやくも九四%に達した。[6]

生活を便利で快適にするこうした工業製品が次々に登場した現象を指して「第二次産業革命」という言葉がよく使われる。経済学者のロバート・ゴードンは、水洗トイレから電子レンジにいたるあらゆる工業製品は「大きな波」を形成したと述べ、その後は技術の進歩は鈍化したと主張する。なぜなら、有機化学品、内燃機関、発電といった技術は木の低い位置あるいは中ほどの位置になっている容易にもぎ取れる果実であって、これを全部もいでしまったからだという。ゴードンに言わせれば、科学の着実な進歩がたまたま技術の潜在性が大きく開花するところへと人類を連れて行ってくれたに過ぎない。だが私の考えでは、この見方は多くのことを見落としている。さきほど挙げたさまざまな技術を単一の「第二次産業革命」を形成すると考えるからだ。これらの技術は、一世紀半をかけてぽつりぽつりと誕生したのではなく、ほとんど間を置かずに次々に出現した。第一次産業革命に当たるイギリス産業革命のときと同じく、一世代のうちに出現したのである。さらに重要なのは、個々の技術の誕生以上に、これから発見・開発・実用化される新しい技術の範囲はもっと広く深いと理解されていたことである。

鋼《はがね》（鋼鉄）を考えてみよう。二〇世紀において必要不可欠な建設資材となり、また工業文明を支える金属材料となった鋼鉄は、実は一八〇〇年代後半に事実上発明されていた。鋼鉄は鉄に二％程度の炭素を添加して作られる。炭素を含まない錬鉄は、炉の温度を鉄の融点以下に維持することができれば普通の炉でも作ることが可能だ。熱で柔らかくなった鉄を叩いて結晶の方向を整え、強度を高めると同時に内部の不純物を除去すればよい。熱しては叩く工程を繰り返し行う。だが錬鉄は柔らか過ぎて産業用には向かない。石炭から不純物を取り除いたコークスで加熱し、炉の温度を高温に保って鉄を溶かせば、コークスの炭素によって鉄と炭素の合金を作ることができる。これが鋳鉄または銑鉄だ。だがこちらは脆くて、これまた産業用には向かない。

鋼鉄を作るには工程の細部を調整する必要があるが、これが容易ではない。数千年にわたって、鋼鉄は熟練した職人が錬鉄を熱しては叩いて炭素を除去し、次に水か油で焼き入れするという工程を経て作られてきた。一九世紀より前の時代には、高品質の鋼鉄を作れるのは江戸、ダマスカス、ミラノ、バーミンガムのとびきり腕利きの鍛冶屋だけだった。鋼つくりは、部外者から見れば、いや鍛冶屋から見ても魔法のように見えたものである。ワグナーのオペラ『ニーベルングの指環』に登場する英雄ジークフリートは霊剣ノートゥングを授けられるが、それを作った鍛冶屋ミーメはどの点から見ても材料科学者と言えるだろう。そしてミーメの兄アルベリヒは正真正銘の魔術師だった[7]。

この状況は、一八五五〜五六年に一変する。イギリス人発明家ヘンリー・ベッセマーが鋼鉄を安価に大量生産する方法を発明し、これにロバート・マシェットが改良を加えて製鋼法を確立させたのだ。溶かした銑鉄に大量の空気を送り込んで不純物をすべて燃やし、その後に適量の炭素(およびマンガン)を加えて産業用途に必要な強度を持つ鋼鉄を作り出す。鋼鉄の製造コストは一トン四五ポンドから六ポンドへ、七分の一に圧縮された。当時のイギリスは労働者の平均賃金が年七〇ポンドだった時代である。ベッセマー法に続いて、シドニー・ギルクリスト・トーマスがトーマス法を、ジーメンス兄弟とマルタン父子によるジーメンス=マルタン法が発明され、製鋼法はさらに改良された。世界の鋼鉄生産量は、当初は剣、ナイフ・フォーク類、鋭い刃を必要とする道具などを生産する程度で取るに足らなかったが、一九一四年には年七〇〇〇万トンに達している。[8] さらに一九五〇年には一億七〇〇〇万トンに、二〇二〇年には一五億トンに達した。製造コストも下がり続け、二〇一六年の時点で一トン当たり五〇〇ドルまで切り詰められている。これに対して北大西洋諸国の正規労働者の平均賃金は年五万ドルである。

しかも話は鋼鉄だけにとどまらない。ロバート・ゴードンは、一八七〇年は世界にとって次の数十年を様変わりさせる新しいことが起きた夜明けの年だったと書いたが、それはまったく正しい。「人々の生活のあらゆる面で革命が起きた。一九二九年までに、アメリカの都市部には電気、ガス、電話、飲料水が行き渡り……馬は都会の道路からほとんど姿を消した……家庭で娯楽を楽しむことができるようになった……それは一八七〇年に想像できたことをはるかに超えた光景だった」[9]。一八七〇年のハイテクとして経済を変えた鉄道や製鋼法、一九〇三年のハイテクだった発電機や自動車、さらに一九三六年には組立ラインと航空機、一九六九年にはテレビとロケット（宇宙と兵器の両方）、そして二〇〇二年のマイクロプロセッサとワールドワイドウェブ……。技術革命と、それに伴う社会・政治への影響、問題、適応といったことが、それまでの時代とは桁外れのスピードと強度で押し寄せた。

これらの変化の多くは一九二九年よりかなり前に起きているし、アメリカに限定されるものでもない。フランス革命の狼煙《のろし》を上げたバスティーユ襲撃百周年にあたる一八八九年には、パリで万国博覧会が開催されている。万博のシンボルとなったのは、ギュスターヴ・エッフェルが設計したエッフェル塔である。歴史家のドナルド・サスーンは、パリ万博が「商業と貿易、近代性、機械館で展示された技術の驚異を……神聖化した……近代性、進歩、富の平和的追求の旗印の下、フランス国民は再び国家の誇りと結束を取り戻した」と書いている[10]。

エッフェル塔は万博終了後に解体・撤去される予定だったが、パリ市民の抗議によりそれを免がれ、今日にいたるまでパリのスカイラインを彩っている。パリとは大西洋を挟んで対岸にあるニューヨークには自由の女神が佇立する。こちらは鉄骨の支柱が銅で覆われた銅像だが、その設計陣にもギュスターヴ・エッフェルが加わっていた。

この頃の生活はまだ辛く汚かった。一九〇〇年を迎える頃にはアメリカは世界の経済成長を牽引する国になっていたが、それでもまだ貧しかった。それに、ひどく不平等でもあった。ほんの数十年まで奴隷だった人々を除けば、アメリカは一九〇〇年以前より不平等になっていた。そして二〇世紀の残りの期間には一九〇〇年代よりもさらに不平等になる[11]。それでも、一九〇〇～一九一〇年のアメリカは世界のどこよりも魅力的な国だった。当時の企業は労働安全性などほとんど気にかけなかったから、労働者は長時間働かされ労災のリスクも高かったが、それでも国際的な基準からすれば、アメリカの仕事は格段に好条件だった[12]。ハンガリーやリトアニアからピッツバーグやニュージャージーまで八〇〇〇キロの移動をするだけの価値のある仕事だったのである。

この時期については、トーマス・アルバ・エジソンの話をするのが経済史の定番と言えるだろう。世界で最も有名な発明家であり、出生地ニュージャージー州メンロパークにちなんで「メンロパークの魔術師」の異名がついたほどだ。エジソンは一〇〇〇件以上の特許を取得し、あのゼネラル・エレクトリック（GE）を筆頭に一五の企業を創設した。だがエジソンのことはすでに誰でも知っているし、じつのところ技術革命の世界的な展開の中では影が薄い。

ここでは、もう一人の発明家ニコラ・テスラを取り上げたい。テスラもまたフーバーと同じく移民だが、フーバーとは逆に西から東へ、つまりクロアチアからアメリカへ渡ってきた[13]。テスラは一八五六年七月一〇日にオーストリア帝国（現在のクロアチア）のクライナ地方にあるスミリャンという村で生まれた。当時の皇帝はフランツ＝ヨーゼフ一世である。テスラは五人いた子供の第四子で、セルビア正教会の神父だった父親は字が読めたが母親は読めなかった。両親はニコラに聖職者になってほしいと考えていたが、ニコラ自身がなりたかったのは電気技師だった。

ニコラはオーストリアのグラーツ工科大学で二年間電気工学を学ぶが、中退し、家族や友人とも連絡を絶って二年ほど技師として働いた。その後、おそらく神経衰弱にかかったのだと思われる。父親からはプラハのカール・フェルディナント大学で勉強を続けるよう強く言われ、ニコラは従うが、それも一学期だけだったようだ。その頃に父親は死去している。

一八八一年にはニコラ・テスラはブダペストにあるハンガリー国営電信局で主任電気技師として働いていたことがわかっている。だがそこにも定着せず、翌年にはパリに移る。パリではコンチネンタル・エジソン・カンパニーで二年間働き、アメリカで開発された技術を使って都市部の照明を電化する仕事に携わった。そして一八八四年六月にニューヨークに渡る。エジソンの右腕と言われるチャールズ・バチェラーがエジソン宛に書いてくれた推薦状だけを懐に、一文なしでアメリカの地を踏んだのだった。バチェラーの推薦状にはこうある。「私は二人の偉大な人物を知っている。一人はあなたただ。そしてもう一人がこの若い男である」。エジソンはテスラを雇った。

アメリカで、テスラはエジソン・マシン・ワークスで働く。テスラはのちに、直流発電機の設計を手直しして改良したら五万ドル払うとエジソンが約束した、と主張した。実際にそうした約束が交わされたのか、ほんとうのところはわからないが、ともかくも一八八五年にエジソンはそんな金額は払わないと拒絶する。テスラは会社を飛び出し、その後数年は肉体労働で糊口をしのいだ。

本人が認めるとおりテスラは気難しい男であり、他人のことも意地悪な見方をする。たとえばエジソンが死去した翌日に、テスラは自分のかつての雇い主であり世界的に著名な発明家について、新聞の取材に次のように答えて社会的配慮の完全な欠如を露呈した。

「エジソンは」何の趣味もなく、あらゆる種類の娯楽とも無縁で、ごく基本的な衛生習慣も無視していた……彼のやり方はきわめて非効率的で、途方もない幸運でもない限り、何かを探すのに広大な土地をしらみ潰しにするような具合だった。ほんのすこし理論をかじるか計算をするだけで、彼の労力の九〇%はやらずに済むことを私は知っていたが、なす術もなく見守るほかなかった。彼は本から得る知識や数学的知識の習得を頭から馬鹿にし、自身の発明家としての直感やアメリカ流の実際的な感覚だけを信じていた。[14]

自分自身については、テスラはこう書いている。

私は女性のイヤリングが大嫌いだ……デザインにもよるが、ブレスレットのほうがましだ。真珠には驚かされるが、水晶の輝きのほうに惹かれる……桃を見ても興奮する……私は歩くとき必ず歩数を数え、スープ皿やコーヒーカップや食品一切れの容積を計算する。さもないと、私の食事は楽しくなくなってしまう。私が繰り返し行う動作はすべて三で割り切れなければならない。もしそうならなかった場合、たとえ時間がかかろうともう一度最初からやり直さなければならないと感じる。[15]

テスラはこうした奇癖と、科学技術の未来に関する奇妙なユートピア的構想を身につけたヴィクター・フォン・フランケンシュタイン、つまりマッド・サイエンティストそのものだった。こういう人物が出資者との関係を維持できなかったのも、一緒に働いてくれる技術者とうまくいかなかったのも当然だろう。それでも、交流・直流対決となったいわゆる電流戦争に勝利したのはテスラ陣営だった。

交流と直流とはいったい何だろうか。話は、アレッサンドロ・ボルタが電池を発明した一八〇〇年まで遡る。ボルタは、イオン化傾向が強く電子を放出しようとする亜鉛原子の性質と、イオン化傾向が弱く電子を受け取ろうとする銅原子の性質を利用して電流を取り出すしくみを作った。食塩水など電解液の中の亜鉛板の陽極（＋）と、銅板の陰極（－）を導線でつなぐと電流が流れる。この現象は、銅板がそれ以上電子を受け取れなくなるまで続く。これが直流電流（ＤＣ）である。直流電流は直観的でわかりやすいが、その到達範囲は短い。電子は陰極から陽極へ移動する間にかなりのエネルギーを失ってしまう。

これに対して交流電流（ＡＣ）は電磁誘導の原理を使う。磁石のＮ極とＳ極の間でコイルを回転させると誘導電流が流れる。くわしくは省くが、この原理を利用して発電すると、コイルが回転するたびに電流の向きが変わる。そこで交流というわけだ。磁界の変化が大きいほど、つまり磁石またはコイルを高速回転させるほど大きな電流が流れる。

また交流電流は直流電流とは異なり、変圧器でかんたんに電圧を変えられるという重要な特徴がある。このため遠くの発電所から高い電圧をかけて電気を送り出し、消費地の近くで低い電圧に変圧することが可能だ。エジソンのＤＣシステムが一区域に一つといった単位で発電所が必要になるのに対し、テスラのＡＣシステムは最も適した場所に少数の大型発電所を建設し、あとは高電圧で送電すればよい。よって、テスラ方式は規模の経済のメリットを得られる。このメリットはきわめて大きい。だがACシステムは直観的に理解しづらく、まるで魔術のように見えた。なにしろ直流とはちがってエネルギーを運ぶ電子の流れが存在しない。電子は激しく（一秒間に六〇回も）行ったり来たりしているだけだ。これでなぜ有用な電力を生むことができるのか。専門的な教育を受けた技術者ですら、交流発電のしくみを理解するのはむずかしく、したがって抵抗感も強かった[16]。

単なる理論への興味に終わるのではなく実用可能な形で交流式送電のしくみを理解していた電気技師は、おそらく一時期、世界にテスラ一人しかいなかったと思われる。交流方式は直流方式よりはるかに効率的であり、よってはるかにローコストで実現できるはずだった。

そしてテスラの考えたとおりだった。現在の送電網も、それに付随するすべてのメリットも、もたらしたのはエジソンではなくテスラである。夜、空から見ると、送電網のおかげで都市や幹線道路が明るく輝いている。この光景こそがテスラの世界だ。効率よく高速に電子を動かすという彼の発想は正しかった。同時代の大半の人から机上の空論だと攻撃され、実用化などとんでもないと片付けられ、常軌を逸しているとまで言われたが、結局今日にいたるまで交流による送電が行われている。

テスラの業績はこれだけではない。一八九四年にはおそらく世界で初めて、すくなくとも先駆者の一人として、無線のデモンストレーションを行っている。彼のアイデアは、多くが成功を収めたが、多くが時代を先取りし過ぎており、多くは端的に言って狂気の沙汰だった。たとえば殺人光線や無線による電力伝送などはそのほんの一例である。だが電化を推進することによって彼がちがいを生み出したことはまちがいない。それも大きなちがい、五～一〇年早く世界を変えるほどのちがいである。電気は、経済をそれまでとはちがう方向へと永久的に針路転換させた。なぜテスラはこれほどのちがいを生み出せたのだろうか。彼が産業研究所で働き、彼のアイデアを企業が発展させ応用することができたからである。テスラはジョージ・ウェスティングハウスと組むことができた。のちにGEは彼のやり方をそっくりコピーしたものだ。

テスラは生涯骨の髄まで発明家だった。一八八七年にテスラ・エレクトリック・ライト&マニュファクチャリングを設立したものの、出資者とそりが合わず自分の会社から追い出されてしまう。それでも翌年にはアメリカ電子工学学会でAC誘導電動機のデモンストレーションを行っている。これは現在使われているすべてのACモーターの祖先に当たるものだ。テスラがついに強力な支援者と巡り会ったのはその翌年だった。ジョージ・ウェスティングハウスと彼が経営するウェスティングハウス・エレクトリック&マニュファクチャリングである。テスラはピッツバーグにある同社の研究所で働き始めるが、一八九一年にはニューヨークへ戻り、特許をウェスティングハウスに譲渡した資金で自分の研究所を設立。翌年にアメリカ電子工学学会の副会長になる一方で、多相AC発電機の特許を取得した。一八九三年にテスラとウェスティングハウスはシカゴ万博会場の電力供給を交流方式で行ってみせる。シカゴ万博は、電気とその応用を世界に示した最初の博覧会だった。

さきほど触れた電流戦争がテスラ陣営とエジソン陣営の間で展開されたのは、一八八〇年代後半から九〇年代にかけての時期である。エジソンは自らの手になる直流方式の送電システムのメリットを強力に主張した。直流電流は白熱灯や当時のモーターには最適だったし、蓄電池にも適していた。直流方式では、高価な発電能力を最大負荷ではなく平均負荷に合わせて設計すればよい。それにエジソンは、テスラが自分の下で働いていたときに何を成し遂げたのか、完全には理解していなかった。エジソンに言わせれば「テスラのアイデアはすばらしいが、まったく非現実的」だった。[17]

すでに述べたように、変圧が容易な交流方式は高圧電線を通じた長距離の効率的な送電に適している。直流方式は変圧がむずかしいため低電圧で送電せざるを得ず、リスクは小さいもののエネルギー損失がきわめて大きい。交流方式は高電圧の危険性は伴う一方で、消費地でより多くのエネルギーを取り出すことができる。ただし、交流電流をどうやって動力源として使うのかという問題は残されていた。しかしこの問題も、テスラ自身が誘導電動機を発明して解決する。

じつはウェスティングハウスもエジソンも破産寸前だった。どちらも送電網建設合戦で相手を出し抜き、自分の側を支配的な標準とするために莫大な投資をしたためである。最終的にはウェスティングハウスとテスラが勝利した。

テスラのアイデアは、他人の資金力と組織力によって広い範囲に応用・拡大された。一八九九年にテスラはニューヨークからコロラド州コロラド・スプリングズに移り、高電圧送電の実験を開始する。無線による送電の実験も行われたが、結果は芳しくなかった。テスラがこの頃に強い関心を抱いたのは、電気振動を地球内部に送り、地球が伝導体であることを利用して地球のあらゆる地点に無料で電力を送ることである。家の裏庭に鉄棒を突き刺すだけでそれを取り出せるという発想だった。オープンソースのソフトウェアの構想を九〇年も先取りしたのである。

だが有力な資金提供者だったJ・P・モルガンとジョージ・F・ベーカーは、金融恐慌の起きた一九〇七年に、電気が英雄だった時代はもう終わったと決める。ジョージ・ウェスティングハウスが無節操に借り入れをし過ぎていたことも一因だった。モルガンらは事業を合理化し、テスラのような天才的な発明家（および向こうみずでカリスマ的な実業家ジョージ・ウェスティングハウス）を冷静に事業運営のできる経営者、たとえばロバート・マザーやエドウィン・アトキンズに交代させると決めたのである。彼らが最重視するのは純利益であり、非現実的な実験への支出を切り詰め、人件費を圧縮し、フリーキャッシュフローを海外進出やGEとの競争などに注ぎ込まず、配当に回すことだった。テスラは自分のすべての発明のライセンスを無料でウェスティングハウスに譲渡していたから、無一文だった。モルガンとベーカーはウェスティングハウスを追い出し、ライセンスだけは確保した。[18]

テスラは短い二〇世紀の終わりと長い二〇世紀の始まりにまたがって生きた人物である。彼は創造性ゆたかな発明の天才だったが、ウェスティングハウスの資金援助を求めなければならなかった。支援が得られなくなるとテスラが貧困に陥った事実は、当時の世界がまだ貧しかったことを雄弁に物語っている。

一九一四年の時点では、おそらく全人類の三分の二がまだ土地を耕し、家族の食べるものの大半を育てていた。ほとんどの人は字が読めなかったし、蒸気機関を間近に見たことがなく、鉄道に乗ったこともなければ電話で話したこともなかったし、都市部に住まずに一生を終えた。平均寿命は、農耕社会のときの水準とほとんど変わらなかった。一九一四年の時点では、アメリカでさえ、労働人口の三分の一以上がまだ農業に従事していた。それでもアメリカは貧苦に喘ぐ大勢の人々にとって希望の星だったのであり、人々は運命を変えようと海を渡ったものである。世界中の大陸を見渡しても、当時のアメリカより速いペースで労働者が農業を捨てて都市に住むようになった国は、イギリスとベルギーだけだった。一九〇〇年代の初頭にドイツは軍事力と工業の両面でイギリスとアメリカに次ぐ世界第三の大国にのしあがる。それでもヒトラー率いるナチスドイツが一九三九年に戦争に突入した時点で、ドイツ軍の装輪車両の五分の四を牽引していたのはまだ馬とラバだったのである[19]。

二〇世紀初めのアメリカが単に貧しいだけでなくいかに不平等な社会であったかを理解するために、ある匿名大学教授の訴えを紹介しよう。この教授は一九〇二年に四ページの小論をアトランティック・マンスリー誌に寄稿した。署名欄にはG・H・Mとのみ記されている。[20] 教授によれば、大学教員の給料は少なすぎるという。「大学教授の平均報酬はおよそ二〇〇〇ドル」で、言語道断に少ないとご立腹だ。だが当時二〇〇〇ドルと言えば、アメリカの労働者一人当たりGDPの約四倍、年間賃金の六倍である。比較のために書くと、二〇二〇年の大学教授が国内平均給与の六倍をもらうとしたら、年俸はざっと五〇万ドルになる。[21]

だがG・H・Mに言わせれば、自分は「良識のある人間」だそうだ。「自分の能力で他の仕事につけばもらえたはずの巨額の報酬（年収一万〜五万ドル）」すなわち労働者の平均所得の二〇倍や一〇〇倍にもなるような報酬を求めているわけではないという。

とは言えアトランティック・マンスリー誌にしても、茶番を演じるためにこの匿名教授に四ページものスペースを与えたわけではない。G・H・Mの寄稿に詳細に書かれている生活費の内訳を見たら、読者も彼の家族が裕福な暮らしなど送っていないことがよくわかるだろう。教授の最大の支出は、使用人である。なにしろ冷蔵庫、洗濯機・乾燥機、電気や都市ガスで作動するコンロやオーブンなどはいっさいない時代なのだ。もちろんクルマもさまざまな家電も存在しない。「我が家ではまずまずの使用人を雇うのに月二五ドル払わなければならない」と教授は書いている。さらに洗濯屋に月一〇ドル。「常雇いの使用人は洗濯をしない」からだ。さらに散髪に月一ドル、庭師に月二ドル。以上を合計すると、人手によるサービスだけで年四四五ドルになる。これは、一九〇〇年におけるアメリカの労働者一人当たりGDPにほぼ等しい。エンジン式草刈機、電動刈込機、真空掃除機、食洗機のない時代には、人を雇うことがあたりまえだった。

匿名教授は大学に歩いて通える範囲に住むことができず、馬と馬車を自前で維持することもできなかったため、通勤は当時の珍妙なハイテク発明品に頼るほかなかった。自転車である。きっとこの教授は、そしておそらくは同業者も、感じたにちがいない。自分の才能はこの何倍もの報酬に見合うはずだ、現在の報酬はあまりに不十分だ、と。大学教授にしてそう感じるということ自体が、階層社会の実情を雄弁に物語っている。

この平均的な教授から、今度は平均的な労働者階級の世帯に目を転じると、二〇世紀初めの不平等が一段と鮮明になる。

一九〇〇年のアメリカでは、おそらく世帯の三分の一が間借り人を置いていた。間借り人のほぼ全員が赤の他人の男性で、同じ屋根の下で寝食を共にする。当時の主婦にとって、これが家計に直接収入を得る唯一の方法だった。もちろん、間借り人を置けば主婦の仕事は何倍にも増える。その多くが肉体労働だ。たとえば、当時水道が引かれている家庭はほとんどなかった。給湯器もない。水は共同水栓（家の近くにあれば幸運だ）からバケツで運んでくる。洗濯をするときは、この水を薪ストーブか石炭ストーブで温める。教授は人を雇うと金がかかると嘆いたが、労働者階級ではストーブに薪か石炭をくべるところからシャツを洗濯して干すところまで、すべて主婦がやらなければならない[22]。

こぎれいな服装はブルジョワの象徴の一つであり、それができる資力のある者はことさらに誇示した。白いシャツ、白いドレス、白い手袋は、二〇世紀初頭のアメリカでは富の証だったのである。「もちろん洗濯なんて自分ではしない」ことをブルジョワ階級はさかんにひけらかした。

比較的繁栄していた製鉄の町ペンシルベニア州ホームステッドに注目すると、当時の富の偏在をさらに深く知ることができる。一九一〇年の労働者階級では、内風呂を備えている世帯は六軒に一軒だけだった。スラブ系と黒人の家族は一部屋か二部屋しかない家に住んでいた。白人の家族の多くは四部屋である。今日「白人」と呼ばれる民族集団の多くは、当時は白人とはみなされていなかった。たとえばスラブ系、ラテン系、ユダヤ系がそうである。そしてまずまず快適な四部屋の家に住んでいても、ペンシルベニアの寒い冬の間全室を暖房するだけの余裕はなく、暖房のあるのは一部屋だけという世帯が大半だった。それに、古い鋳鉄製のストーブでじゃがいもを料理することを想像してほしい。食事の支度に要する時間は現在では一日に一時間程度かもしれないが、当時は四時間とられた。

乳幼児死亡率は相変わらず高かった。ホームステッドでは、生まれた赤ちゃんの五人に一人が最初の誕生日の前に死んでしまう。成人男性もバタバタと死んでいった。ホームステッド製鉄所の事故率は高く、負傷者は年間二六〇人、死者は三〇人に上る。ホームステッドの総人口は二万五〇〇〇人、労働人口は五〇〇〇人でこの数字なのだ。この五〇〇〇人のうち毎年五%

が事故で怪我をして職を失う。一%はずっと障害が残る。〇・五%は死亡する。

ここから推計すると、二〇歳でUSスチールのホームステッド製鉄所で働き始めた人は、七分の一の確率で五〇歳前に労災事故死し、三分の一の確率で障害を負う。となれば、当時の労働者階級にとって生命保険や傷害保険がたいへんな重みを持っていたのも当然だろう（当時の企業が保険を提供することは稀だった）。またホームステッドが、一九世紀後半に繰り広げられた激しい労働争議の一拠点だったことにも不思議はない。ホームステッドより過激な労働争議があったのは、ロッキー山脈の鉱山会社とシカゴの鉄道操車場ぐらいのものである。さらに、アメリカにおける社会保障の最初の一歩が労災補償だったこともなんら驚きではない。

ホームステッドの労働者の大半は週六日勤務だったが、この条件ですら厳しい交渉の末に勝ち取ったものだ。USスチールは製鉄所の大半について日曜日に操業停止とすることを大きな譲歩とみなし、経営幹部としてはこれで結構な会社の宣伝になったと考えたほどである。夜間勤務をしようという労働者がいる限りにおいて、ホームステッド製鉄所は平日は二四時間の交代制を維持していた（不況期は話が別である）。だが事態が変わるときには、いきなり大きく変化した。第一次世界大戦前と戦時中は一二時間勤務の二交代制だったのが、一九二〇年代から第二次世界大戦中とその後もずっと、八時間勤務の二交代制（または三交代制）になっている。

そうは言ってもホームステッド製鉄所の仕事は、すくなくともアメリカ生まれの労働者にとっては、アメリカの労働基準が上がってからでも当時としては好条件だった。この仕事に就いた者はみな感謝したという。「彼らの期待はわれわれとはちがう」と歴史家のレイ・ジンジャーは指摘する。「南部の農場で育った者は、息子が紡績工場で糸くずを拾うボビンボーイとして働くことを過酷だとは感じない。狭苦しいアパートに住みブラック工場で働く移民は、生まれて初めて毎日靴を履けるようになったことに感謝する」[23]。ホームステッドの白人世帯の年間所得は九〇〇ドル前後だが、これでもアメリカの全人口において、世帯所得で上位三分の一に位置付けられる。しかも当時のアメリカはオーストラリアを除けば世界の最富裕国だった。

同様のスキルを持ち合わせた人が他国でどの程度の賃金をもらえるかを考えたら、ホームステッド製鉄所の仕事は非常に魅力的だった。だから、大勢の人がアメリカへ渡った。そしてアメリカに住んでいる人は、ホームステッドのように景気のいい町を探した。

アメリカのこの繁栄にはたくさんの理由がある。

一八七〇年には経済成長の中心は大西洋を横断し、イギリスからアメリカに移る。アメリカは広大な国土に移民の大量流入と膨大な天然資源を抱え、その開かれた社会では発明家や企業家が文化的ヒーローになる下地が備わっていた。

アメリカの成功要因として、一部の学者は国土の広さと人口の多さが大量生産と近代的な経営に有利な産業を生み出したと指摘する。別の学者は、アメリカに渡ってきた大量の移民が勤勉と才能と労働・消費の意欲をもたらした点を重視する。また別の学者は、アメリカの工業的優位はひとえに豊富な天然資源にあったと主張する。輸送コストがまだ大きかった当時の世界では、天然資源を持つことの比較優位が製造業の比較優位に直結したという。また別の学者は、豊富な資源を武器とする経済と、標準化、交換可能部品の統一化、機械の多用、天然資源（原料およびエネルギー）の浪費的消費を特徴とする「アメリカ式」製造との相性のよさを指摘する。さらに別の学者は、ヒト、アイデア、資本、独創性が大陸を自由に移動し、さらには他の大陸にも移動しては戻ってくるといったアメリカ社会の開放性こそが重要だったと主張する[24]。

最大の要因は、アメリカにはチャンスのシステムがあったことだろう。だから、フーバー、テスラ、ウェスティングハウス、エジソン、匿名教授、ホームステッド製鉄所の労働者たちは希望と野心を抱くことができた。もっとも、「システム」というのは何か先見性をもって設計された装置のようで気が引ける。二〇世紀になって先ほど挙げたようなゆたかなリソースの集合体が大量生産の可能性に結びついたのは、意図的で計画的な産業振興プロセスのおかげではなく、むしろ近視眼的な選択の積み重ねだった。それが技術の正の外部性をもたらした。発明を生むしくみを発明したことが、さらに多くの発明を生み出したのだと言える。

そこにさらに、アメリカの富をもたらした二つの要素を付け加えることができる。教育と平和である。ただしそのどちらも先住民族には与えられなかったことは指摘しておかねばならない。ファースト・ネーションと呼ばれる北米先住民族は、陸路でアメリカにやってきた初代移民の子孫である（これに対して後代の移民はご存じのとおり船でやってきた）。先住民族は白人から提供された毛布を介して伝染病をうつされた挙句、居留地に押し込められた。また黒人は白人社会の恐怖政治によって抑圧された。

一九一四年のアメリカでは、農村部でさえ子供が学校に通っていた。第一次世界大戦前にすでに教育機会は大幅に拡大し、先進国ではすくなくとも子供が小学校に通うことはあたりまえになっている。平均的な子供が学校に通う年数は長くなった[25]。

アメリカは読み書き計算のできる市民の育成を優先課題とし、裕福な家庭の子供や学習の素地のある子供、理解の早い子供にはより高度な教育を受けるよう促した。企業家や資本家は、労働者の質が上がったことにすぐに気づく。それは、大衆の中等・高等教育のためにとられる税金を埋め合わせてなおあまりあるものだった。アメリカの堅固な教育制度は労働生産性を大幅に向上させた。アメリカだけでなくイギリスとその自治領やドイツも教育に力を入れ、産業競争力で優位を誇った。

アメリカは他の先進国とは質的に異なるとするアメリカ例外主義は、たしかに説得力はあるものの、重要な点を曖昧にしてしまうきらいがある。この国が他の先進国と比べて例外的だと言えるとしても、それは単に程度問題だということだ。そうは言っても程度の差も積もり積もれば顕著な差になる。そして最終的にアメリカは、二〇世紀の大半にわたって技術・工業両面で他国をはるかに凌駕する圧倒的な存在となった。この国はまた、世界の想像力を刺激する存在にもなっている。

第一次世界大戦前の時点ですでに西欧よりゆたかで技術の進歩のスピードがずっと速かった

アメリカは、人々が二〇世紀の夜明けを見ることのできる国だった。一七世紀には、ヨーロッパの人々の多くはオランダにそれを見ていた。一九世紀には世界の大半の人がイギリスを見ていた。だが長い二〇世紀が始まったときには、ほぼ世界中の人が、そしてまちがいなくヨーロッパのすべての人が、アメリカに新しい世紀の夜明けを見たのである。アメリカは、まったく異質の文明に見えた。ヨーロッパの政治を束縛し人々を圧迫していた歴史の重みが、アメリカにはない。過去のくびきから自由だったアメリカは、大胆に未来をめざすことができた。

アメリカに固有のこの優位性を一段と強化した事実が一つある。アメリカの華々しい繁栄の時代は一八七〇年頃に始まった。この時期はベルエポック、金ピカ時代、経済的黄金郷《エルドラド》などと呼ばれたが、ともかくも他国よりずっと長く中断なしに続いたのである。中国では一九一一年に辛亥革命が起きた。ヨーロッパは一九一四年に第一次世界大戦という地獄に落ちた。対照的にアメリカでは、一八六五年にアポマトックスで南北戦争が集結してから進歩と産業発展の時代が始まり、一九二九年夏に大恐慌が始まるまで続いている。

世紀の変わり目にアメリカが世界に巻き起こした驚嘆の念をもう一人の移民の目を通して見てみよう。この移民の名はレフ・ダヴィドヴィチ・ブロンシュテインという。

レフの両親もまた移民である。父ダヴィドと母アンナはそれまで目にした中で最も大きい川を渡って森林地帯から草原地帯に移住してきた。そう遠くない過去に騎馬民族が遊牧していた土地である。騎馬民族が近代的な軍隊に駆逐された土地に彼らは住み着いた。世界有数の肥沃な土壌で、人口密度はきわめて低く、ブロンシュテイン農場から最寄りの郵便局まで二四キロもあった。

とはいえそこはローラ・インガルス・ワイルダーの『大草原の小さな家』の舞台になるような土地ではない。あれはアメリカの小麦生産地にヨーロッパから入植した人々の物語だった。ブロンシュテイン農場があったのは、ウクライナ南部の小さな村ヤノフカである。彼らが話すのは英語ではなく、ロシア語とウクライナ語だった。両親は息子のレフを一番近い都会の学校へ通わせる。もちろんミシガン湖の港湾都市シカゴではない。黒海の港湾都市オデッサだ。

レフはそこで共産主義者になる。やがて指導的立場に立つようになった彼は体制側から危険人物とみなされるようになり、追放と亡命の末に一九一七年一月から二カ月半ほどニューヨークに滞在した。二度目の妻と子供たちも一緒である。旧世界に背を向けて新世界をめざし、一九一〇年代にニューヨークにたどり着いた多くの人とは異なり、共産主義者のレフはこの街に住みたいとは思わなかった。それでもレフと家族はニューヨークを満喫する。彼はのちに次のように回想している。

私たちは労働者階級が住む地区にアパートを借り、分割払いで家具を買った。家賃は一カ月一八ドルで、ヨーロッパでは使ったこともないような便利なものがすべて揃っていた。電灯、ガスレンジ、風呂、電話、自動運転のエレベーター、それにダストシュートまであった。これでは息子たちがニューヨークに参ってしまうのも当然だ。いまのところ、家族みんなは電話に興味津々になっている。この神秘的な装置はウィーンでもパリでも家には引かれていなかったので。

レフの家族、とくに子供たちはアメリカのゆたかさ、日々目にする驚くべき技術にすっかり圧倒された。

子供たちには新しい友達がたくさんできた。いちばんの仲よしは、医者のM先生の運転手だ。医者の奥さんは妻と子供たちをドライブに誘ってくれた……運転手は魔術師かスーパーマンだ！　彼の手捌き一つで、あの機械はほんのわずかな動きにも正確に応える。彼の隣に座ってそれを見ているのは最高に楽しかった。

ロシア革命が始まると、レフはサンクトペテルブルクへ戻る。この街は長い二〇世紀の間に何度も名前を変えることになる。最初はペトログラード、次にレニングラード、そして最後はサンクトペテルブルクへ戻る。街の名前と同じく、レフも名前を変えた。オデッサで収監されていたときの帝政時代の看守の名を偽名に使うことにした。レオン・トロツキーがそれである。トロツキーはアメリカへ戻ることを永久に許可されなかった。彼は危険な破壊分子であり、アメリカ政府の転覆をはじめとする長期計画を胸に秘めた人物だったからだ。彼はレーニンの右腕となり、ロシア内戦におけるボルシェヴィキの勝利を組織した。しかしその後の権力闘争でヨシフ・スターリンに敗北し、最後は亡命先のメキシコシティで一九四〇年に暗殺される。ソビエト秘密警察の放った刺客にピッケルで後頭部を砕かれたのだった。

亡命中にトロツキーはニューヨークを出立したときのことを回想している。当時多くの人が感じていたことを彼もまた感じたようだ。ニューヨークを去ってヨーロッパへ向かうことは、未来に背を向けて過去へ行くことだと彼は語っている。「ヨーロッパへ出発するとき、自分は未来を作り出す溶鉱炉をほんのすこしだけ覗いてきたのだと感じた」[26]。

ユートピアは建設されつつあるとトロツキーは感じた。だがその場所はロシア帝国ではない。自分はロシアへ戻り、ロマノフ朝最後の皇帝ニコライ二世の退位によって高まった政治的機運に乗じようとしているが、しかしユートピアの看板を高く掲げているのはアメリカのほうだった。この国こそが世界のリーダーとしてユートピアへの道を歩むことを約束されているのだ、とトロツキーは感じざるを得なかった。

トロツキーの感じた溶鉱炉の熱を生み出したのは過去に例のない速さで次々に押し寄せる技術の進歩の波であり、産業研究所と近代的な企業こそがその発生源だった。進歩の中心はアメリカだったが、すぐに外へ広がっていく。最初はグローバルノースへ、その後ゆっくりながらも世界中へ。技術と経済のバランスの取れた進歩と変化が起きる頻度は、一五〇〇年以前は五〇年に一度だった。それが一五〇〇〜一七七〇年には一二年に一度に、一七七〇〜一八七〇年には四年に一度になっている。そして一八七〇〜二〇一〇年には、毎年進歩と変化が起きた。進歩は多くを生み出すと同時に多くを破壊した。進歩と破壊が起きるのは市場経済だからこそである。市場経済においては、雇用維持のために資金調達する場合、その雇用がバリューチェーンに欠かせないことが必須条件となり、この点に関して投資家が行うある種の確率テストに合格しなければならない。つまり労働者が自分にふさわしいと考える賃金を得られるかどうかは、雇用主が投資家と同じ物差しを使って労働者の生む価値を精査した結果次第となる。技術にできることが増えるにつれて、古い技術に依存する雇用はテストに合格しなくなる。

オーストリア出身の経済学者ヨーゼフ・シュンペーターは一九四二年に次のように書いた。「資本主義はけっして止まらない……資本主義のエンジンを始動させ回し続けた根本的な要因は、新しい消費財、新しい生産・輸送手段、新しい市場、資本主義企業が創出した新しい形態の産業組織だ……産業の突然変異が……経済構造に絶え間なく内側から革命をもたらし、古い経済構造を絶え間なく破壊した……この創造的破壊のプロセスこそが資本主義の本質である」[27]。創造は途方もない富を生み出す一方で、破壊は貧困をはびこらせた。創造的破壊の脅威は不確実性と不安を引き起こした。技術的可能性に満ちた未来を実現するためには、誰かがこのプロセスの舵を取り、破壊の結果に対する反乱を抑え込む必要があった。

二〇〇六年を境に、アメリカの経済成長のペースは減速し始める。長い二〇世紀の最後の年である二〇一〇年になってもその調子だった。多くの人は、これは一時的な停滞だと考えた。二〇〇八年に始まった大不況の底からまだ二年しか経っていなかったからである。だが実際には、二〇〇六〜二〇一六年の一〇年間で、一人当たり実質GDPは年〇・六%しか伸びていない。長い二〇世紀の最初の頃と比べたら、衝撃的な落ち込みだと言わねばならない。一九九六〜二〇〇六年は年二・三%、一九七六〜一九九六年の二〇年間は年二・〇%、第二次世界大戦後の「栄光の三〇年」は年三・四%だったのである。だが二〇〇六年以降は、アメリカの溶鉱炉は急速に冷めつつあり、すでに消えているか、まだ消えてはいないだけのどちらかだ。

第3章

グローバルノースの民主化

Democratizing the Global North

経済的という形容詞と政治経済的という形容詞はまったく違う。経済活動を行うゲームのルールをどうするか人々が集団的に決めるとき、それは政治経済的な決定である。したがって組織や制度のルールをどうするかについての集団的な決定も、政治経済的なものと言える。政治経済が実際にどのように機能するのかを見るために、少々時間を遡ってアメリカの連邦政府の物語をたどってみたい。

ジェームズ・マディソンはけっして民主主義に乗り気ではなかった。一七八七年に彼は「フェデラリスト・ペーパーズ」に次のように書いている。「民主政国家はこれまでつねに混乱と激論の光景を繰り広げてきた。民主政は個人の安全とも財産権とも両立できなかった。しかも……その寿命は短く……その死は暴力的である[1]」。

一七〇〇年代後半になってもまだ、富や権力を持つ階級で民主主義に熱狂している人は一人もいなかったと言ってよい。

マディソンが信奉していたのは共和政である。共和政とは、社会において一定の地位を占める集団（その多くがすでにかなりの安全と財産を手にしている）が賢明で思慮深く熱意のある少数の人を代表者として選出し、政治を委ねる制度のことだ。代表に選ばれた人たちは、市民と価値観を共有し、市民の幸福の実現に努力する。このときに私利私欲にとらわれないことが期待され、自己の利益ではなく、市民としての美徳を示すことが望まれる。

マディソンは民主政の「混乱と激論」を避けたいと強く望んでいた。マディソンらが、各州は「共和政体」を維持する限りにおいて参政権に制限を設けることができると憲法の下で定めた点に留意されたい。

アメリカの建国の父たちは、たとえ参政権に制限があるとしても共和政体が好ましい、とすべての人を説得することが自分たちの使命だと心得ていた。当時は、封建制、君主制、帝政のほうが長続きする優れた統治形態だと考えられていたのである。一七八七年の時点でマディソンとアレクサンダー・ハミルトンが「フェデラリスト・ペーパーズ」に書いたのは、要するに、共和国の建国はリスクを冒す価値のある事業だということに尽きる。なるほど過去の例は嘆かわしい結果に終わったかもしれないが、古代ローマから「政治学は進歩している」のだ、と。だがトーマス・ジェファーソンは個人的には、すくなくともハミルトンは「建前を語っている」だけだと考えていた。と言うのもハミルトンは革命的な共和政を実現する野心とは裏腹に、本音では君主制を望んでいたからである。[2] 当時は、統治形態としての民主政の優位ははっきりしていなかった。

それでも一七七六～一九六五年には、すくなくともしかるべき年齢と人種の男子には一人一票が与えられるという形での民主政は、北大西洋諸国で導入が大々的に進んだ。対して封建制と君主制は大幅に評判を落としていた。

しばらくの間、政治参加の最も重要な資格は財産だった。第一次世界大戦の終結までは、ドイツ帝国のプロイセン州議会では、納税額が上位三分の一に相当する人たちが議員の三分の一を選ぶことができた。一八四〇年代前半にはフランスの立憲君主制で首相を務めた中道左派のフランソワ・ギゾーが、参政権拡大の要求に対して、金持ちになりなさいと答えている。投票したいなら税金を納めろというわけだ。これは反感を買っただけだった。一八四八年二月二三日、オルレアン朝唯一の国王だったルイ＝フィリップ一世は革命と廃位を避けたい一心でギゾーを更迭するも、すでに遅過ぎたし、小出しに過ぎた。結局、その翌日に退位することになる。[3]

一八七〇～一九一四年には、民主主義の拡大が最も多くの人に最も不快感を与えない政治的原則であることが証明され、急速に広まっていく。政治社会は、政府を選ぶ際に一部または大半の男性の選好が平等にカウントされる領域となった。選ばれた政府は経済の手綱を握り、セオドア・ルーズベルトが「悪の大富豪」と呼んだ人々の強大な影響力を消し去ることはしないまでも、ある程度は制限するようになる。

だがこれだけでは、すべての人を満足させるには不十分だった。参政権拡大の圧力は高まる一方となる。

進歩派が政権をとると、新たに投票権を獲得する貧困層は保守的ではないから自分たちを支持するだろうと見込んで参政権拡大を推進した。保守派が政権をとると、労働者は国王や国に忠実だから自分たちを支持するだろうと期待して、渋々ながら（稀に）参政権を拡大した。労働者は誰が参政権を自分たちに与えてくれ誰が与えてくれなかったかを覚えているから、気前よく与えれば「（自由主義を掲げる）ホイッグを食う」だろうと考えたわけである。[4] 革命の恐れが高まると、武装した民衆が路上に繰り出すことを恐れた政府は、参政権を一段と拡大した。潜在的に革命を支持する野党陣営との分断を図ることが狙いである。当時イギリスの首相だったチャールズ・グレイは選挙法改正をめぐる議論について一八三一年に「大事なのは……革命を防ぐことだ」と述べ、この考えに基づいて「私は現体制を投げ捨てるためではなく、守るために改革する」とした。[5]

こうして政府が進歩的でも保守的でも、参政権は段階的に拡大していった。一九一四年までは、すくなくとも世界経済の中心だった北大西洋の工業先進国では繁栄とともに民主主義の安定化が進むと見込まれており、見通しは明るかったのである。政治経済システムはうまくいっているように見えた。富が増えたおかげで貴族や富豪たちは、自分たちの相対的に高い社会的地位が多少侵食されるのも、自分たちが受け取っているうまみの代償としてやむを得ないと考えるようになる。そして低い社会階級の人々は、上流階級の支配を今後も受け入れるのは社会の進歩のために払わざるを得ない代償なのだと考えた。保守派・進歩派双方が歴史の流れは自分たちの側に来ていると自信を持てる程度に、政治的勝利への道は広がったと言える。

参政権は多くの点から見て急速に拡大したものの、その後の進み具合は緩慢になり、女子に拡大されるまでには長い年月を要した。

一七九二年にフランスは男子全員に参政権を与えた世界最初の国となる。もっとも実効性の面では一八〇四年のナポレオン皇帝即位まで待たねばならなかったし、一八四八～五一年の短い期間を除いては、真の意味で男子全員が参政権を獲得するのは一八七一年になってからである。アメリカでは、男子の参政権運動が勝利を手にするのは一八三〇年頃である。ヨーロッパで最初に男女全員に参政権が与えられた国は、フィンランドだった。一九〇六年のことである。イギリスは一九一八年で、このとき厳密には二一歳以上の男子全員と三〇歳以上の女子全員が参政権を獲得した。三〇歳未満の女子が参政権を勝ち得るのは一九二八年になってからである。

アメリカでは参政権運動が数十年にわたって粘り強く続けられた。一九〇〇年代前半の時点ではまだ道半ばで、運動家の中には私の曽祖母であるフローレンス・ワイマン・リチャードソンもいた。彼女は仲間と共に州議会議事堂のフェンスに身体を鎖で縛り付けて抗議し、伝えられるところによると、セントルイスのある宗教結社から追放されたという。女子に投票権を認めるアメリカ合衆国憲法修正第一九条が可決成立したのは一九二〇年だった。参政権拡大で世界の先頭を走っていたフランスはすっかり遅れをとる。ナチスに協力したヴィシー政権が一九四四年に排除されるまで、女子に投票権は与えられなかった。

人種の垣根を越えて参政権が拡大されるまでにはさらに長い年月を要している。とくにアメリカではそうだった。

黒人の投票権獲得をめざす闘いは一世紀以上にわたって続き、英雄的な犠牲を伴う事件がいくつも起きている。中でもよく知られているのが、一八七三年にルイジアナ州で起きたコルファックス大虐殺である。この事件では一〇〇人あまりの黒人が殺されたという。一方、さきほどの私の曽祖母は仲間とともに一九二〇年代にセントルイスで都市同盟を結成し、黒人をディナーに招待したというので近所中から非難を浴びた。

真の意味での黒人への参政権の付与は、アメリカでは選挙権法が成立した一九六五年まで実現していない。しかも法律施行後にも、実効性を薄めるべくあの手この手の措置が講じられた。このパラグラフの執筆時点で、アメリカの三分の一の州は黒人有権者の参政権を奪うべく画策しており、実際に四分の一が奪われている。最高裁長官だった故ウィリアム・レンキストも、制度を盾にして堂々とこれをやった。彼は一九六〇年代前半に「投票用紙の確認」を行うと称して、「黒人およびメキシコ人（らしき人物）全員の身元確認をした」のである。なぜそんなことをしたのかは、ある人物の証言からあきらかだ。「意図的に投票に時間がかかるようにし、有権者を長々と待たせ、痺《しび》れを切らして立ち去るように仕向けた……また、投票資格がないと判明した者には起訴されると警告したチラシを配布するなどした〔6〕」。

ジェームズ・マディソンからウィリアム・レンキストにいたるまで、いやその後になっても一部の人々は、民主主義および投票権の付与とその結果としての影響力と権利の行使は問題を解決する以上に厄介ごとを引き起こすと考えた。固く結ばれたゴルディアスの結び目はさらに何度もきつく締め上げられ、これを断ち切るためにはおそろしくたくさんのインクと、さらに多くの流血を必要としたのである。

民主主義をめぐるこうした争いの歴史は、経済の歴史とも重要な形で相互に関わっている。この点を理解するためには、ほぼ同時代に生きたあの二人、ハイエクとポラニーに登場願わなければなるまい。前者はウィーンに生まれシカゴ大学教授となり、後者はハンガリーで生まれコロンビア大学教授となったがカナダに住んだ。

まずはハイエクに語ってもらおう。彼はつねに「市場は与え、そして奪う。市場の御名に祝福あれ」と唱えていた。

ハイエクの見方によれば、市場経済における所得と富の分配が「公平」か、あるいは「公正」かといったことを問題にするのは致命的にまちがっている。いかなる形にせよ「公平」あるいは「公正」であるためにはその人が受けるに値するものを受け取ることが必要だ。しかし市場経済は受けるに値する人に与えるわけではない。たまたまその時その場に居合わせた人に与える。将来の生産にとって有用な資源を手に入れたのは誰かということは、公平とも公正とも関係がない。「社会正義」の泥沼に踏み込んだら、「社会全体が……基本的な面で……自由社会とは正反対の方向に組織されるまで」、「公平」と「公正」な結果を追い求めることをやめられなくなるとハイエクは考えていた[7]。

だからと言って、貧しい人が餓死し、傷ついた人が通りで血を流して死ぬことを傍観すべきだということではない。社会は「個人の力のおよばない事情により極度の窮乏や飢餓に陥る恐れのある人々になにがしかを提供」すべきだとハイエクはいう。もしかしたらそれは、勤勉で成功した人々を「貧困層による死に物狂いの行動」から守る最も安上がりな方法として行われるのかもしれないが。だがそれ以上市場に介入すべきではないというのがハイエクの信条だ。市場はユートピアである。あるいは市場は人々をユートピアに導く。あるいは人類にできうる限りユートピアに近づけるという。したがって市場への介入は不適切などというものではなく、もっと悪い[8]。

ハイエクに言わせれば、市場経済は所得と資産をきわめて不均等に分配することもできるが、もっと均等に分配することもできるという主張は的外れだ。富の分配はいかにあるべきかという問いを提起すること自体、人間には財産権以外の権利があるとか、契約を通じて自由に定めた他人への義務以上の義務があると想定することになる、とハイエクは（不当にも）考えた。

さらに、不平等の是正はおぞましいという。人間はよりよい社会を作るための知識を持ち合わせていないし、これから獲得することもないのだから、是正が可能だと考えること自体が妄想だというのである。中央集権化は必ず情報の不足や誤りを招き、不適切な意思決定につながる。トップダウンは最悪だ。唯一望ましいのはボトムアップであり、各人が自己利益を追求する一見混沌としたプロセスが生み出す「自生的秩序」のみが進歩をもたらしうるという。

そのために人類が持つべきは市場資本主義である。市場資本主義だけが、効率や生産性をいくらかなりとも高めることができる。なぜなら、「価格は人々が直接持ち合わせている以上の情報を内包する伝達手段であり指針である」からだ。したがって、「分業に基づく秩序と同一の秩序を中央からの指令によって実現できる、という考えはまったく成り立たない」とハイエクは断言する。市場による所得分配を、値しない者から取り上げ値する者に報いるべく再分配する試みは、市場資本主義を損ねる。「人々の価値や必要に応じて……所得を再配分することは可能だという発想は……どこに行けば必要とされるかを人々に教えてくれるのは労働の対価を含む価格である」という主張と相容れない。トップダウンで計画を始めたが最後、ハイエクの言う「隷従への道」を歩み始めることになる。「計画の立案にはあらゆる価値に優先順位をつける基準が必要になる。そのこと一つとっても、民主的と言える方法で決めることは不可能」だからだ。[9] ハイエクは、「いま望みうる最高」を追求するタイプの理想主義者だった。

それでもハイエクは、社会を組織するこの最良の方法が公平や正義にほとんど配慮しておらず、よって万人に歓呼の声で迎えられる可能性は低いことに気づいていた。市場経済が唯一認める権利は財産権である。実際、価値があるのは財産権だけだ。しかし大多数の人がそれを喜ぶはずもない。自分がたまたま持っている財産から生じる権利以外の権利も必ずあるはずだ、と人々が考えることは目に見えていた。そしてこれがハイエクにとって頭痛の種となる。ハイエクの名誉のために言えば、彼は腰砕けになって撤退したりはしなかった。そして、よき社会（すくなくとも実現しうるよき社会）の天敵を二つ見定める。平等主義と寛容である。行きすぎた民主主義、すなわち望むことはなんでもしてよいとか、金持ちがいばるのをやめさせるべきだなどと人々に思わせるような民主主義は、彼に言わせれば悪い民主主義だった。

ハイエクにとって、平等主義は「最悪の者にさえ支持を請う野放図な民主主義の必然の産物」だった。言い換えれば、民主主義とは本質的に「社会的な掟を破った者にも等しく配慮と敬意を求める権利」を認める思想である。それでは文明を維持することはできない、とハイエクは警告した[10]。

ハイエクにとっておぞましい結果は、「科学主義的な心理学の助けを借りて……社会が本来従うべき規律に従わず、社会の富の分け前を要求する者を後押しするようになった」寛容である。そこから得られる教訓ははっきりしていた。そのような社会では、市場経済は権威に保護されていない限り繁栄できない。

ハイエクのみるところ、過度に民主的、平等主義的で寛容な社会は、おそらくある時点で誰かが権力を掌握し、市場経済を尊重する方向へと権威主義的なやり方で社会を再構築する必要がある。この権力掌握は一時的に「リュクルゴス・モーメント」になるという。リュクルゴスとは、古代ギリシャの都市国家スパルタで改革を行い、「リュクルゴス制」と呼ばれる独自の国制を作ったとされる人物である（実在は疑わしい）。このモーメント後は、秩序ある個人の自由と市場主導の繁栄が再び始まる。巨人と暴君の肩に乗ったハイエクは、市場経済についての立場を滔々と述べ立てた。しかし市場経済は二〇世紀を通じて政治的権利と民主主義をたびたび敵対させ、多くの人々が民主主義を単に劣るとみなすどころか、本質的に悪しきものと考えるように仕向けることになる。第一次世界大戦が近づく中、そうした見方はいっそう強まった。

ここまでのパラグラフは、道徳哲学者と政治活動家としてのハイエクに対してひどく手厳しかった。後段では、マクロ経済学者としてのハイエクの思想にさらに手厳しい判断を下そうと考えている。となれば、なぜそれでもわれわれはハイエクを無視できないのかという疑問が浮かぶ。主な理由は三つある。

第一に、ハイエクは強い影響力を持つ思想と行動の潮流における標識の役割を果たしている。この潮流が影響力を持つのは、富と権力を持つものにとって心地よい思想であると同時に彼らの後ろ盾を得ているからだ。

第二に、ハイエクの政治経済学は完全に誤りというわけではない。民主政の世界は、協力と成長をめざす方向に進まず、財産の没収と再分配が合言葉になる可能性がある。そうなれば、権力者の同調者と敵対者それぞれに没収と再分配に「値する」「値しない」という価値判断が入り込むことになる。双方に利益をもたらす生産と市場取引に突き進み、幻想に過ぎない「社会正義」を無視するほうが、財産の没収と再分配にいたるよりずっとましだと説いたハイエクは、けっしてまちがっていない。

第三に、ハイエクはその思想のきわめて重要な一面において、先見性のある天才ジキル博士だった。彼は、多くのことを知っているキツネではなく、たった一つのすごいことを知っているハリネズミだったと言うべきだろう（この比喩は、アイザイア・バーリンがアルキロコスの言葉として引用している）[11]。市場システムは人々の利益のために何ができるかを知り尽くしていた。経済的な問題を解決しようとする社会は、意思決定者にとって信頼できる情報を入手すること、そのうえで意思決定者が公益のために行動するよう促すことに関して必ず途方もない困難に直面する。財産、契約、取引に関する市場の秩序は、財産権が適切に運用される限りにおいて、意思決定を権力が分散化した領域へと押し出す。そこには信頼できる情報がすでに存在し、情報収集の問題は解決されている。そしてリソースを有益な用途に投入した者に報いることによって、意思決定者の行動の問題も自ずと解決される（ただし、マクロの協力と分配の問題は残る）。ハイエクの思考における誤りの大半は、この二つの問題をまったく認識できなかったことに起因する。とは言え、四つの問題のうち二つで核心を突いたのだから悪くない）。

全体としては、ハイエクは長い二〇世紀の経済史を理解するうえで決定的に重要な点で正しかった。ここ数十年にわたり彼の論拠は意思決定者（その影響力の度合いはさまざまだが）により引用されてきたし、彼の理論があきらかにしたことの多くはまちがいなく重要だった。

ではここで、カール・ポラニーに登場願おう。ポラニーは「市場は人間のために作られたのであって、人間が市場のために作られたのではない」という戒めを説いた人物である[12]。ハイエクは市場がすべてを商品に変えることを賞賛し、万人を実質的に平等に扱わないからという理由で市場を非難する人々を恐れた。ポラニーはこれを強く批判した。著書『大転換』には、土地、労働、貨幣（金融）は「擬制商品」だと書かれている。これら三つの生産要素は損得の論理には支配されないが、宗教・道徳面を考慮すれば社会の中に埋め込み、社会によって管理される必要があった。その結果が緊張であり、闘争であり、二重の運動だったとポラニーはいう。二重の運動の一方は、市場信奉者と市場自身が土地、労働、貨幣を社会の道徳的・宗教的支配から引き離そうとする動きだ。これに対して社会は市場の範囲を制限し、市場の結果が「不公正」と考えられる場合には社会に有利になるよう働きかけることによって反撃した。かくして市場社会は反発に直面することになる。右派からの反発もあれば左派からの反発もあったが、ともかくも反発に見舞われたことはまちがいない。しかもその反発は強力だった。

いまとなっては、これらはみごとな洞察である。だが残念なことに、ポラニー自身がその著作で認めているとおり、読者の大多数にとっていまなお理解不能だ。そこで彼の該博な知識への敬意を表しつつ、その真意を私なりに以下に要約する。

市場経済では重要な権利は財産権だけだと考えられており、その中でも富裕層での需要の高い商品を生産しうる財産の権利だけが重要だとみなされている。だが人々は、自分たちには他の権利もあるはずだと考える。

土地に関しては、人々は安定した社会で生きる権利があると考える。自分が育った、または自分の手で作り上げた自然および人工的環境は自分たちのものだと考えるのである。たとえ市場の論理では、別の用途（たとえば高速道路を通す）に回すほうが有益だとか、別の人がそこに住むほうが利益が増えるとしても、人々の信念は揺るがない。

労働に関しては、人々は適切な所得を確保する権利があると考える。なんといっても自分たちは職業に就くために長い準備をし、ルールに従ってふるまってきたのだから、社会は準備に見合うだけのしかるべき所得を自分たちに払う義務がある。たとえグローバル市場の論理がちがうことを説いたとしても、人々の考えは変わらない。

金融に関しては、自分たちが勤勉に仕事をする限りにおいて、買うために必要なだけの購買力が自分たちに与えられるような経済であるべきだと人々は考える。何千マイルも離れたところにいるような「根無し草のコスモポリタン」の銀行家には、経済における購買力のこの流れやあの流れはもはや十分に利益が上がらないから遮断すべきだ、などと決める権利はないはずだ。ちなみに銀行家とは力は持つが社会と何のつながりも持たない人間で、そのことがしばしば反ユダヤ主義を擁護し、それ以上に後押ししている。ポラニーのみるところ、金融システムの運用に対する批判は、このシステムにおいて特別な役割を果たすユダヤ人やユダヤ系の人々に対する批判にすりかわっているからだ。いずれにせよ銀行家は、仕事を枯渇させたり消滅させたりする力を持つべきではないと人々は考える[13]。

人々は財産権のみを持つのではない、純粋な市場経済では尊重されない他の経済的権利も持っている、とポラニーは宣言する。純粋な市場経済は、高速道路を建設し、職業に就くまでの準備を無視して所得を決め、根無し草の銀行家が他に投資するほうがハイリターンが見込めると判断したら、人々の購買力を枯渇させ仕事を消滅させるかもしれない。よって社会は、右派左派を問わず、また善意からか悪意からかを問わず、政府の命令あるいは大衆の行動によって介入し、経済を道徳と宗教の論理の中に再度埋め込んで、人々の権利を守ろうとする。このプロセスが、二重の運動のもう一つに相当する。すなわち経済は、社会を形成する関係性のネットワークから生産・取引・消費を引き離して経済の中に埋め込む方向に動き、これに対して社会は、それらを社会に埋め込む方向に動く[14]。

社会が有効化しようとする人々の権利は、商工業や農業の産物を均等に分配する権利ではないことに注意されたい。それらの権利を公平であると形容することはおそらくまちがいだ。もちろん、等しいものは等しく扱われなければならない。だが等しくないものは等しく扱われるべきである。そして社会は、人々が等しく重要だとみなす必要はないし、まずもってそのようにみなしたことはない。

ここまでに取り上げたハイエクとポラニーの知見をどう扱えばよいだろうか。ハイエクもポラニーも卓越した理論家であり学者である。だが彼らの知見や教養が重要なのは、大勢の脳を刺激する思想の深く幅広い潮流に結びつき、行動を牽引したからだ。ハイエク一人ではなくハイエク信奉者が、ポラニー一人ではなくポラニー信奉者が、そして彼らの示した主題に沿って行動した人々が歴史を作ったのである。それが実際にどのように展開されたのかを垣間見るために、最前線における経済学と政治学の相互作用に注目したい。その最前線とは、第一次世界大戦前の世界で最もハイペースで成長を遂げ工業化が進んでいた都市、二一世紀における深圳《しんせん》に匹敵する都市だ。シカゴである。[15]

イリノイ・ミシガン運河が開通し、五大湖とミシシッピ川およびメキシコ湾が結ばれた一八四八年の時点では、シカゴの人口は四〇〇〇人だった。一八七一年にシカゴ大火があり、市街地の三分の二が焼失（オレアリー夫人の牛舎が出火元だというデマが流れた）。被災後、市当局が木造住宅を禁止したこともあり、高層建築物の建設ラッシュとなる。一八八五年には世界初の鉄骨造高層ビルが建設された。一九〇〇年までにシカゴの人口は二〇〇万人に達している。その七〇%が国外出身だった。

一八八六年五月一日、アメリカ労働総同盟（ＡＦＬ）が労働時間を短縮する八時間労働を求めてゼネストを宣言する。争議の最前線となったのは、シカゴのマコーミック・ハーヴェスト・マシン・カンパニーのゲート前だった。そこでは数百人規模の警察官に民間警備会社ピンカートンの警備員が加わって、怒った群衆の中を通るスト破りの労働者を護衛した。五月三日に警官隊は群衆に向かって発砲し、六人が死亡する。翌日、市内のヘイマーケット広場で警察の暴力に抗議しストライキを支持する集会が行われたが、このとき何者かが爆弾を投げ、警察官八人が死亡した。警官隊は応戦し、おそらく二〇人ほどの死者が出たと言われる（誰も正確な数を数えていなかったようだ）。死亡した市民の大半が移民で、英語を話せない人たちだった。不正な裁判が行われ、左翼政治家と労働運動家八名が警察官殺しで有罪となる（現在では冤罪だったと考えられている）。うち五名が死刑判決を下され、一名は刑務所内で自殺、四名が処刑された[16]。

一八八九年の第二インターナショナル発足大会の際、ＡＦＬ会長のサミュエル・ゴンパースが八時間労働の実現を世界的に訴える示威行動の日とし、同時に一八八六年のシカゴの犠牲者を追悼することを訴え、承認される。

一八九四年夏、グローバー・クリーブランド大統領は中間派的な政治家の常として、アメリカ社会における労働者の立場を称える祝日の制定を議会に提案する。ただし、国際的に労働者の日と認められている五月一日はシカゴで殺された労働者を追悼する日であるとして避け、九月の第一月曜日を新たな祝日に定めた。

アメリカの政治家がみなクリーブランド大統領のように臆病者だったわけではない。一八九三年に新しくイリノイ州知事に就任したジョン・ピーター・オルトゲルドは、無期懲役刑となってまだ存命だったヘイマーケット事件の被告三名に恩赦を与えたのである。オルトゲルドは一八五六年以来の民主党出身の知事であり、シカゴの住民として初めて州知事となり、しかも外国生まれの初の知事でもあった。恩赦の理由は明快だった。爆破犯とされた彼らは無罪だった可能性が高いからである。オルトゲルドの見るところ、爆弾が投じられた真の原因は、マコーミック社などが雇ったピンカートンの武装警備員の行き過ぎにあった。

有罪宣告された無政府主義者に恩赦を与え、中西部の製造業の雄とされる企業の暴力行為を非難し、彼らの雇った警備員を糾弾するとは、このオルトゲルドという男は何者なのか。彼はいかにしてイリノイ州知事に上り詰めたのか。

オルトゲルドはドイツに生まれた。両親はまだ生後三カ月だった彼を連れてアメリカに渡り、オハイオ州に居を定める。オルトゲルドは南北戦争で北軍に従軍し、ヴァージニア州の沿岸地帯でマラリアにかかり、危うく死ぬところだった。戦争が終わると高校を卒業し、鉄道作業員として各地を点々としたり、学校教員になったりしたが、どこかの時点で法律を勉強して弁護士になる。一八七二年には地方検事になっている。一八七五年にシカゴで弁護士として活動し始め、一八八四年には民主党から下院議員選挙に出馬するも落選。このとき、民主党の大統領候補グローバー・クリーブランドを熱心に支援している。一八八六年に著書『我が国の刑罰とその犠牲者』を発表し、アメリカの刑罰制度が犯罪者を再生産していると批判した[17]。

同年にクック郡の高等裁判所裁判官に選ばれ、一八九一年まで務めた。裁判官になるまでのどこかの時点でオルトゲルドは財を成している。不動産投資と建設で成功を収め、一八九一年には当時シカゴで最も高い建造物だった一六階建てのユニティ・ビル（北ディアボーン通り一二七番地）を所有していた。

移民の町シカゴで一移民だったオルトゲルドは、進歩主義者でもあった。彼は知事として、その時点で国内で最も厳格な児童労働および労働安全基準法の制定を議会に求め、強く支持した。また州の教育予算を増やしたほか、女性を州の要職に抜擢している。さらに無政府主義者に恩赦を与えたのだった。

共和党員および共和党が出資するメディアは、こぞってこの恩赦を批判した。彼の残りの人生の間、アメリカ中の中流階級の新聞購読者、とくに東海岸でまずまず投票へ行くタイプの中間層にとって、オルトゲルドは外国生まれでよそ者の無政府主義者で社会主義者の人殺しのイリノイ州知事だった。彼ら自身が改革を考えるときでさえ、ああしたものを実行できるのはクリーブランド大統領のような人間だと期待したものである。その結末がどうなったかを知りたければ、プルマン・ストライキの一件を見るとよい。

一八九四年五月一一日、プルマン寝台車製造会社の労働者は大幅な賃金カットに抗議してストライキに入る。オルトゲルドの友人で弁護士のクラレンス・ダロウはのちに自伝の中で、労働側、具体的にはユージン・V・デブス率いるアメリカ鉄道労働組合の弁護を引き受けることになった理由を述べている。当時ダロウはシカゴ&ノースウェスタン鉄道に弁護士として雇われており、妻と一〇歳になる子供もいたが、その職を捨ててデブスの弁護に立ったのである。争議の原因に関して、ダロウの見解ははっきりしていた。

労働争議は戦争と同じ様相と心理状態を呈し、平時には想像もしなかったようなことを双方がやってのける……野原に立って［鉄道］車両が燃えているのを見たとき、私はどちらの側に対しても憎しみの感情は抱かなかった。ただ、ほんの些細なことで人間は原始状態に逆戻りしてしまうのだとわかってひどく悲しかった。あの重大な夜以来、私は何度もそう感じたものだった。[18]

憎しみは抱いていなかったにしても、労働側が暴力行為や放火に及んだのを見てもなお、ダロウは労働側についた。理由は、会社側が政府を味方に引き入れようとあからさまな手段を講じたことを知ったからである。「あれはフェアではなかった」とダロウはのちに書いている。だからデブスたちが弁護の依頼に来たとき、承知したのだった。「貧しい人々が生計の手段を奪われるのを目の当たりにした」からには断れなかった。

会社側は政府を引き込むことに成功した。一段と孤立を深めていたクリーブランド大統領は（なにしろジェームズ・ブキャナンとウッドロー・ウィルソンに挟まれた民主党出身の大統領だった）、会社側の要求に応じることを決意する。彼はすべての列車に郵便車を連結させ、運行妨害が自動的に郵便公社の業務妨害すなわち連邦犯罪になるよう仕組む。司法長官のリチャード・オルニーは裁判所にストライキの差し止め命令を出させ、列車運行の妨害を禁じた。労働側が命令を無視すると、クリーブランド大統領は軍をシカゴに派遣する。

州知事のオルトゲルドは抗議した。大統領宛に二通の電報を打ち、憲法の規定によれば、国内の暴力行為鎮圧のために大統領が軍に出動命令を下せるのは、「州議会が要請した場合または（州議会の招集が不可能な場合に）行政府の長が要請した場合」に限られる、と指摘する。[19] そして、自分自身もイリノイ州議会もそうした要請は行っていないと主張した。クリーブランドは拒絶的な反応を示す。暴徒や無政府主義者や社会主義者から財産を守るほうが重要だと述べ、「シカゴに一枚のハガキを届けるためにアメリカの陸軍と海軍の全軍を投入しなければならないとしても、そのハガキは必ず配達される」と断言した。[20]

デブスをはじめとする各労組の指導者たちは、差し止め命令違反の罪で七月七日に逮捕され、ストライキは鎮圧された。

この一件で、オルトゲルドも他の多くの人も限界に達する。これからは民主党の大統領候補には真の民主党員を指名すべきであり、クリーブランドのような中道派はもうこりごりだった。オルトゲルド一派は自分たちの権利として（ポラニーがのちに論じた）公正と正義を求めた（ハイエクなら公然と批判したにちがいない）。彼らはまた、アメリカが金本位制を打ち切ること、銀貨鋳造の自由化（ただし銀一六オンス対金一オンスの比率とする）も要求した。

クリーブランドの支持者の多くは実業家や銀行家であり、ドルの価値を維持するために厳格な金本位制の堅守を望んでいた。オルトゲルドの支持者の多くは労働者や農家であり、拡張的な金融政策すなわち無制限の銀貨の鋳造を望んでいた。そうすれば債務負担が軽くなるし、生産品の価格も上がると考えたからである。要するに、いわゆる「自由銀」運動の支持者たちの要求は、クリーブランド一派の願望とはまったく相容れなかった。どちらの立場も、その一部は一八九三年恐慌に反応したものだと言える。

一八九六年の民主党全国大会でオルトゲルドは政策綱領を支配し、金本位制の廃止、労組への政府の介入の糾弾、連邦主義の支持へと修正した。また所得税法を改正すること、または所得税の合憲判断を下す最高裁に対し、政府に段階的な富の再分配を認め、進歩主義的な政治の実現に必要な資金を調達することも盛り込んだ。政策綱領では組合結成の権利も支持し、個人の人権および自由の拡大を呼びかけている。

こうした理念を実現するために、オルトゲルドは民主党が元上院議員のリチャード・P・ブランドを大統領候補に指名するよう根回しした。だがネブラスカ出身の若手ウィリアム・ジェニングス・ブライアンにはまた別の野心があった。金本位制や既得権益者をこき下ろす演説でもってブライアンは党大会を熱狂させ、候補指名を勝ち取る。たいして魅力的でないアーサー・スウォールという副大統領候補とのコンビだった。

これに対抗してクリーブランド大統領と支持者たちは民主党を脱退し、国民民主党を結成する。元共和党のイリノイ州知事で元北軍将軍のジョン・M・パーマーを大統領候補に、元ケンタッキー州知事で元南部連合将軍のサイモン・ボリバル・バックナーを副大統領候補に押し立て、ブライアン＝スウォール組からの票の吸い上げを期待した。

共和党の大統領候補はウィリアム・マッキンリー、副大統領候補はギャレット・ホバートである。

一八九六年までの数十年間、大統領選挙の一般投票数は僅差が続いていた。今回ブライアンのようなポピュリスト政治家を指名したからには民主党は圧勝できる、と支持者は思ったのかもしれない。だがそうはいかなかった。ブライアンは負けた。それも、それまでの数十年間で民主党が喫した敗北を大幅に上回る負けっぷりだった。マッキンリーは最終的に選挙人投票で二七一対一七六という地滑り的勝利を収めたのである。一般投票もそれに近い結果だった。カギを握る浮動票が雪崩を打って共和党に振れたわけではない。むしろ、精力的に全国遊説を行い多くの聴衆を惹きつけたブライアンに対抗する大規模な動員作戦と投票率の上昇が選挙の行方を決めたと言えよう。あとになってわかったことだが、それまでは様子見を決め込み、わざわざ投票所に行く労力を払おうとしなかった有権者が、一八九六年の選挙では投票したのだった。そして彼らは、オルトゲルド一派が推したような政治家が大統領になることを嫌った（当時の民主党は平等主義だったとは言えないことに注意されたい。ブライアンが獲得した選挙人一七六人のうち一二九人は、もし黒人に投票権があったら、奴隷解放をしたリンカーンに因んで共和党候補を選んだはずの州に属していた)。

投票権を持ち、かつそれを行使した白人男性の中心的な層は、財産の保護または機会平等の促進(そのためには財産と秩序を脅かすような手段がとられるとされた)のいずれかを選ぶよう迫られて、前者を選んだのである。彼らには財産があった、すくなくとも財産を築けると信じていたからだ。それに、再分配の恩恵を受ける人々の多くはある意味で恩恵に値しない連中だと懸念してもいた。ヘイマーケット爆破事件後の恩赦とプルマン・ストライキの支持に伴ってごくわずかばかりの平等化を実現することさえ、二〇世紀が始まる時点のアメリカには荷が重すぎたのだった。

オルトゲルドは知事の職を失い、一八九九年にはシカゴ市長選に打って出て落選し、一九〇二年に五四歳で死去した。ダロウはもっと長生きし、もっと成功した。弁護士としてのその後のキャリアでは大企業の弁護も引き受けるようになったことが成功の一因である。もちろん他の人たちや思想、たとえば進化論、高校教師、殺人犯、組合幹部などの弁護もしている。ダロウがポラニーの主張にどれほど親近感を抱いていたかは不明だが、ハイエクの社会観からの影響は十分に意識していた。一八九〇年代半ばに友人のジェーン・アダムズに宛てた手紙に「矛盾だらけだ」と書いている。「私は友も金もなく「シカゴに」やって来た。社会はそういう人間に異端のレッテルは貼っても食い扶持はくれない。社会の外で生きるか、でなければ死んでしまえと言う。私はまだ死にたくなかった。もしかすると死ぬのが最善の選択だったかもしれないが」[21]。ジェーン・アダムズが個人的に運営していたシカゴのハル・ハウスには理想主義に燃える若い労働者が集まった。若きフランシス・パーキンスもその一人だった。パーキンスはのちにフランクリン・デラノ・ルーズベルト政権で労働長官を務め、アメリカの社会保障制度の設計で重要な役割を果たした。

個人的にはどう思っているにせよ、民主党の政治家に関する限り、ダロウはオルトゲルドの意見に賛成だった。ただしアメリカをいくらかでもユートピアに近づけるはずだと信じた主義主張について、二人は先頭に立って旗を振ったわけではない。一九三二年に発表された回顧録に、ダロウは次のように書いている。「私はウッドロー・ウィルソンをずっと崇拝していたが、［後任となった］共和党のウォレン・ハーディングのことは信用しなかった。政府の問題に関する限り、両人に対する私の見方が正しかったことはあきらかだ。それでも、学者で理想主義者のウィルソンも、クエーカー教徒のパーマーも、デブスを刑務所から救い出そうとはしなかった。閉じられていた扉を開いたのは、ハーディングと［司法長官の］ドーハティだった」[22]。

ダロウは一九二〇年代の大半を進化論の弁護と社会ダーウィン主義の攻撃に費やした。前者は有名な「スコープス裁判」（俗に「モンキー裁判」と呼ばれた）で、高校の生物学教員スコープスが授業でヒトの進化を教えたとして州法違反で訴えられ有罪となった。社会ダーウィン主義については、ダロウはこう語っている。「いったいどんな心理学的いんちきをすれば、すらすら読む能力が良質の生殖細胞を意味することになり、好ましい市民を生産することにつながるのか。

さっぱりわからない」[23]。スコープス裁判では古馴染みと対決する巡り合わせになっている。一八九六年の大統領選挙で大敗北を喫したブライアンが検察側の代表となったためだ。一九二〇年代のブライアンは女性の権利拡大、農業補助金、最低賃金の連邦保障、選挙運動への公的資金援助、フロリダの不動産などの事案に関わっており、進化論を批判しKKK（クー・クラックス・クラン）を容認する立場だった。ダロウは一九三八年に八一歳で死去する。

一九〇〇年頃の民主党は金権政治家、銀行家、独占事業者に批判的で、おおむね平等主義を唱えていた。とはいえ、まともな人間から見ればかなり奇妙な平等主義ではあった。社会主義を奉じる平和主義者、たとえばプルマン・ストライキで労働側を率いたデブス（彼はアメリカの第一次世界大戦参戦に反対した）は民主党には属していない。黒人も、である。ウッドロー・ウィルソンは進歩主義者であり、左派から尊敬されていたが、連邦政府の行政サービスで人種差別を行っている。

W・E・B・デュボイスは一八六八年にマサチューセッツ州グレートバーリントンで生まれ、母のメアリーと母方の祖父母オセロとサラ・バーグハートに育てられた。オセロの祖父トムはグレートバーリントンに移住した初めての黒人であり、一七八七年ごろに五〇歳でその地で亡くなっている。デュボイスの近所に住む白人たちはフィスク大学へ彼を通わせてやろうとお金を集めてくれた。フィスク大学は黒人を対象に創設された歴史の古い私立大学である。学位取得後、デュボイスはハーバード大学へ進み、歴史の学士号を取得し、一八九〇年に優秀な成績で卒業した。ハーバード卒業後はベルリン大学で学ぶ。後年に彼は、仲間から「好奇の目で見られたり、一段劣った人間のように扱われたりすることはなかった」と回想している。むしろ「ぜひ会って世界について語り合いたい特別な学生だと見られていた。私が生まれ育った世界について誰もが話を聞きたがった」という。彼自身は「アメリカという世界の外からアメリカを見る」経験をした。その後ハーバードに戻り、一八九五年に二七歳で黒人として初めて博士号を取得している。[24]

一八九五年にアトランタで綿花の国際・州博覧会が開催された。アメリカの旧南部連合州の復活を世界に知らしめることが目的である。南部には技術もある、農業もある、世界に輸出する産品がそろっているというわけだ。だがまさにその頃、南部ではリンチが大流行していた。犠牲者はほぼ全員黒人である。すくなくとも一八九五年に起きたリンチのうち一一三件がそうだった。ユリシーズ・S・グラント大統領は、白人至上主義者によるゲリラ的なテロ活動から黒人を守ることをアメリカ陸軍の使命にしようと奮闘する。彼の熱意に負けて、議会は暴力行為を禁じる法案を可決した。だがグラントがホワイトハウスを去ると、こうした努力も立ち消えになる。後任のラザフォード・B・ヘイズは疑惑を呼んだ大統領選挙において票と引き換えにグラントの大義を葬り去る。南部州の一〇〇万人におよぶ黒人は選挙権を奪われた。

博覧会では黒人指導者のブッカー・T・ワシントンが演説し、「アトランタの妥協」として知られることになる提案を行った。黒人は選挙権を要求するべきではないと彼は述べた。人種統合も、それどころか平等の待遇も求めるべきではないという。黒人と北部の白人が求めるべきなのは精神と生活の向上であり、何よりも教育と雇用を優先すべきだとワシントンは強調した。「いますぐ工場で一ドルを稼ぐ機会を得ることこそが、歌劇場で一ドル使う機会などよりはるかに価値がある」。だから黒人には「基礎」教育を受けさせなければならない。この提案と引き換えに、黒人は法の支配により保護されるものとし、テロ行為は断じて根絶しなければならない。「いまあるもので満足せよ」というワシントンの言葉は有名である。それが、当時の黒人に望みうる最善のことだった。とにかく教育に集中しなければならない。とりわけ大事なのは職業教育である。そして働き、金を貯める。そうやって歴史の歯車を回すのだ、と彼は考えた[25]。

デュボイスはワシントンに賛同しなかった。彼は、社会的・政治的・経済的に完全な平等をいますぐ実現せよと主張し扇動する人々の指導者となる。たしかに、奴隷制の時代からみれば大きな進歩があった[26]。だが十分な進歩とは言えない。しかも、白人至上主義者によるテロはいっこうに止む気配がない、とデュボイスは述べた。

ワシントンの演説から四年後、同じアトランタの街で、黒人のサム・ホースのリンチ事件が起きる。白人の雇用主で農場経営者のアルフレッド・クランフォードを殺害したという。白人至上主義者たちはホースがアルフレッドの妻マッティをレイプしたと虚偽の噂を流し、激昂した五〇〇人以上の群衆が暴徒と化し、保安官の元からホースを拉致した。群衆はホースの性器、指、耳をそぎ落とし、松の木に鎖で縛り付けて火を放った。ホースが死ぬまでに三〇分はかかったと言われる。その後に群衆は彼の死体を骨までばらばらにし、土産品として売った。実行犯たちは顔を隠そうともしなかったし、堂々と名乗ったという。

デュボイスはのちにホースの焼けた指が店先に陳列されているのを見て、ワシントンとは訣別せざるを得ないと感じる。黒人は平等の権利、平等の待遇、人種統合を要求しなければならない。黒人のうち「有能な一〇分の一」は、教育を受け起業家精神に富む黒人が何を成し遂げられるかを世界に示すことになるだろう。だから社会はこの「有能な一〇分の一」を支援すべきであり、「有能な一〇分の一」は政界に進出することによって社会に報いなければならない。さもないと、白人至上主義者は黒人を虐げ、黒人の成功者はごくわずかしかいないとして虐待を正当化するだろう。「この人たちは三世紀の長きにわたり、厚かましくも勇敢であろうとした黒人をリンチにし、純潔であろうとした黒人女性をレイプし、野心を抱いた黒人の若者を叩き潰し、奴隷状態と性的暴力と無関心を煽り、はびこらせた」とデュボイスは書いている。それでも「生き延びるものは一定数おり……黒人に流れる血の能力、黒人の未来」を示し続けている。

デュボイスは教育が問題の多くを解決すると信じてはいたが、彼の考える教育は、ワシントンが主張した技術や商売を教えるものにとどまらなかった。潜在能力の高いエリートすなわち「有能な一〇分の一」が大学ですべての教養科目を修めることにこそ問題を解くカギがあると考えたのである。「教育は仕事に役立つことを教えるだけではいけない。人生に役立つことを教えなければならない。黒人の有能な一〇分の一は、思想の指導者となり、文化の伝道師とならねばならない。この役割を他の人が担うことはできない。黒人の大学は、学生をそのために訓練しなければならないのだ[27]」。

だがデュボイスも、その支持者たちも、強い潮流に逆らって漕ぎ続けていたのだった。一八七五年から一九二五年あたりまで、「有能な一〇分の一」は頭角を表すたびに人種分離・差別政策によって踏み躙《にじ》られた。政治家や利益団体は白人のポピュリズムを懸念し、その怒りが東海岸都市部の富裕層に向けられるのを恐れて、怒りの矛先を怠け者の黒人に向けさせようと躍起になる。社会ダーウィン主義を前にして相対的に平等主義的な所得分配という目標に固執する彼らは、存続し繁殖する「適者」とは人種・民族の属性を意味すると再定義した。かくしてウッドロー・ウィルソンは白人中流層を育てる一方で、黒人の地位を下に位置づけることになる。ウィルソンの進歩主義的な連立政権は、差別問題に及び腰で何もしようとしなかった。

何がアメリカ例外主義を形成しているにせよ、人種や階級に基づく社会的関係や階層の「ユートピア的」変革に対する強い警戒心が、前面に押し出されていたことはまちがいない。それは、アメリカだけではなかった。ヨーロッパ社会でも、閉じた貴族政治における富、名誉、武力闘争から抜け出し上方への社会移動が可能になると、徹底した平等化をめざす社会主義は広く不人気になる。

その端的な例を、「長い二〇世紀」の出発点である一八七〇年よりかなり前に見出すことができる。一八四八年六月のフランスを考えてみよう。この年のヨーロッパでは政治的な不満が渦巻いており、多くの人が自由主義改革を支持するようになっていた。だが真に公正で平等なユートピアの実現をめざした人々は、苦い失望を味わうことになる。全ヨーロッパの人々とともにアレクシ・ド・トクヴィルが目にしたのは、圧倒的多数のフランス人が、都市部の労働者の完全雇用を実現するために税負担を引き受けるのはいやだ、と考えていることである。つまり、失業者に機会を与えることより自分の財産のほうが大切だったのだ。

一八四八年のフランスの農民は、社会主義に反対の立場だった。社会主義者、つまり労働者は「無知で粗野だったが、力はあり……生活の苦しさから逃れようと必死だった。困窮は不当な圧制の一つだと教えられて」蜂起したのだとトクヴィルは書いている[28]。六月蜂起は、第二共和政下の政府が、失業者救済のために開設された国立作業場の閉鎖を決めたことに反発して起きたものである。作業場の運営費用は農民への課税でまかなわれたが、費用は膨らむ一方で、農民としては都会の労働者のために課税されるのはまっぴらだった。暴動は激化し、政府軍が鎮圧に出動して推定四五〇〇人が殺され、さらに一〇〇〇〇人が負傷するという大惨事になる。

第二共和政の政治家たちは震え上がり、労働者を見捨てた。一七八九年のフランス革命でフランスの政治家が学んだ教訓は、ナポレオンのような独裁者が現れて規律ある軍隊を出動させ、群衆に発砲しバリケードを破壊せよとの命令を実行しない限り、パリの群衆は政府を破壊してしまう、ということである。だが六月蜂起はちがった。労働者の蜂起に反対の立場だったトクヴィルは「フランス中から大勢の人が……われわれの支援に駆けつけた」とのちに書いている。農民、小売店主、地主、貴族が「熱意の程度はどうあれ、パリに押し寄せた」。中には「前例のない奇妙な」光景を見物しようとわざわざ鉄道を使ってやってきた者もいた。「暴徒たちに味方する者はいなかった。一方われわれには、フランス中が予備軍になっていた」。

一八九六年のアメリカを席巻したのと同じ原理が一八四八年のフランスでも働いたのである。一七八九年のフランス革命に遡ると、社会的ピラミッドの最上位にいない人々にとって、秩序などさしたる意味を持たなかった。「最後の国王を絞め殺せ。最後の僧侶のはらわたを抉り出せ」と哲学者のドゥニ・ディドロは述べている。[29] ディドロは革命勃発の前に死んだが、おそらくそれは幸運だっただろう。革命家たちはすんでのところで、ちょうどその頃フランスを訪れていたトーマス・ペインを処刑するところだった。そして実際にルイ一六世を処刑している。たしかに彼らは小作農への土地の平等な分配という約束を果たした。しかし、安定した民主政には至っていない。

なにしろ一七九一年以降のフランスは、ジャコバン派の独裁による恐怖政治、五人編成の総裁政府による腐敗と不正、第一統領となったナポレオン＝ボナパルトによる独裁、一八四八年までの君主制、第一共和政、第二共和政、ナポレオン＝ボナパルトの甥ルイ・ナポレオンによる帝政、社会主義的なコミューン政治（すくなくともパリでは）、第三共和政……とめまぐるしかった。第三共和政はパリ・コミューンを制圧するも、王党派が大統領に就任するという紆余曲折を経てようやく一八七五年に第三共和政憲法が成立する。しかし一八八九年には共和政を否定して軍部独裁政権の樹立をめざすジョルジュ・ブーランジェが「復讐、改正、復古」（ドイツへの復讐、憲法改正、王政復古）を掲げて民衆の圧倒的支持を獲得し、クーデター未遂事件を起こした。[30]

そのうえ土地改革は滞った。過去の夢も未来の軍事的勝利も滞った。左派にとっての政治革命、すなわち都市部の民衆が武器を手に（いや武器がなくても）行進し、腐敗した政府を打倒し社会を転覆させ、自由と正義とユートピアを確立するような海賊的な革命も、滞った。安定した体制はいっこうに築かれず、一八七〇～一九一四年の「正常な政治」はつねに革命の脅威にさらされるか、でなければ革命の夢に彩られていた。

しかもこの状況はフランスだけでなくヨーロッパ全土に共通していた。ヨーロッパ大陸の国々は、統一、相互依存、自治、安全を求めるようになる。安全とは、とくにドイツにとって、フランスの侵略からの安全を意味した。これらの一部なりとも実現するためには、大規模な再分配ではなく、特権を制限し、グローバル化と技術の進歩の波に乗ることが必要だった。しかしこの波は、社会を既存の秩序から押し流してしまう。階級と民族の亀裂はますます深まり、内戦や民族浄化を回避するのは一段とむずかしくなった。社会を支配する貴族階級が国外に目を向ける一方で、民衆煽動家が農民と労働者に加勢して「平和と土地とパン」の実現を公約するような場合には、とくにそうだ。宗主国のいる植民地を除いては、次第に政治がルールなきゲームの様相を呈するか、気まぐれで日和見のプレーヤーばかりになった。ほぼいつでもどこでも、制度構造や政治行為は突如として変化し、しかもだいたいは悪い方向に変化した。代議制は不安定だし、党派に左右されやすい。新しい政体の指導者は筋の通った苦情は必ず解決すると約束するが、大方は空約束に終わるのだった。

それでもヨーロッパ大陸の体制は第一次世界大戦まで存続した。ゲームは続いた。バルカン半島を除けば、一八七一〜一九一三年に体制が転換されたのはポルトガルだけである。ポルトガルは一九一〇年一〇月に王政を倒して第一共和政に移行した。

革命への期待も恐怖も、あとになればまちがっていたことが判明する。その一因は、第一次世界大戦前のヨーロッパの左派政党は、社会主義政党でさえ、議会の多数派を占めることを望んでおきながら、いざ過半数を獲得すると、つねにささやかな改革でお茶を濁してしまうことにある。たとえばドイツの社会主義政党は、選挙で次のような過激な公約を掲げて有権者の支持を得ようとした。[31]

- 普通選挙の実施（男女ともに平等に選挙権を認める）
- 無記名投票、比例代表制、恣意的な選挙区改定の廃止

- 投票日を休日とする
- 議員任期を二年とする
- 国民投票を要求・実施する権利の保障
- 地方の知事・裁判官を選挙で選ぶ
- 宣戦布告には国民投票を条件とする
- 国際紛争を裁定する国際裁判所の創設
- 女性の権利平等
- 言論、結社、信教の自由
- 公的資金を宗教目的で使用することを禁止する
- 公立学校・大学の授業料無料化
- 弁護士費用の無料化
- 死刑廃止
- 出産を含む医療費の無料化
- 所得税・固定資産税への累進制の導入
- 累進相続税の導入
- 逆進的間接税の廃止
- 八時間労働の導入

- 児童労働の禁止
- 失業保険および身体障害保険の国営化および労働者の強制加入

有権者にしてみれば、白いパンのほうが望ましかったのではないだろうか。だが社会主義者たちは漸進的な進歩ではなく、長期的には社会と経済を真のユートピアに作り替えようとしたのだった。ドイツの社会主義政党の綱領は、以下も謳っている。

- 合法的なあらゆる手段を使って自由な国家と社会主義社会を作る、賃金労働制度を廃止して賃金鉄則を破壊する、等々。
- 生産手段（土地および土壌、鉱山、原料、設備、機械、輸送手段など）を資本主義的私的所有から社会資産に転換する、財の生産を社会によって社会のために行う社会主義的生産に転換する、等々。
- 人類全体の解放をめざす（中略）。ただしこれを行えるのは労働者階級だけである。なぜなら、他のすべての階級は、現在の社会の基盤を維持することを共通の目標にしているからだ。

これらの要求は互いに矛盾するように見える。ドイツの社会主義者たちは、腐った制度を革命によって転覆させようとしているのか、それとも改良するだけなのか。彼らには決められず、どっちつかずになっている。

この長い世紀の歴史は、ここで一つの転換点に到達したと言える。大きく分けて二つの陣営の間にすでに緊張関係は存在していた。一つはハイエクの「市場の御名に祝福あれ」という立場、もう一つはポラニーの「市場は人間のために作られた」という立場である。あくまでおおざっぱな分け方であることをお断りしておく。実際には状況はもっと複雑だった。誰もが程度の差こそあれ市場への信頼を抱いていたが、その信頼の一部はひどくユートピア的だったからである。

カール・マルクスとフリードリヒ・エンゲルス、そしてこの二人に感化された人々は、市場が何を奪うかについて何の幻想も抱いていなかった。だが市場が最終的に何を与えてくれるか、いや、市場自体が何に変容するのかについては大いなる幻想を抱いていた。そう、プロレタリアート革命である。一方、アール・グレイ、ベンジャミン・ディズレーリをはじめとする右派の人々は、市場は一部の人間のために作られているのであって全員のためではないこと、そして全員ではなく一部の人間のみが市場から利益を得ることを理解していた。また一方、中道派は、多くの改革や少しの脅しでもって緊張が高まらないよう手を尽くした。この試みはおおむねうまくいった――一九一四年までは。

中道派が何とか事態を掌握し、左派が革命と改良のはざまに落ち込む間、右派はその基本理念に対し新たな正当化を考えついた。「いま持っているものは持ち続ける」というのである。イギリスの博物学者チャールズ・ダーウィンの『種の起源』は学問的な関心を呼び覚まし、社会ダーウィン主義に結実する。社会ダーウィン主義者は経済格差を正当化した。それも、過去に遡ってウィリアム征服王の家来たちから受け継いだ富に原因を求めるのではなく、現在と未来に目を向け、受け継いできた人種特性が経済的成功の原因であり、経済格差はその当然の帰結だと主張したのである。そこからさらに踏み込んで、すぐれた人種には繁殖を奨励し、それ以外の人種には奨励すべきではないとも提案した。一世代後のジョン・メイナード・ケインズも、社会ダーウィン主義の立場から、「社会主義的な干渉は……海の泡から生まれたアフロディテよろしく我々が実現した奇跡的なプロセスの前進を遅らせた点を考えても……不遜な行為と言わねばならない」と書いている[32]。

イデオロギーは、紐を引けば次の停留所で降りられる路面電車とは似ていない。だが別の点では、路面電車と似ている。軌道上を走り、そこから脱線はできないことだ。社会ダーウィン主義は、社会における経済格差は生存競争の一部であるとし、進化によって遺伝子プールを改良してきたと主張する[33]。となれば、国同士の関係も同様の生存競争であり、進化によって遺伝子プールを改良するとみなせるのではないか。「私はあなたより優れている」は容易に「われわれは彼らより優れている」になりうる。たとえ戦いになるとしても「われわれ」は武器をとってそれを証明してみせる、ということになるのだ。

レディ・ランドルフ・チャーチルことジェニー・ジェロームの息子であるウィストン・S・チャーチルは、一九〇〇年代に自由党政権の閣僚となる。当時のイギリスはドイツの軍艦保有数が増え続けることを危惧していた。大英帝国の結束を維持するために、イギリスとしては制海権の掌握が死活問題だったからである。しかもイギリスは食料の半分を輸入に依存しており、ドイツの軍艦がイギリス周辺の海域を制圧したら、イギリス国民の半分は餓死しかねない。チャーチルの雄弁を受けた自由党政権は、海軍と報道陣をなだめるため、ドイツに対抗すべくドレッドノート級戦艦（弩級艦）を年四隻建造する予算を計上すると発表した。海軍が六隻を要求すると、チャーチルはこう言ってのけたものである。「では八隻で妥協しよう[34]」。

サー・アーサー・コナン・ドイルは、第一次世界大戦が近づくにつれて国際的な緊張が高まる様子をシャーロック・ホームズの口から語らせている。「相変わらず東から風が吹きつけている」とホームズは言う。「この風は冷たく厳しそうだ、ワトソン君。われわれの大半は強風に襲われる前にしおれてしまうだろう。だが……嵐が去った後には、暖かい太陽に照らされたより美しく力強い大地が見えるはずだ[35]」。

ドイルがこの言葉を書いたのは一九一七年で、このときには第一次世界大戦は半ば終わっていた。しかしこの場面は一九一四年より前に設定されている。つまりドイルはホームズに予言をさせたのだった。どれほど血が流れることになろうと世界戦争は避けるべきではない、なぜなら最終的には戦う価値があったとわかるのだから、と。政治、社会、文化、経済のバロメーターは下がる一方だった。警報が鳴り響いていた。上流階級の右派はその社会的役割をおおね失っていた。政治家は階級間の亀裂を覆い隠そうと躍起になり、しきりに国民の結束を訴えた。闘争、とりわけ武力闘争を支持する社会ダーウィン主義の思想的潮流は強まっていった。彼らは、ある地方をいま支配することよりも、誰の子孫がそこに住むのかを問題にした。一九一四年が近づくにつれて、問題は大きくなっていった。過去に例のない経済成長は世界を揺るがし、政治を変えた。その変化の最後になって、帝国主義と軍国主義の出番が回ってきたのである。

一九一九年にケインズは苦々しくこう書いた。思慮深く自信たっぷりのエスタブリッシュメントに属す彼自身も、同僚も、先輩も、懸念すべき兆候を軽くあしらい、ただ傍観していた。彼らは「軍国主義と帝国主義、人種と文化の対立、独占・制限・排斥の計画や策略がこの［一九一四年までの経済成長の］楽園で蛇の役割を演じようとしているのを……日々の新聞紙面を賑わす娯楽程度に」見ていたのだ、と。ケインズ自身も同じ階級の人々も、繁栄は確実で永続的であり、それが破綻するなどということは「異常でけしからぬ」話であって、そのような事態は容易に回避できると考えていた、と彼は回想している[36]。

一九一四年が近づく中、戦争と動員に反対し災厄を阻止しようとする学問的あるいは組織的な試みは、まったく見られなくなっていた。

第4章 世界帝国

Global Empires

長い二〇世紀の起点となる一八七〇年の世界で史上最大の帝国の一つとなったのは、大英帝国だった。比肩しうるのはモンゴル帝国ぐらいだろう。この頃、大英帝国は絶頂期に近づいていた。大英帝国が最強になったのは、公式・非公式の力の誇示があったからだ。戦闘準備の整った軍隊、官僚が運営する植民地事業、服従を強制する監獄が整備されていただけでなく、目に見えない形でその意思を実行することができた。大英帝国の物語がどのような結末を迎えたか誰もがよく知っているのだから、遠慮なく未来を先取りして語ることにしたい。一九四五年にアメリカは工業・商業で世界最強の帝国として完全にイギリスに取って代わる。興味深いのは、アメリカはひとたび世界の超大国になると、その後はイギリスとは異なり、非公式の力だけでもってアメリカ帝国の建設に着手したことである。

ここで私は叙述上の問題に直面することになった。一八七〇～一九一四年における「グローバルノース」すなわち北大西洋諸国の全体像は、ある一つの物語の枠組みに（多少強引ながら）収めることが可能だ。だが「グローバルサウス」すなわち一般的に南の地域、より重要な意味合いとしてはグローバルノース経済圏の周縁地域は、一つの枠組みに収まりきらない。しかも本書で扱える範囲にも読者の注意力にも限りがある。さらに、大半を経済で定義できる世紀は、グローバルノースを中心とする世紀でもあった。このことは、グローバルノースまたはサウス全般あるいは特定の国の文化や文明の優劣や価値を云々するものではない。単に、世界の一地域における経済活動と前進が、他地域の経済活動と前進を導く原因になったと言いたいだけである。

この点を踏まえたうえで、読者にはインド、エジプト、中国、日本という四つの重要な国を描いたスケッチをお届けしたい。これらの国の歴史の中に北大西洋諸国を位置付けることによって、一八七〇年はグローバルノースにとって分水嶺となった年であると同時に、グローバルサウスにとっては帝国主義の中間点に当たる年であること（これはけっして偶然ではない）がおわかりいただけよう。もっとも、正確に中間というわけではない。帝国主義的な企ては一五〇〇年代から始まり、国家事業としては二〇世紀後半に終わっているからだ。すでに述べたように、このあたりから解釈の基盤は盤石ではなくなる。再びわれらが二人の合唱隊、つまりハイエクとポラニーが何を見て何を予測し何を呟いたのか、思い出すことにしたい。

ヨーロッパ、実際にはスペインとポルトガルは、一五〇〇年代に帝国の建設に着手した。両国には他国にまさるようなこれといった技術も組織力もなかった。だが彼らには、宗教、政治、行政、商業が相互に連動するシステムがあった。このシステムが、帝国主義的征服の形で権力掌握をめざす動機を強化したのである。帝国建設には、政治的・軍事的にも、イデオロギーや宗教の普及の点でも、そしてもちろん経済的にも意味があった。スペインの征服者《コンキスタドール》には、国王に仕え、神の世界を広め、裕福になるという目的があったのに対し[1]、他国から来た冒険者や帝国主義者には、彼らほど強力な動機も能力もなかった。

一五〇〇年代に現在のマレーシアに乗り込んだポルトガルは、地元の支配者から政治的・軍事的反撃を、イスラム社会から思想的・宗教的抵抗を、既得権益を主張する中国人商人から経済的報復を受ける。だが地元の支配者はポルトガル人を追放すべく聖戦を戦う宗教的・思想的エネルギーを奮い起こすことができず、イスラム社会は資金不足のため遠く離れたスルタンや同盟者に介入を続けさせることができず、中国人は明の支配者から政治的支援を得ることができなかった。これに対してポルトガルとスペインは、そしてのちにはオランダ、フランス、イギリスも、すべてを持ち合わせていた。金、銃砲、神、王が一体となって力を発揮したのである[2]。

かくしてヨーロッパの海外帝国は根を下ろし、一五〇〇年代以降は発展の一途を辿る。一五〇〇~一七七〇年は帝国主義と貿易の時代と呼ぶことができよう。この時期には帝国主義とグローバル化があらゆる次元で、すなわち軍事、政治、経済、文化のどの面でも進行し、多くの善と多くの悪をもたらした。

とはいえ初期の帝国はそう大きくはなかった。南北アメリカを除けば、ヨーロッパは海を支配はしても陸は支配できていない。ただし制海権の持つ意味は大きかった。一五〇〇年代〜一六〇〇年代には東アジアの軽量で高価な贅沢品や中南米の貴金属の貿易を一手に握ったおかげで、個人は巨万の富を手にし、ヨーロッパの宮廷の財政は潤い、社会を破壊しかねない若者や神の栄光を讃える熱狂的な伝道者のエネルギーは発散された。

この流れの中でタバコ、砂糖、奴隷の貿易も始まり、英領インド西部は高度な政治的駆け引きの焦点になるとともに、まだ低かった経済成長を牽引する存在となった。その一方で奴隷貿易はアフリカに壊滅的打撃を与え、この大陸が地球上で最も貧困になる条件を作り出したと考えられる。[3]

しかし一八七〇年になる頃、帝国主義の論理は弱体化していった。工業の進んだ国で安価に製造できないような贅沢品はほとんどなくなったし、征服は貿易よりひどく高くつくようになる。とは言え帝国は論理だけで成り立っているわけではない。その証拠に一八七〇年以降も膨張し続け、征服し、支配し、搾取し、それらを通じて植民地を弱体化させていった。

帝国主義はおそらく嘆かわしい代物だろう。だが例の合唱隊の一人は、嘆かわしいにしても避けられないと囁《ささや》く。世界を単一の市場にすることによって莫大な利益を上げなければならず、市場がうまく機能するためには誰かが支配しなければならないのだ、と。「市場は与え、そして奪う。市場の御名に祝福あれ」。帝国主義は嘆かわしいとしても、おおむね国際的であり、説明もつく、と残りの一人はささやく。「市場は人間のために作られたのであって、人間が市場のために作られたのではない」。

一八七〇年までには、帝国主義の本国と服従する植民地との力の差は、技術面でも組織面でも政治面でも膨大になっていた。輸送・通信の進歩のおかげで、戦争と征服と占領は段違いに容易になる。西ヨーロッパがその気になったら、軍事力によって安上がりにその意志を押し付けることのできない土地は世界に存在しなかったと言ってよかろう。植民地の地方総督たちは、自分が治める領域のどこか辺境の資源が本国に流出してしまうことなど、ほとんど気にかけなかった。結局のところ、辺境に定住し、多くの場合に指導したのは、己が何者かを証明したい破壊的な若者か、救うべき魂を見出した熱狂的な伝道者だった。長い目で見れば単に貿易をして対価を払うほうが安上がりだったのではないかといったことは、大方の人にとって瑣末な心配だったのである。

冒険的な若者も熱心な伝道者も、目的を実現する手段を持ち合わせているだけでなく、方法も知っていた。

たとえば一八九八年にスーダンで起きたオムダーマンの戦いを考えてみよう。この戦いでは、宗教家ムハンマド・アフマドを信奉するマフディー軍の兵士一万人以上が戦死した。対するイギリス・エジプト軍の戦死者はわずか四八人だった。これほどの差がついたのは、ヨーロッパの軍事技術が優っていたからだけではない。この戦いではイギリス軍が世界初の全自動式機関銃であるマキシム機関銃を実戦投入したことは事実だが、マフディー軍にしても原始的な機関銃、電報、地雷は装備していた。すべてヨーロッパから買いつけたものである。だが彼らには武器を有効活用する組織力と規律がなかった。[4]

組織力と規律を備えたグローバルノースは、世界をヨーロッパが支配する単一経済に統合してのける。その大半を統治あるいは支配したのはヨーロッパ人の総督だった。こうしてヨーロッパの言語とヨーロッパ趣味が世界に広がっていく。バリ（現在のインドネシア・バリ州）からアクラ（現在のガーナの首都）にいたる各地にヨーロッパ式の学校、ヨーロッパ風の文化、ヨーロッパの経営手法、科学技術、港湾、鉄道、工場、農園が出現した。

そしてどの地でも、現地の人々はこう教え込まれた——おまえたちはヨーロッパから来た支配者の足元の塵芥《ちりあくた》だと。

では、スケッチの最初にインドを取り上げよう。一七五六年の初め、新しくベンガル太守となったシラージュ゠ウッダウラは、ベンガルを支配するイギリスに目にモノ見せてくれようと企む。彼はイギリス軍と戦っていたフランス軍から武器を借り受け、イギリスが拠点としていたカルカッタ（現コルコタ）とウィリアム要塞に奇襲攻撃をかけた。イギリス人捕虜を材料に交渉し、平和が回復したらフランスと仲良くし、ヨーロッパとの貿易に高い関税をかけて懐に入れ、イギリス人による密輸で取り逃していた税金もしっかりとろうという目算である。

まったくのまちがいだった。

イギリスは三〇〇〇人の軍隊を送り込む。イギリス兵八〇〇、インド人傭兵二二〇〇という編成である。兵士たちはマドラスから海路で北上し、カルカッタに乗り込んだ。シラージュ＝ウッダウラ太守は受けて立つ。プラッシーの戦いである。太守の軍は数ではるかに凌駕していたが、したたかなイギリス軍司令官ロバート・クライブは太守の部下三人を賄賂で抱き込む。戦いが終わってみれば、イギリス東インド会社が単に貿易をするのではなく、インドの征服、支配、課税のうまみを独占する結果となった。

一七七二年まで、カルカッタは英領インドの首都だった。初代インド総督を務めたのはウォーレン・ヘースティングスである。イギリス東インド会社はムガル帝国の領土をめぐる一連の戦争で最終的に利益を総取りした。それまで自治を行っていた藩王国がイギリスの保護国となり、それが傀儡となり、ついにはロンドンから支配されるイギリス領になっていったのである。プラッシーの戦いから一世紀近く経った一八五七年にはインド大反乱（シパーヒー〔インド人傭兵〕）の反乱、またはセポイの乱とも呼ばれる）が起き、イギリスに鎮圧された。そして一八七六年五月一日にイギリスはヴィクトリア女王を皇帝とするインド帝国を樹立する。[5]

カール・マルクスは一八五三年に大作の執筆を中断し、妻の銀器を（またしても）質に入れるのを避けるために金稼ぎをしようともくろむ。そこで書き上げたのが「イギリスのインド支配がもたらす将来の結果」と題する小論だった。この中でマルクスは、イギリスの帝国主義支配はインドにとって短期的には最大の苦悩を、長期的には最大の恩恵をもたらすと述べている。「イギリスはインドにおいて二つの使命を遂行しなければならない。一つは破壊的な性格を帯びるが、もう一つは……アジアにおける西洋社会の物質的基礎を築くものだ……イギリスの剣によって強いられるインドの政治的統一は、電報という手段によって今後強化され、恒久化されるだろう。イギリスの訓練軍曹によって組織・訓練された正規軍は、インド解放に欠かせないものとなるだろう[6]」。

注意深く耳をすませば、われらがコーラスの一人の声がここで聞こえてくるはずだ。ただし抑揚はだいぶちがう。「市場の御名に祝福あれ」。なるほどマルクスは、「人々を血と埃、困窮と零落に引きずり込む」ことによって資本家階級の影響力は増大したと主張した。だが市場はそうやって奪う一方で、別のものを気前よく与えてもくれる。それは、「完全なる共産主義」の下地を用意し、その引き金を引く強い動機を与えて、人類の完全な解放を実現することだった。

とはいえ一九一四年の時点では、六〇年前にマルクスが自信たっぷりに予言した社会改革はいっこうに進んでいなかった。インド中に鉄道網を敷設することは、実現した。鉄道運営に必要な産業をインドに導入することも、実現した。インド全土に他の近代産業を導入することは、さほど進まなかった。土地の私有財産化による農業生産性の向上は、まったく実現しなかった。カースト制度の廃止も、手付かずだった。イギリスの植民地主義の排除、自治の復活、イギリスに訓練された正規軍の反乱によるインド亜大陸の政治的統合は、一八五七年に大幅に近づいた。だが、近づいただけに終わっている。

イギリスによる支配がインドの変革に失敗したことは、われわれ経済学者にとって重大な問題を突きつけている。経済学者はみな、マルクス経済学者も含め、アダム・スミスにその知的源流がある。そのアダム・スミスは、デュガルド・スチュワートによれば、こう言ったとされる。「ある国を最低の野蛮状態から最高のゆたかさに押し上げるために必要なものは、平和、ゆるやかな税制、許容できる司法の運用以外にはほとんどない。あとのことは、ものごとの自然ななりゆきに委ねてよい」[7]。一九世紀後半から二〇世紀前半にかけてのイギリスによる支配の下で、インドが国内外での平和の維持、まずまず適切な司法の運用、ゆるやかな課税を行ったことは注目に値する。しかし、「最高のゆたかさ」に近づく兆候はどこにも見当たらなかった。[8]ものごとのなりゆきが自然だったにせよ、不自然だったにせよ、結果はまったくちがうものになったのである。

もう一つの示唆に富む例をエジプトに見ることができる。ムハンマド＝アリー（一七六九〜一八四九年）は、貿易商の父イブラヒム・アーガーと母ゼネプの間に生まれたが、アルバニア系の孤児と称していた。オスマン帝国が支配するギリシャの港カヴァラで徴税人をしていたが、一旗上げようと、エジプトに侵攻したフランス軍を掃討すべくオスマン帝国が派遣した軍隊に傭兵として一八〇一年に従軍する。ナポレオン率いるフランス軍はエジプトの実権を握っていたマムルーク勢力を撃破したものの、イギリス海軍に敗れる。一八〇三年にはムハンマド＝アリーはアルバニア人傭兵部隊の隊長に昇進していた。そしてオスマン帝国のエジプト総督が資金不足に陥って傭兵部隊の解散を命じると、彼らは反抗し、総督府を乗っ取ってしまう。

うまく立ち回ったムハンマド＝アリーはエジプト総督の地位に収まる。アルバニア人たちの忠誠心を繋ぎ止める一方で、トルコ兵とエジプト兵は巧みに押さえつけた。さらに、オスマン帝国のスルタン、セリム三世から総督の地位を追認され、一時は祝福まで受けている（セリム三世はその後ほどなく退位させられ、幽閉され、自身の親衛隊であるイェニチェリの兵士に殺害された）。エジプトの北西にはヨーロッパが、東にはインドがある。いまのエジプトは栄えているが、いずれイギリスがインドにしたのと同じことをエジプトにもするにちがいない、とムハンマド＝アリーにはわかっていた。

そこでムハンマド＝アリーはエジプトを強国にしようと力を尽くす。新しい作物を導入し、土地改革を行い、近代的な軍隊を編成し、綿花の輸出に重点を置き、エジプトの産業振興を推進するために国営紡績工場を建設した。機械を回し続けない限り、自分の曽孫はフランス人銀行家とイギリス人総督の傀儡になってしまうと、ムハンマド＝アリーにははっきり見えていたのだった。

だが機械を回し続けることはできなかった。エジプトに技術者が十分にいなかったせいだろうか。経営の主体が国なのがまずかったのだろうか。政策を長期にわたって貫き通すことができず、いざ軍事的圧力を受けたときに武器弾薬や制服を外国から買うという目先の誘惑に負けてしまったからだろうか[9]。

ムハンマド＝アリーは一八四九年に死去する。子孫が彼の懸念を共有していたら、彼らはエジプト人の教育に力を注ぎ、機械を回し続けようとしたはずだ。だがエジプトでは、改革はムハンマド＝アリーの個人的なプロジェクトだった。だから次世代へと引き継がれることはなく、また国家的なプロジェクトにもならなかったのである[10]。

一八六三年、スエズ運河完成の六年前に、ムハンマド＝アリーの孫のイスマイルが三三歳でエジプト総督になる。フランスで教育を受け、ヨーロッパの影響を色濃く受けたイスマイルは祖国の近代化に意欲を燃やし、莫大な予算を投じて欧化政策を推進した。時は彼に味方した。総督になったとき、世界はアメリカ南北戦争が原因で綿花不足に陥っていたのである。世界の綿花の供給からアメリカ南部が一時的に脱落したため、綿花相場は高騰する。産業革命後に大々的に稼働していた各国の紡績工場は綿花を渇望し、言い値で買ったものである。このためしばらくの間、綿花はエジプトの経済成長と富の源泉となる。それが永遠に続くと思われた。

だが、そうではなかった。

南北戦争終結後にアメリカ産の綿花が市場に流入すると、エジプトは大打撃を受け、政府は一八七六年に破産を宣言する。総督の債権者がエジプトの支配者となり、イスマイルは退位して息子に位を譲った。二人の管財人（一人はフランス人、もう一人はイギリス人だった）が課税と支出に目を光らせるようになる。彼らの仕事は、エジプトに収入を確保させ債務を返済させることである。重税を課されたエジプト人たちは、なぜ自分たちは金遣いの荒かった前総督の尻拭いをさせられるのかと不満を抱いた。革命の機運の高まりを察知したイギリスは一八八二年に軍を上陸させ、革命派を打倒してエジプトを軍事占領下に置く。これ以降、総督はイギリスの傀儡となった。イギリスはあれこれ口実をつけて一九五六年まで軍隊を駐留させている。

ムハンマド＝アリーが案じたとおり、彼の曽孫はフランスの銀行家とイギリスの統治者の傀儡に成り果てたのだった。[11]

中国の例も示唆に富む。

一八七〇年の中国は統治と経済の危機に苦しんでいた。一七世紀から始まる清朝は満州人が中国を支配した征服王朝である。二世紀以上にわたる支配の間、清は儒教一辺倒の漢民族の地主・官僚・学者で形成される貴族階級をまんまと無気力な集団にしてのけた。いずれにせよ王朝に対して何らかの行動を起こすには、紫禁城の防御線を突破しなければならない。

清末期の代表的な政治家として李鴻章《りこうしょう》が挙げられる。李鴻章は上海の西二〇〇キロほどに位置する安徽《あんき》省に生まれた。学者の家柄で裕福だったという。儒学の古典をくまなく諳じて科挙に合格するのは生やさしいことではないが、湖南省から来た家庭教師、曽国藩《そうこくはん》の指導の下に李はやってのけた。一八五一年に母を弔うために曽は湖南省に帰るが、折しも太平天国の乱が勃発する。官僚が指揮をとる軍隊はまったく役に立たず、皇帝直属の精鋭軍も同様だった。何とか状況を打開しようと必死になった曽は、軍事指導者としての意外な才能を発揮することになる。地元で農民を募って訓練し、湘軍と呼ばれる私兵集団を組織して太平軍と戦った。李鴻章も湘軍と行動を共にし、清朝における数少ない有能な将軍の一人となる。

一八六四年に太平天国の乱は鎮圧され、李は農民反乱軍である捻軍の鎮圧に派遣された。その軍功により直隷総督兼北洋大臣に就任し、外交、軍事、経済の運営に当たることになる。一八七〇年に天津で起きた反キリスト教暴行事件「天津教案」は、フランス領事をはじめ六〇人におよぶ聖職者や信者が殺害された大事件だが、このときフランス人との外交交渉に当たったのも李である。一八七五年には同治帝の死去に伴ってクーデターになりかかったが、李が事態を掌握し、西太后の甥である四歳の光緒帝の即位を無事執り行っている。官僚になるべく教育されてきた李は、二〇〇〇年の歴史を持つ儒教の教えを統治の問題に応用したわけである。だが彼は、いま重要な能力は第一に指揮官としての能力、第二には欧州列強の矛先を逸らし、むしろ彼らの支援を勝ち取る能力だと気づいていた。

欧米の中国専門家の多くは、中国の歴史が別の道筋をたどった可能性を見ており、それはほとんど確実だったとさえ言いたがる。その別の道筋とは、一九世紀後半に中国は経済、政治、組織いずれについても自立し、強国になるというものだ。現に日本は一九〇五年にロシアとの短期決戦に勝利し、一九二一年にはワシントン海軍軍縮会議で英米と対等に渡り合っており、一九二九年にはおそらく世界八位の工業国にのし上がっているではないか[12]。

だが私たち経済学者は懐疑的だ。中国の無能な官僚は黄河の堤防や大運河さえ管理できなかった。清朝は地方官吏に塩税を徴収させることができなかった。一八八〇年半ばに清朝は外国から金属加工機械を購入し、軍艦、武器庫、軍港を建設して、フランスのベトナム占領に対抗できるだけの戦力があると考えた。だが清仏戦争では中国の軍艦はわずか一時間で撃沈されている。一八九四年には、清朝は日本の韓国での勢力伸長に対抗できると過信したが、これもまた誤りだった。日清戦争の敗北で、下関条約では遼東半島と台湾が日本の領土となり、満州南部も日本の影響圏内に入っている。

さらに経済学者にとって見逃せないのは、中国の生産能力の乏しさだ。一九二九年になっても、中国の鉄鋼生産量はわずか二万トン、国民一人当たりでは〇・〇六キロに過ぎない。鉄鉱石は四〇万トン、一人当たりでは〇・七キロである。石炭は二七〇〇万トンで、一人当たり四五キロだった。これを同年のアメリカと比較してみよう。国民一人当たりの鉄鋼生産量は三一六キロ（一九〇〇年でも九一キロ）、石炭は一人当たり三六二九キロ（一九〇〇年でも二二六八キロ）である。

それでは、中国のある鉱山に注目してみよう。中国北部にある開平炭鉱である。一八七〇年代にこの炭鉱を興したのは直隷総督の李鴻章だった。中国には近代的な工業を振興する必要があると李は考えており、炭鉱整備の後ろ盾となったほか、一八七八年の上海の紡績工場、天津の兵器製造、天津〜北京間の電報敷設などに尽力した。李のような優秀な官僚が経済開発を重点政策に据えたら、必ずや実現できるはずである。[13]

しかしそううまくはいかなかった。李は香港の富裕な商人、唐廷枢《とうていすう》に開平炭鉱の開発を委ねる。彼がめざしたのは、中国の近代化に寄与できるような機械化された大規模な炭鉱だった。ところが中央の役人から思いがけない横槍が入る。「掘削方法が地中の竜を怒らせている……それに、これでは故皇后もやすらかに眠ることができない」というのだ。李は、近代的な炭鉱開発（さらには石炭による蒸気機関の駆動）を諦めるか、皇帝一族に不幸をもたらすという非難を甘んじて受けるか、苦しい二者択一を迫られる。皇帝一族の影響力の大きさや原因を問わず当時の死亡率の高さを考えればじつに勇敢なことに、李は近代化を選んだ。

一八八一年に石炭の生産が始まる。一八八九年には三〇〇〇人の坑夫が三交代制で働き、一日当たり七〇〇トンを採掘した。一九〇〇年には坑夫の数は九〇〇〇人に増える。だが一人当たりの生産量はアメリカやオーストラリアの坑夫に期待できる量の四分の一にとどまった。開平炭鉱は半官半民のプロジェクトで、政府と民間企業が出資していた。開平炭鉱を経営する唐廷枢自身、香港の株式会社の社員であると同時に清朝の官僚でもあった。

唐廷枢が一八九二年に死去すると、後任となったのは張翼《ちょうよく》である。彼は商人でも実業家でもなく、技術者でも経営者でもなかった。張翼はいわゆるフィクサーである。一八七五年に四歳の光緒帝を即位させた一件では、西太后の側について立ち回り黒幕の一人を演じた。ともかくも炭鉱を経営するようになってから、一九〇〇年までに張翼自身が天津最大の富豪となったことはまちがいない。清の宮廷を支える取り巻きやパトロンのネットワークを維持することが張翼にとっては最優先事項であって、炭鉱の効率経営は二の次、三の次だった。かくして炭鉱は中国の工業化にとって決め手とはならずに、取り巻き連中の利益の源泉に成り果ててしまう。李鴻章は一九〇一年にこの世を去った。祖国への最後の貢献として義和団事件後の欧州列強との講和交渉にあたり、北京議定書を締結している。

一九〇一年、二六歳の鉱山技師（そして未来のアメリカ大統領）のハーバート・フーバーが開平炭鉱の運営を引き継いだ。フーバーは、坑夫の数は実際には九〇〇〇人なのに、六〇〇〇人分水増しされていたと指摘する。水増しをしてその分の賃金を着服していたのは人事部長であり、この男は張翼にたっぷり鼻薬を嗅がせてまんまと部長のポストを手に入れたのだという。

「ちょっと待て」と読者は困惑するだろう。「ハーバート・フーバーが中国で鉱山経営だって？」

そのとおり。フーバーは一九〇〇年に天津租界にやってきた。義和団が天津を包囲したまさにそのときである。張翼は逃げた。ヨーロッパの腐った傀儡として義和団に処刑されること、また包囲された天津のヨーロッパ人に拘束され義和団のスパイに使われることの両方を恐れたからである。

このあたりから事態は不透明になる。どの情報源も当てにならない。おそらくフーバーは張翼を逃がしてやったのだろう。それで張翼は、イギリス企業が保有する形で開平炭鉱を経営してよい、とフーバーに委任状を与えたのかもしれない。歴史家のエルスワース・カールソンによると、現地のイギリス代理公使は不快感を表明したという。フーバーらは「中国人をだまして巨万の富を築いた」と公使は発言したらしい。「法律的には取締役会には文句のつけようがないが……倫理的には大いに疑わしい」。イギリスとしては「中国人の株主から巻き上げ……ギャングどもの私腹を肥やすような金融取引」を支持するわけにはいかない。「ヤンキーの黒幕」が指揮するとなればなおのことだ、と公使は言い募った。

フーバーとしてはこれらの言い分のどれも承服できなかったにちがいない。一世紀以上を経たいま、私たちは当時のフーバーの見解を読み解いてみることができる。おそらく彼はこう考えたのだろう。開平炭鉱の旧株主（中国人である）たちは、自分とパートナーが会社の持ち分の六二・五％しかとらないことをありがたく思うにちがいない。この案を受け入れなければ、ロシアが戦争賠償金として炭鉱をまるごと接収してしまうだろう。そうなったら旧株主の取り分はゼロになってしまう。それにフーバーからすれば、張翼こそ汚れた盗人だが、自分は炭鉱を生産的に経営して利益を上げられるという自信もあったにちがいない。実際、フーバーは旧株主の保有株の価値を三倍近くに押し上げている。彼らに残した三七・五％は、彼らがかつて所有していた一〇〇％の株式以上の価値を持つようになったのだ。

ここで再びわれらが二人のコーラスに耳を澄ませることにしよう。人格を持たない市場は誰かから奪って別の誰かに与える。その結果として全体の合計は大幅に増える。市場の御名に祝福あれ。だがイギリス代理公使はもう一つの声を聞いていたにちがいない。誰かから奪って別の誰かに与えるのは人間（この場合はフーバー）であって、市場ではない。別の誰か、とりわけいまや持ち分の過半数を所有するヨーロッパ人の新しい株主は、李鴻章が中国経済の飛躍的発展の土台にしようと考えていた利益を受け取っている。彼らはフーバーを祝福することだろう。だがもっと別の誰か、つまり暴動を起こした義和団や欧州列強の帝国主義に対抗しようとした清朝の官僚たちは、フーバーを呪うはずだ、と。

さらに言えば、不運な暴徒たちは、有能な官僚や経営者を発掘・育成できず、腐敗したフィクサーの台頭を許した社会と経済のしくみを呪うにちがいない。また、よほど意欲的な地方総督がいなければ近代化が進まない守旧的な政治風土も呪うことだろう。新規な企てを軌道に乗せ反動的な横槍を遮断しようと奮闘するのは、西洋文明の導入に熱心なごく少数の官僚だけだった。さらに、技術者ではなく文学的知識のみを詰め込んだ人間を量産し、何をするにも外国の技術者に頼らなければならない事態を招いた教育制度も呪うだろう。だがいくら呪ったところで、世界はほとんど変えられない。外国に割譲されて建設された港湾周辺の魅力的な一画や、近代化に意欲を燃やす地方総督が統治する地域を除いては、近代的な工業は清朝末期の中国ではついぞ発展することはなく、近代技術が導入されることもなかった。

先見性のある改革派の政治家、孫文《そんぶん》（孫中山）は、一八九四年に李鴻章に協力を申し出るがそっけなく拒絶され、資金集めと革命運動のためハワイで華僑のネットワークを組織する。一方、清朝に仕える軍人の袁世凱《えんせいがい》は、皇帝はもはや不要であるとの結論を下す。一九一一年末に辛亥革命が始まったとき、袁世凱は鎮圧を拒み、翌一二年に孫文が南京で中華民国建国を宣言し臨時大総統に選ばれると最後の皇帝である宣統帝を退位させ、孫文に代わって袁世凱が大総統の地位に就く。袁世凱は独裁政治を行おうとしたが、中国はほとんど無政府状態に陥った。

一八〇〇年代後半のヨーロッパの帝国が何をしたか、それに対して植民地や半植民地がどう対抗したか、語るべきことはいくらでもある。だがインド、エジプト、中国の例は多くを語ってくれたと考えている。北大西洋諸国の公式の帝国は富と影響力を誇っており、その力は実際にせよ脅しにせよ絶大だった。よって長い二〇世紀が始まった時点では、公式には植民地化されていなかった国でさえ、非公式の帝国、大半の場合はイギリスに支配されていたと言ってよい。帝国から何かを申し入れられたら、現実的には、あるいは賢明に立ち回るなら、絶対に断ることはできなかった。

断れなかったのは、受け入れた場合に期待できる見返りがきわめて大きかったからかもしれない。あるいは、受け入れなかった場合に予想される結果があまりにおぞましかったからかもしれない。二〇世紀に強い影響力を持った経済学者ジョーン・ロビンソンは、よく次のように語ったものである。資本主義者に搾取されることよりさらに悪いのは搾取されないこと、彼らに無視され生産と交換の回路の外に置かれることだ、と。

では帝国からの申し入れを拒絶したときに、その結果を引き受けるのは誰なのだろうか。その国を支配するエリート層なのか、市民なのか、それとも彼らの子孫なのか。ハイエクにつくか、ポラニーにつくかによって意見は分かれるだろう。つまり市場は与える、市場の御名に祝福あれ（そして市場だけでなく帝国主義にもいくらかは祝福を）と考える人と、市場は奪う、人々からパン、住処、尊厳を奪った人間に呪いを、と考える人である。

帝国が公式の支配を行うのであれば、誰を祝福すべきで誰を呪うべきなのかは容易に決められる。だが長い二〇世紀の最初の数十年間は、それが次第にむずかしくなっていった。というのも、大英帝国の（そしてやや劣るものの他のヨーロッパの帝国も）非公式の支配が次第に拡大したからである。覇権国家に利益をもたらした非公式の支配形態には、自由貿易、産業の集中、移民の自由、投資の自由という四つの重要な特徴があった。

非公式な帝国の進出に抵抗することは、もちろん技術的には不可能ではない。だが拒絶は往々にして自国民に罰をもたらすことになる。たとえばアフガニスタンがそうだ。アフガニスタンから帝国は引き下がったが、その結果として社会の進歩も技術の進歩も止まり、平均寿命も伸びなかった。ほとんどの国民国家は帝国の申し出を断ることができず、結局はイギリスのルールに従ってプレーすることになる。主な理由は三つあった。

第一に、イギリスのルールに従ってプレーするとはイギリスの手本通りにするということだが、あきらかにイギリスはまねる価値のある国だった。あの繁栄する国の政策を導入すれば自分たちも繁栄できると考えられたのである。第二に、他のルールに従ってプレーしようとすれば、たとえば自国の立派な毛織物産業を保護しようとすれば、ひどく高いものにつく。イギリスなら、一次産品でも工業製品でも、よそでは手に入らない贅沢品でも、安価に供給することができる。しかも原材料の輸出に気前よく代金を払ってくれる。第三に、他のルールに従おうとしたところで、帝国の影響下で自国に起きることを政府がコントロールできるわけではない。しかも繁栄したければ利益を上げることがぜひとも必要だ。

こうして国際的な経済ゲームのルールに従ってプレーするようになると、さきほど挙げた非公式の支配形態が相応の結果をもたらすことになる。

まず、グローバル化と自由貿易は、蒸気機関で動く機械類によって競争優位を確立すると同時に、手工芸はどれほど労賃が安かろうと太刀打ちできなくなるという一面を持つ。そしてごくわずかな例外を除き、蒸気機関で動く機械というものはグローバルノースでしかうまく動かない。だから、グローバルノースの工業先進国以外では製造業は衰退する。周縁国の労働者は農業か他の一次産業に鞍替えするほかない。その結果として、周縁国は経済開発がいつまで経っても進まない。魅力的な交易条件で目先の利益は得られても、工学的ノウハウを運用できる技術者集団を育てることはできなかった。そうした集団を自国に持つことが富裕な工業国に発展を遂げる一つの道筋だったと考えられる。

次に、蒸気機関で動く機械が利益を上げられるだけの高い信頼性で安定して稼働できるのは、グローバルノースに限られていた。「高い信頼性」と「利益を上げる」ためには三つのものが必要だ。技術者集団、字が読めて工業技術を教え込める労働者、保守・修理点検に必要な資金力である。[14]

さらに、長い二〇世紀の初期にはおおむね自由に移民が行われた（温暖な気候帯への移住を望むアジア人は別として）。加えて、ヨーロッパの非公式の帝国支配の下で可能になった自由貿易と自由な移民のおかげで、第一次世界大戦前の数世代にわたり世界はぐっとゆたかになった。投資の自由により資本が自由に行き来し、回り始めた経済の潤滑油となったからである。

このような世界では、貸したい人は誰にでも貸すことができるし、借りたい人は誰からでも借りることができる。第一次世界大戦の前は、借りたらすくなくとも返そうと努力するものと了解されていた。第一次世界大戦前に資本が流入した国の経済は、まちがいなく大いに潤った。ただし、労働者とスキルがあり、かつそれらを活用できる組織が存在することが条件である。アメリカ、カナダ、オーストラリア、アルゼンチンにとって、それからインドなど他の国にとっても、巨額の資本（主にイギリス資本）を活かして工業とインフラの開発を加速できるようになったことは、まさに天の恵みだった。資本は、鉄道などのインフラ整備や産業振興に投じられた。

資本の自由な流れが資本を輸出する側に利益をもたらしたかどうかははっきりしない。フランスは第一次世界大戦前に帝政ロシアの工業化を支援した。いずれこの国はドイツと新たな戦争をすると予想し（この予想は当たった）、大規模かつ機動的なロシア軍がドイツを二正面の戦争に追い込む（当たったとは言えない）ことが勝利を決めると計算したからである。第一次世界大戦前にロシア国債を買うのはフランスの愛国心を試す踏み絵となったのだった。だが戦争が終わってみるとモスクワにはもう皇帝はおらず、いたのはウラジーミル・イリイチ・レーニンだけである。レーニンは皇帝の借金を返済する気など毛頭なかった。

非公式の帝国がその影響力を行使するもう一つの方法にも触れておかねばならない。それは、世界にまねすべき手本を示すことである。大英帝国にはまさにこれが当てはまった。なにしろイギリスの制度や慣行は文句のつけようのない成功を収めているように見えたし、実際そうだったからである。イギリスの手本を模倣すること、すくなくとも試してみることには十分な意義があった。たとえそれが背広を着用すること、学校でラテン語を学ぶこと、財産権を確立すること、鉄道や港湾に投資すること、だったとしても、である。その大半が世界のどの国でもみごとな成果を挙げた。だがもちろん、中にはそうでないものもあった。また一八〇〇年代のイギリスの状況には適していたものも、長い二〇世紀が進むにつれて、周縁国の統治や経済には合わないと判明するものも少なくなかった。

公式にせよ非公式にせよ帝国の時代には、北大西洋諸国の主要国の周縁部に位置する国々にとって状況は似たり寄ったりだった。インド、エジプト、中国でも同じようなパターンが見られた。だが例外が一つだけあった。

一九一三年以前の非ヨーロッパ世界で唯一日本だけは、欧州列強と折り合いをつけ、繁栄し、工業化して帝国主義者の仲間入りをすることに成功したのである。

日本に起きたことを正確に理解するためには、一七世紀初頭まで遡らなければならない。戦国大名の息子、徳川家康が将軍となったのは一六〇三年である。将軍になるということは、内政についても軍事についても天皇を上回る実権を握ったことを意味する。家康の息子の秀忠と孫の家光が体制の基盤固めをし、かくして徳川幕府は二世紀半にわたって日本全国を治めることになる[15]。

新体制の発足当初から、幕府はフィリピン情勢を注視していた。わずか一世紀前までフィリピンは独立した王国だった。しかしヨーロッパ人がやってくる。商人に続いて宣教師が来た。改宗はヨーロッパの影響力に大衆の支持を得る有効な基盤となる。そして宣教師のあとに兵士が上陸した。すると一六〇〇年にはフィリピンはスペインの支配下に置かれてしまうのである。

徳川幕府は、自国内の潜在的な対抗勢力と臣民を抑え込む自信はあった。だが、ヨーロッパの技術、軍事力、宗教の力に抵抗できる自信はなかった。そこで、幕府は国を閉ざす。貿易はごく少数の船に制限され、入港が許されるのは長崎のみとなった。外国帰りの日本人は処刑され、居留区外で見つかった外国人も処刑された。キリスト教は厳しく迫害された。何世紀にもわたって公式の帝国はこの国に足掛かりを築こうと奮闘し、そして失敗した。

日本を他国とはちがう存在にしている要素の一つに、日本人の六人に一人が都市部に住んでいたことが挙げられる。一八六八年の時点で、京都、大阪、東京の三都市に二〇〇万人が住んでいた。それに、成人男性の半数は字が読めた。一八六八年には、東京に六〇〇店以上の本屋があった。この識字率の高さと都市化が技術の理解力の下地を形成したと言えるだろう。

経済史家のロバート・アレンが先見性に富んだ幕末の佐賀藩主、鍋島直正について書いているが、それによると鍋島は西洋技術を早くから認めて軍制改革を実施し、日本初の反射炉を建設して鉄製の大砲を鋳造したという。そのためにオランダ語で書かれた金属融解炉の解説書を入手して翻訳し、複製した。「一八五〇年に彼らは反射炉の建設に成功し、三年後には大砲を鋳造できるようになった。一八五四年には尾栓から弾薬を装塡する後装方式の最新式のアームストロング砲をイギリスから購入し、模倣品の製造を始めた。一八六八年には、日本は鋳鉄を製造する炉を一一も備えていた[16]」。

しかし江戸時代は一八六八年に幕を下ろし、明治維新が始まる。統治の実権は名士たちの協力体制に委ねられた。中でも森有礼、大久保利通、西郷隆盛、伊藤博文、山縣有朋、木戸孝允の六人が名高い。彼らは西洋の技術を熱心に吸収する一方で、日本の文明と独立性は維持しようと腐心した[17]。彼らの野心は明確で、国全体にそれを伝えようと簡潔な四文字のスローガンが掲げられる。「和魂洋才」がそれだ。日本の精神をもって西洋から学ぶ、というほどの意味である。とはいえ西洋から学ぶのは「富国強兵」を実現するためだった。国をゆたかに、軍隊を強くするということである。

かくして維新政府は西洋の組織や慣行を矢継ぎ早に取り入れ始める。廃藩置県、官僚制、新聞、東京の侍言葉に統一する標準語の制定、文部省、義務教育、徴兵制、政府による鉄道建設、国内関税の廃止、生産性向上のための平日の労働時間の固定、新暦の導入などが一八七三年までに一気に行われた。さらに府県会（地方議会）も一八七九年までに設置された。二院制の国会（新たに貴族の地位が制定された）と立憲君主制は一八八九年までには導入されている。そして一八九〇年には、学齢期の子供たちの八〇％が学校にすくなくとも入学はしていた。

中国では、李鴻章は体制や文化の潮流に逆らうことのできる数少ない有能な官僚の一人だったが、日本にはそういう人間が大勢いた。たとえば伊藤博文に注目してみよう。長州藩の指導者たちは西洋の組織と技術を学ぶ必要を痛感し、一八六三年に将来有望な若者五人をヨーロッパ留学のために密航させる。もちろん法律違反である。伊藤は一三〇日にわたってペガサス号の甲板員として働き、イギリスに上陸し、ロンドンのユニバーシティ・カレッジで学んだ。しかし長州藩による下関での外国船砲撃事件を知ると、半年で留学を打ち切って急遽帰国する。欧州列強と戦う藩の方針に強硬に反対し、日本と欧州の組織力・技術力の格差はあまりに大きいとして開国への転換を主張した。

伊藤は明治維新後は政府に出仕して頭角を現し、一八七〇年には貨幣・銀行制度の調査のためにアメリカに赴く。翌年帰国すると、藩税から国税制度への転換に関する法案を起草した。一八七三年には産業振興のために設置された工部省の長官（工部卿）となり、ヨーロッパの技術を可能な限り片端から分解・解析して吸収し（いまで言うリバースエンジニアリングである）、電信線、街灯、紡績工場、鉄道、造船所、灯台、鉱山開発、製鉄所、ガラス工場、工科系の帝国大学などを次々に建設・整備した[18]。一八八一年に急進的な大隈重信一派を政府から追放して実権を握り、その四年後には日本の正式の初代首相となった。その裏付けとなる憲法は、プロイセンを手本に一八五〇年に彼自身が基本構想を練ったものである。

伊藤は一八九四年に日清戦争を仕掛ける。ヨーロッパで建造された戦艦一一隻、日本で建造された軍艦二隻にプロイセンの軍人ヤーコプ・メッケルに訓練された軍隊を持つ日本はやすやすと清に勝利した。中国の重要な要塞である遼東半島の旅順は日本軍の猛攻の前にたった一日で陥落している。韓国と台湾は日本の保護領として支配下に置かれた。

一九〇二年に日本はイギリスと日英同盟を締結した。イギリスが北太平洋に睨みを効かせてくれることに期待したためだ。その三年後に日本は再び戦争に踏み切る。今度の相手はロシアだった。これにも日本は決定的な勝利を収め、満州を影響圏に加える。

一九〇九年、伊藤博文は満州で朝鮮民族主義者、安重根《あんじゅうこん》に暗殺される。この事件に日本政府は、翌年に大韓帝国を正式に併合して応酬した。

先に挙げた六人以外にも、日本には近代化に重要な役割を果たした人間が大勢いる。たとえば高橋是清がそうだ。高橋は一八五四年に幕府の御用絵師の庶子として生まれたが、一八六七年に藩の留学生として渡米し、カリフォルニア州オークランドで働きながら英語を学ぶ。帰国して官僚となるも、その職を辞して南米に渡り、ペルーで銀山開発に取り組む。しかしこれに失敗して無一文で帰国。このとき日銀総裁に拾われて入行すると副総裁まで昇進し、一九〇五年には日露戦争の戦費調達のための外債募集を成功させ、一九一一年についに総裁に就任。その後は政界に身を投じ、首相にまでなっている。こうした上昇志向の熱気が明治維新当時の日本には充満していた。高橋は、正統的な財政理論を教え込まれなかったことがさいわいして、近代的な財政運営の知識を吸収することができた。のちに一九三〇年代の大恐慌が始まったとき、蔵相だった高橋は先入観のない目で状況を見きわめ、日本経済を大恐慌から救い出すことに成功している[19]。

なぜ日本は近代化に成功したのか。

ロバート・アレンは、一九〇〇年以前に成功した工業先進国は、政府の権力をたった四つの制度上の必須条件に集中させたと主張する。それは、鉄道・港湾整備、教育、銀行、将来の自国の比較優位となるような産業の保護である。

欧州列強は明治政府に対し、五%以上の輸入関税を禁じた。だが日本政府は、当時もその後も、関税の代わりになる政策を実行し続けた。勝ち組を優遇したのではない。勝ち組になりそうな輸出産業を見定め、手厚く補助金を出したのである。今日の経済産業省に相当する官庁(工部省)は鉄道と通信網を整備すると同時に、技術者を養成する学校も設立した。彼らはできうる限り国内事業者に発注している。明治の日本には大規模な銀行は存在しなかったものの、三井、三菱、住友、安田といったきわめて富裕な商人一族が存在し、産業界に進出した。さらに明治の軍人政治家は後方の兵站確保に力を入れた。鉄と蒸気の時代に日本を防衛し帝国を征服するためにそれが必要だと理解していたからである。繊維産業が産声を上げる前から軍事産業の裾野は広がっており、一八八〇年代前半には造船所や兵器工場やその関連産業で一万人ほどの労働者が働いていた[20]。

とは言え、日本は危機一髪で難を逃れたと言わねばならない。日本という外れ値が出たのは、決意と同じくらい幸運の賜物だった。一九一〇年の時点で日本の製造業はＧＤＰの五分の一を占めるに過ぎず、その前の数十年にわたり日本はよく言っても準工業国だった。にもかかわらず、世界に類のないことをやってのけた。北大西洋の燦然と輝く工業先進国から大量の工業技術を導入し、知識とノウハウを手にして機械を回し続けたのである。

帝国は、公式であれ非公式であれ、グローバルサウスの経済成長と開発を早めもすれば遅らせもした。しかし全体としてみれば、早めたよりも遅らせたケースのほうが多い。結局のところ、帝国の使命は経済開発ではないのだ。帝国の使命は……帝国であり続けることである。

北大西洋の先進国では、帝国を導くのは神だという保守的な見方があった。いやすくなくとも、そういう見方が道徳的に必要とされていた。インド生まれのイギリスの作家ラドヤード・キプリングの声に耳を傾けよう。

白人の義務を果たせ
一族の最良の者を送り出せ
息子たちを異境に向かわせ
囚われ人に仕えさせ
厳しい仕事に備えさせせよ
殺気立つ荒々しい人々
征服され敵対する
半ばは悪魔で半ばは赤子の人々のために[21]

これから白人が文明化しようとするこの「敵対する」「囚われ人」は、おそらくそんなことを望んではいない。「半ばは悪魔で半ばは赤子」の「荒々しい人々」はまちがいなく白人と同等ではない。送り出される白人にとってもまったく楽しい仕事ではない。「異境に向かう」のであり、「義務」であって「厳しい仕事」だ。それでもやらねばならない。

一九〇〇年代初めの自由主義を奉じる開明的な見方からすれば、そのようなことにはほとんど意味がない。既成の帝国は人の信頼に付け込んだ詐欺以外の何物でもないのであって、帝国はもう末期を迎えているのだとした。

ヨーゼフ・シュンペーターは、人々はだまされているのだと考えた。勝利をよろこぶように仕向けられ、地主貴族が中心の政治権力構造が不合理であることに気づかないように仕組まれている。[22] シュンペーターの考えでは、地主貴族もだまされている。赤痢や傷口からの感染で死ぬために、あるいは銃撃され爆破されるために送り出されるのだ。そんなことになる代わりに、ウィーンの目抜き通りのカフェで泡立てたクリームを浮かべたカプチーノを楽しんでいられるというのに。

帝国は、現代のスポーツチームに相当する。その勝利は歓喜を呼び起こす。ちょうどボーア戦争でイギリス軍の勝利のニュースに本国で戦勝パーティーが夜を徹して開かれたように。軍人貴族たちは戦うことを愛し、人々は観戦を愛する。

シュンペーターはこうしたことを憎んだ。そして、もうこのようなやり方は廃《すた》れていくと考えた。人々がゆたかになって将来の見通しがあかるくなったら、中産階級の徳が勝ち、帝国は滅亡へと向かうだろう。ぺてんはもう終わる。そして平和で、貴族がほとんどおらず、帝国主義が薄れて血に飢えていない二〇世紀が来るのだ、と期待したのである。

彼はまちがっていた。

イギリスの社会経済学者ジョン・アトキンソン・ホブソンは、帝国主義の原動力についてシュンペーターとは異なる見解を抱いており、文化や社会よりも重要な要因は経済にあると主張した。[23] ホブソンによれば、政府に金を使わせて人々に武器を作らせ、それを使って植民地を征服し、本国からの輸出品を強制的に買わせるのは、大量失業を避け、国内政治を平和に維持する便法なのだ。もちろん、最善の方法とはとうてい言い難いが。

ホブソンが見抜いたとおり、政府の主な仕事は人々を働かせ、ゆたかにし、幸福にすることである。その重大な障害となるのは破壊的な景気循環だ。不景気になれば大量失業が発生しかねない。帝国はこの障害物を二つの方法で乗り越えた。一つは、帝国維持に必要な軍隊の装備を手厚くする。そのためには人々を働かせることになる。もう一つは、帝国は国内産業が作り出す製品に潤沢に消費者を供給できるという強みを活かすことだった。ホブソンのみるところ、ヨーロッパ政府は帝国を実現する限りにおいて、経済が停滞する可能性が低く、したがって力を維持できる可能性が高い。帝国を解消するためのカギは、国内をより平等にすることだとホブソンは考えた。そうすれば景気循環の波は小さくなり、失業は減り、したがって帝国である必要性は乏しくなる。

だから、民主主義や平等と親和性の高い政治的転換がもうすぐ起きるとホブソンは予想した。それに、戦争が終われば帝国はその目的を失い、平和で平等で民主的で、帝国主義が薄れて血に飢えていない二〇世紀が来るのだ、と期待したのである。

彼もまたまちがっていた。

イギリスの作家で政治家のラルフ・ノーマン・エンジェルは、帝国と戦争（ただし、国民の自治を実現するための解放戦争は除く）はすでに意義を失い時代遅れだと考えた[24]。そして、それに気づかないほど政府が無能あるいは先見性に欠けるということはあるまいと信じた。

しかし彼もまたまちがっていた。

ヨーロッパの強国を帝国へと向かわせたときとまさに同じ要因が、彼らを破壊的な産業競争へと突き進ませ、一九一四年にはついにヨーロッパを闇の大陸に転落させる。長い二〇世紀の歴史は、この時点をもって明確に軍国主義的な局面に入る。ここで、疑問が浮かぶ。この局面転換で、一八七〇年から続いてきた世界の文明的進歩は打ち消されてしまうのだろうか。

第5章

第一次世界大戦

World War I

私の本棚の中でおそらく最も悲しい本は、ノーマン・エンジェルの『大いなる幻影』だろう。当初は『ヨーロッパの幻影』として一九〇九年に発表されたが、改題された。悲惨な未来を「登場人物は知らない」というジャンルに属す著作である。二一世紀にこの本が涙を誘うのは、実際には何が起きたか私たちは知りすぎるほど知っており、エンジェルの大勢の読者がこの本をほめそやすだけでなくその知恵に基づいて行動していたらよかったのに、と深く思わずにはいられないからだ。

エンジェルが本のタイトルに掲げた幻影とは、戦争と領土征服は先進的・物質的進歩の二大手段だというものである。「国家の富が軍事力による財産没収を必要とするのだとしたら、小さな国家はきわめて不安定だということになる」とエンジェルは次の著作『平和理論とバルカン戦争』に書いている。「よってオーストリアはスイスより安泰なはずだ」。だが実際にはそうではなかった。また、ベルギーはドイツよりはるかに小さく軍事力も吹けば飛ぶようだというのに「ベルギー国債はドイツ国債より二〇％高い」とエンジェルは指摘する。「こうした単純な指摘やそれを裏付ける明快な事実こそが、この問題［財産獲得のための征服］でもっと健全な考え方に導いてくれるだろう」[1]。

明快な事実に注意を払うことによって健全な考え方に至るのであれば、エンジェルの著作は意義があったと言える。

ほしいものは作るか輸入するほうが、軍隊を編成して自国民の血を流してまでそれを他人から搾《しぼ》りとるよりはるかに安上がりだったとエンジェルは述べたが、それはまことに正しい。戦争と帝国を使って国王のためにより多くの領土を獲得し統治するなどというやり方は、もはやどの国にとっても現実的な戦略ではないとエンジェルは考えた。現実的でないどころか、工業の発展により戦争が一段と破壊的になった時代にはじつに愚かな戦略である。それに、帝国を使って人々に正しい宗教を正しく信仰させようというのも、人類がとっくに脱却した習慣だともエンジェルは考えた。

戦争はどうみても経済的に意味をなさないと主張したエンジェルは正しかった。だが、だから人類はもう戦争をしないと考えたエンジェルは、まったくどうしようもなくまちがっていたのだった。

物語には主人公がいる。主人公は、大半の決定を下し、大半の行動を起こす。主人公が紡ぐ物語を語ることとは、私たち自身の見方を語ることでもある。プロイセン首相となったオットー・フォン・ビスマルク（主人公である）は、権力を維持するために巧みな駆け引きをした。労働者階級（第二の主人公である）は、国民皆保険と引き換えに議会選挙で彼に票を投じた。ドイツ（第三の主人公である）は早い段階で社会保険と社会民主主義の道を進むことを選んだ。[2] 海が月に近づこうとするから潮の干満が生じるとか、稲妻は地表に到達する最も抵抗の少ない道筋を選ぶからあの形状になるなどというのは、単なる比喩的表現だとされる。だが実際には、そう考えるほうがかんたんなのだ。おそらく人間はそういうふうにしか考えられない。

よって、長い二〇世紀の歴史においても、二つの対立する考え方が主役を競っている。一つはフリードリヒ・アウグスト・フォン・ハイエクに代表される考え方だ——市場は与え、そして奪う。市場の御名に祝福あれ。もう一つはカール・ポラニーに代表される考え方だ——市場は人間のために作られたのであって、人間が市場のために作られたのではない。経済学とその革命的変革の繰り返しによって特徴づけられる長い二〇世紀において、すべての物語の他の主人公のほぼ全員が、この二つの考え方のどちらか、あるいは両方に深く影響されていた。このことはニコラ・テスラやビスマルクやドイツの労働者階級に当てはまると同時に人類全体にも当てはまる。大きな物語からどのような下位の物語が派生したか、それらはハイエクやポラニーの考えをどのように歪曲して政策として実行させたのか、そこに大きなちがいが生じた。だいたいにおいて、歴史の進行や構成要素は必然だったように見えがちである。個人の行動なり決定なりはおおむね打ち消し合い、あるときある人がつかみ損なったチャンスはすぐさま別の誰かがつかむからだろう。あるいは、ああしていれば事態はもっとちがっていたのにと思いがちだ。しかし、いつどこで誰が左でなく右と決めたからそのちがいが生まれたのか、その瞬間を特定することはできない。たとえばテスラのような決定的に重要な人物でさえ、結局は技術の歴史の時計を一〇年進めただけだ。ハーバート・フーバーや李鴻章は重要な人物ではあるが、彼らが歴史において決定的な役割を果たすのは帝国主義を作り上げたり、中国を急速な工業化への軌道に乗せたりすることに失敗した何千人もの人々の行動を象徴する程度に過ぎない。それでも、特定の個人が非常に重要な役回りを演じ、選択と機会が表舞台に登場する瞬間は存在する。

第3章では、焦点を経済から政治経済へと転じた。というのも、技術、生産、組織、交換だけに注目するのではなく、支配層の人間が良き社会（あるいはすくなくとも自分たちにとっての良き社会）を維持または形成するために経済をどう規制しようとしたかに注意を払う必要があるからだ。そして第4章では、帝国主義政治に注目した。民衆とエリートが自国をどう統治したかだけでなく、他国をどう統治したかを知る必要があるからだ。このように視点を変えるたびに、物語の焦点は絞り込まれていく。主人公は人類から国民国家に、国民国家から北大西洋の工業先進国と南の周縁国に移った。本章ではさらに踏み込み、戦争、統治、重要政策のどこで選択と機会が決定的になるのかを見ていく。本章では個人が重みを持つことになる。

一九一四年が始まった時点での世界は驚くべきペースで発展中で、ほぼ平和であり、過去のどの時代よりもゆたかだった。問題がなかったわけではないが、ともかくも繁栄していた。人類の文明に楽観的になることがけっして不合理とは言えない世界だったのである。ところが第一次世界大戦後の世界、とくにヨーロッパは、一転してそうではなくなっていた。ヨーロッパの大半は灰燼に帰していた。大戦の前と後でのこのちがいを、論理的かつ予測可能な形で変化する構造要因に帰すことはできない。

では、この非論理的な事態のなりゆきをどう捉えたらいいのか。われわれ経済史家は人類の進歩の自然なパターンに原因を求めがちだが、それを覆すようなこの展開をどう解釈すればいいのだろうか。それを考えるよい出発点となるのは、エンジェルの『大いなる幻影』より一〇年前の一八九九年である。この年にイギリスは南アフリカで自ら戦争を仕掛けるという選択をした。ボーア戦争である[3]。

自ら選んだ戦争であることは、過去数十年のイギリスの選択パターンからすればはっきりしている。一八六〇年代から、ヨーロッパの帝国の膨張は現地人に権力を手渡すという意図を伴っていた。ただしここで言う「現地人」とは現地に入植した白人のことである。カナダは一八六七年に、オーストラリアは一九〇一年に、ニュージーランドは一九〇七年にそうなった。

南アフリカでも一九一〇年にそれが選択されることになる。だがじつは一〇年前の一九〇〇年には別の選択がなされていた。その選択こそが、最終的には二〇万人のボーア人（ブール人）に自治を断念させイギリスの支配を受け入れさせるために、二五万のイギリス兵士を派遣させることになったのだった。

南アフリカを植民地化した最初のヨーロッパ系入植者は、オランダ人である。オランダ人の入植は一六五二年から始まった。ボーア人と呼ばれている人々は、オランダ人入植者の子孫にほかならない。一九世紀初頭にボーア人はイギリスの統治下に置かれるが、これを不服とした彼らは独自の共和国を建設する。トランスヴァール共和国とオレンジ自由国である。この形をイギリスは数十年にわたって容認していた（ダイヤモンド鉱と金鉱の発見を契機にトランスヴァール共和国を領有しようと試みて第一次ボーア戦争に至ったものの、多くの犠牲を出した末に独立を承認せざるを得なかった）。

イギリス本国の植民地相ジョゼフ・チェンバレン（のちの首相ネヴィル・チェンバレンの父）は、トランスヴァール共和国とオレンジ自由国の併合を主張し、開戦の機運を煽る。そして一八九九年には最後通牒を突きつけた。トランスヴァール在住のイギリス市民に選挙権を与える（そうすれば鉱山掘削が可能になる）か、さもなくば戦争だというのである。

世界最強の帝国ともあろうものが、いくらダイヤモンドや金が発見されたからと言って、いったいなぜ二つの小さな共和国から脅威を感じなければならなかったのか。その二つの共和国に住んでいるのは工業化されていない農民ばかりであって、彼らの富の源泉はと言えば先住民から搾取した土地だけだというのに。そう、誰もが考える以上に愚かな選択だった。ボーア人の軍隊は果敢に戦い、マフィケング、レディスミス、キンバリーでイギリス軍の守備隊を包囲したほか、スピオンコップ、ヴァール・クランツ、マガースフォンテーン、ストームバーグ、ツゲラ川でイギリス軍の救援部隊を撃破したのである。サー・ウィリアム・ガタクレが率いる三〇〇〇人の部隊はストームバーグで、ボーア人がライフルを構える塹壕に対して高地を制圧しようとして失敗し、退却する間に大勢が取り残されて降伏するという屈辱的な敗北を喫する。アスーマン男爵率いる一万四〇〇〇人の部隊はマガースフォンテーンでボーア軍の塹壕線を攻撃した際、一四〇〇人が戦死または負傷した。レッドヴァーズ・ブラー率いる二万一〇〇〇人の部隊は、ツゲラ川を渡ろうとして五〇〇人のボーア人に攻撃され、一二〇〇人が戦死または負傷している。

短期決戦による勝利をめざしたジョゼフ・チェンバレンの目論見は完全に外れたわけである。費用便益計算をするとイギリス政府は和平交渉に向かうべきであり、イギリス人探鉱者と鉱山労働者を白人にふさわしく扱うとのボーア人からの約束の見返りに撤退すべきときだった。だがイギリスはそうしなかった。逆に一九〇〇年二月から、二五万の兵士を南アフリカに増派したのである。これは途方もない数字だ。二〇二一年のアメリカが同等の人口比で兵士を派遣するとなったら、二〇〇万人を送ることになるだろう。これほど大量の兵士を送り込んだことで、当然ながらイギリスは圧倒的に有利になる。ボーア人全員が武器を持って立ち上がったとしても、イギリスは五対一で優位に立つことになるのだ。それに加えて、イギリスは有能な将軍も送り込んだ。陸軍元帥フレデリック・スリー・ロバーツ（初代ロバーツ伯爵）である。オレンジ自由国の首都ブルームフォンテーンは一九〇〇年三月一三日に、ヨハネスブルクは五月三一日に、トランスヴァール共和国の首都プレトリアは六月五日に陥落した。

だがこれで戦争が終わったわけではない。正規軍の戦争に負けたボーア人は、ゲリラ戦に転じ、神出鬼没のコマンド部隊が一年半にわたってイギリス人に対する攻撃や破壊を仕掛けたからである。一時期は副司令官のメシュエン卿を捕虜にした。

軍事大国の軍隊が侵略戦争をした場合、不慣れな土地で知らない言語を操るゲリラ部隊に破壊行為を仕掛けられたら何ができるだろうか。大英帝国は強制収容所という手段を使った。ある地域でゲリラが活動したら、その地域の住民を男も女子供も一網打尽にして有刺鉄線の内側に押し込めてしまう。食事は乏しく、衛生状態は悪い。そうしておいて小型の要塞を建設し、鉄条網を張り巡らして、ゲリラの活動範囲を狭めていった。

およそ三万のボーア人が強制収容所で死んだ。その大半が一六歳以下の子供だった。ボーア戦争の死者数は一〇万人近い。ボーア人の民間人三万、イギリス人兵士の戦死者八〇〇〇、病死一万四〇〇〇、ボーア人兵士の死者一万に加え、おそらく現地のアフリカ人三万が死亡したとみられる。ひどい話だが、誰もそれを数えていない。

以上を総合すると、イギリスは成人男子の二・五%相当を戦争に動員し、その一〇人に一人が死んだ計算になる。

こんなことはやめておいたほうがよかったのではないか。いまになってみれば、誰しもそう思うだろう。だが当時のイギリス人の大半は、そうは考えなかった。

その証拠に一九〇〇年の総選挙では、主戦論を主張した保守党が圧勝している。党首は第三代ソールズベリー侯爵である。この総選挙は何かにつけて戦争の影響が強く見られたことから「カーキ選挙」と呼ばれた。だが一九一〇年に南アフリカが白人による自治国になり、アフリカーンス語と英語がどちらも公用語と定められると、そこには一九一〇年のアイルランドの総人口に匹敵するほど多数の親英派の有権者が入植することになった[4]。

投票権を持つイギリス人の何が問題だったのか。和平交渉をして白人による自治国を建設するほうが好ましいと、当事者はなぜ考えなかったのか。答えは、イギリス人がナショナリストだったからである。

では、ナショナリストとは何か。そう、たとえばドイツの偉大な社会科学者で（当時としては）自由主義者のマックス・ウェーバーは、ナショナリストだ。一八九五年に行ったフライブルク大学教授就任講演「国民国家と経済政策」の中で、ウェーバーは当時の多くの人が共有していた世界観を次のように総括している。

われわれはみな、東部のドイツ的国民性を守らなければならないと考えている……ドイツの農民と日雇労働者は、政治的に優位な敵との公然の戦いによって土地から押し出されているのではない。彼らは日々の糧を争う無言の陰鬱な戦いに敗れ、生まれ故郷を捨て、低いほうへ落ちていく競争をすることになる。こうして暗い未来へと向かい、跡形もなく沈んでいくのだ……われわれの子孫の世代は、彼らに手渡す経済のしくみについてわれわれの責任を問うことはないだろう。だが世界においてどれだけの生存空間を征服できたかということについては責任を問うと考えられる。[5]

ウェーバーは黒髪で四角い顔のコーカソイドの男性で、ドイツ語を話す。彼は、やはり黒髪で四角い顔のコーカソイドの男性でポーランド語を話す人たちをひどく恐れていた。この恐れに突き動かされたウェーバーは、あきらかにナショナリズムが透けて見える言葉で次のように書いている。「ドイツの経済政策とドイツ人経済理論が採用した価値基準は、ドイツの政策、ドイツの基準以外の何物でもない」。

この言葉の真意ははっきりしている。これまでの章では多くの記述を結果に割いてきた。だが人間は未来を見ることができるし、そうすべきでもある。どんな人も、状況と何の関わりもなく決定を下すわけではないし、あきらかな物質的因果関係から機械的に決定するわけでもない。ウェーバーは「物質的利害は軌道上の列車を走らせる」という比喩を好んだ。「だが理念は転轍手だ」。転轍手が切り替えることによって列車が走る軌道が決まる。[6] 誰かが左ではなく右へ曲がると決め、たとえば開戦を選んだとしよう。このとき、意思決定者の周囲にいる人の大半が、決定の基礎にある観念に心酔しているとは言わないまでも共有しているかどうかが重要になる。ナショナリズムはそうした観念の一つであり、他の観念を無力化するだけでなく、劣った悪いものへと貶める。

このことは、個人のレベルでも見られる。ウェーバーの講演から四八年後に、ドイツ語話者が指揮する単一の軍隊としては史上最大のアドルフ・ヒトラーの南方軍集団が、さらに大規模な編成の赤軍とウクライナで戦うことになった。ドイツ民族に「自由な行動の余地《エルボールーム》」を勝ち取るためである。南方軍集団の指揮をとったのは、出生時にはフリッツ・エーリッヒ・ゲオルク・エドゥアルト・フォン・レヴィンスキーという名前だった人物である。[7]

「フォン」はドイツの貴族の姓の前に冠する称号である。だが「レヴィンスキー」は印欧語族のゲルマン系から発した名前ではない。「スキー」という接尾辞はスラブ系であり、ポーランドの貴族の名前であることを示す。ポーランド語で「スキー」はドイツ語の「フォン」に近い。そして「フォン」と「スキー」の間に「レヴィ」がある。「レヴィ」といえばユダヤ人の姓だ。

それでもフリッツ・エーリッヒ・ゲオルク・エドゥアルトはアドルフ・ヒトラーに誠意を持って仕えた。有能で疲れを知らない司令官であり、ユダヤ人の殺戮に邁進した政権のために熱狂的に戦っている。いやユダヤ人だけでなく、ポーランド人、ロシア人をはじめとするスラブ民族も殺戮した。すべてはドイツの農民に「自由な行動の余地」を獲得するためだった。歴史上、彼はフォン・レヴィンスキーではなくフォン・マンシュタインと呼ばれているが、これにはわけがある。父エドゥアルト・フォン・レヴィンスキーとその母ヘレネ・フォン・シュペルリンクの第一〇子で五男として生まれたが、母の妹ヘートヴィヒと夫ゲオルク・フォン・マンシュタインの間には子供がいなかったため、フリッツ・エーリッヒが養子としてもらわれたという次第である。そこで彼はフォン・マンシュタインとしてドイツ帝国、ワイマール共和国、そしてナチスの軍隊でキャリアを築くことになった。

フォン・マンシュタインは、ナショナリストだった。マックス・ウェーバーやその他多くの人と同じく彼にとっても、民族が入り混じる国境地帯、具体的にはドイツ語を話す人たちと外見は同じなのにポーランド語を話す人たちの混在する東部ドイツにおける「無言の陰鬱な戦い」は受け入れがたかった。フォン・マンシュタインも、彼と同じような数百万の人々もそう考えており、彼らにとっては、平和な市場を介してユートピアに近づくなどという考え方はほとんど戯言だったのである。フォン・マンシュタインが軍人になることは既定路線だった。レヴィンスキー家、シュペルリンク家、マンシュタイン家は代々軍人の家系であり、プロイセンの五人の将軍を輩出している（うち二人はフリッツ・エーリッヒの父方と母方の祖父である）。ヘレネとヘートヴィヒの妹ゲルトルードは、軍人で後にワイマール共和国第二代大統領となるパウル・フォン・ヒンデンブルクと結婚したので、フォン・マンシュタインは大統領の甥になったわけである。

ハンブルクやエッセンなど技術の進んだドイツの都市では、工場主も商人も人手不足に悩まされていた。働ける人の多くはすでにポメラニアやプロイセンで農業に従事している。そこで工場主と商人たちは、湾岸部やラインラントに来てくれたら高い賃金と好待遇を用意すると誘いをかける。するとまさに狙い通りの結果になった。工場主と商人の選択は農夫の選択を誘発し、農夫の選択は東部ドイツの地主の選択を誘発する。地主たちはラインラントの鉄鋼貴族たちが出す気前のいい賃金に対抗はせず、代わりの働き手としてビスワ川流域のポーランド人たちを呼び込んだのである。これは四方まるく収まる解決だった。

ビスワ川流域に残ったポーランド人たちは、農地が広くなってハッピーだ。ドイツに移ったポーランド人たちは、高い賃金とよい生活を得てハッピーだ。ドイツの地主は西部ドイツと賃金水準を合わせる必要もなく、好況に沸く西部ドイツに高い値段で穀物を売ることができてハッピーだ。西部ドイツに移ったドイツ人労働者は、高い賃金とよい生活を得てハッピーだ。ドイツ人の鉄鋼貴族や工場主や商人は、労働者を潤沢に確保できてハッピーだ。ドイツという国家を運営する貴族たちは、経済が栄え、税収が増え、貧困が減り、したがって民主主義・平等主義・社会主義を掲げる扇動者が減ってハッピーだ。

ではハッピーでないのは誰なのか。マックス・ウェーバーをはじめとする狭量なドイツ人ナショナリストである。

ウェーバーが第一次世界大戦前のドイツでは堅固な中道左派だったことに注意されたい。彼はけっして社会主義者ではなく、むしろ民主主義、大衆教育、経済的繁栄を支持し、寄生者である貴族や硬直的な社会秩序を敵視していた。

おぞましいのは、第一次世界大戦前のヨーロッパではドイツのナショナリズムがけっして例外ではなかったことである。標準とは言わないまでも、それに近かった。ナショナリズムは多くの場合に公然と表明され、勝者総取りまたはほとんど総取りの争いと理解されていた。ナショナリズムの立場からすれば、戦争は悲劇ではなく機会である。国益を主張し、国家総動員令をかけ、民族同一性を高める機会だ。そしてまた、何であれ戦利品を獲得する機会でもある。

だが、あなたがある特定のナショナリズムを拒絶するとしよう。その主張にも国家総動員にも民族同一性にも戦利品にも与しないとしよう。その場合、最初の意思決定の上層部にいた政治家や軍人は、よくて大まちがいをした、悪ければ犯罪的に常軌を逸していたということになる。なにしろ彼らは悲惨な末路を辿ることになったのだから。「勝利」した英仏側についた国王たちは王座を維持できたが、臣下が戦争に突き進んだ大陸ヨーロッパの皇帝たちはみなその地位を追われている。だが「勝利」がカギカッコつきであることに注意されたい。勝利した側の死者数も膨大である。第一次世界大戦では一〇〇〇万人近くが死んだ。一九一八〜一九年に大流行したスペイン風邪は軍隊の遠征、破壊、飢餓のせいで規模が拡大したのだと考えると、戦争による死者は五〇〇〇万人に近づくだろう。

オーストリア＝ハンガリー帝国の支配者にとって、セルビアのナショナリズムが、というよりもセルビアのナショナリズムの北方拡張が長らく脅威だったことを忘れてはならない。というのも観念論者たちが、セルビア人、ボスニア人、クロアチア人、スロヴェニア人等々は実際には一つの民族すなわちユーゴスラヴィア人であって、彼らが栄光ある南スラヴ統一国家構想を実行に移すことを防ぐには、外国による支配（インスタンブールからのトルコ人による支配およびウィーンからのドイツ人による支配）しかないと主張したからである。

また、セルビア人とクロアチア人が血を分けた兄弟であった時代（その頃のセルビア人は、外国人の圧政からクロアチア人を救うために欧州列強と戦争をするリスクを冒すほどだった）と現代（セルビア人とクロアチア人が同じ村や地方に住むことさえできず、一方の政治指導者が他方の絶滅か国外追放を要求するにいたる）との間は八〇年も離れていないことを思い出してほしい。八〇年前がそうであったように、指導者が求めれば追随者は従うものである。二〇世紀初めには、セルビアとクロアチア統合のために一連の戦争が展開された。そして同じ世紀の終わりには、クロアチアのセルビア人、セルビアのクロアチア人の「民族浄化」のために別の一連の戦争が展開されている。これはもう、歴史が人類に与えた最悪に趣味の悪いジョークとしか言えない。いや、正しい因果関係で言えば、人間が歴史に与えた最悪に趣味の悪いジョークと言うべきだろう。

ハプスブルク家が治めるオーストリア＝ハンガリー帝国のような半ば民主的な立憲君主制で、さまざまなタイプのナショナリストを抑え込みつつ、まずまずその土地の習慣を尊重し、平和を維持し、取引・信教・言論の自由を（制限付きではあっても）容認するなら、政治体制としては好ましいほうから上位半分以上に入るだろう。だが、殺し合いをすることになるセルビア人とクロアチア人の祖先にとっては、とうてい好ましくはなかった。

一九一四年の夏、ボスニア人テロリストがオーストリア゠ハンガリー帝国の帝位継承者であるフランツ゠フェルディナント大公と妻ゾフィーをサラエボで暗殺した。テロリストの狙いは、ボスニアをオーストリア゠ハンガリー帝国から独立させセルビアと統一することであり、セルビア王国の秘密警察から何らかの支援を受けていたとされる。ただし彼がセルビア王について十分な知識を持っていたとは思えない[8]。

オーストリア゠ハンガリー帝国の皇帝フランツ゠ヨーゼフ一世と側近たちは、甥（とその妻）の暗殺の知らせに激怒し、何か態度で示さねばならぬと考えたらしい。すなわち犯罪者に罰を与え、セルビアを辱め、バルカン諸国の盟主はオーストリアだとはっきりさせることだ。これをやっても大規模な戦争になるリスクは小さいと皇帝は判断したのだろう。実際、第一次・第二次バルカン戦争（一九一二年、一三年）、日露戦争（一九〇五年）、普仏戦争（一八七〇年）、普墺戦争（一八六六年）、デンマーク戦争（一八六四年、プロイセン・オーストリア連合軍とデンマークが戦った）、イタリア統一戦争（一八五九年、イタリアがフランスと軍事同盟を結び、オーストリアと戦った）はどれもきわめて短期間で終わっている。クリミア戦争（オスマン帝国にイギリス、フランス、サルディーニャが加勢し、ロシアと戦った）は一八五三〜五六年とやや長かったが、地域的に限定されていた。

どちら側の戦闘員も、市民社会を巻き込むほど価値のある戦争とは考えていなかったからである。なおアメリカの南北戦争は一八六一～六五年の年月を要し、テキサスからヴァージニアに至る沿岸州で白人男性の五人に一人が戦死、さらに五人に一人が重傷を負っているが、ヨーロッパ人は考慮すべき対象とはみなさなかった。

無視した重要な事実はそれだけではない。ロシア帝国ロマノフ朝の最後の皇帝でまだ壮年のニコライ二世と側近たちは、バルカン諸国の盟主はロシアだとはっきりさせることが最優先事項だと考えた。そのためにはスラブ圏の小国に、オーストリア＝ハンガリー帝国の覇権から保護してくれるのはどの国かということを思い知らせてやらなければならない。

一方、ドイツ皇帝でまだ壮年のヴィルヘルム二世と側近たちからすれば、フランスとロシア相手に短期決戦で決定的勝利を挙げることは十分可能であり、そうすればドイツはヨーロッパ列強の中できわめて有利な立場に立つことができる。だからドイツにとって、フェルディナント大公の暗殺事件に対してオーストリアがどういう行動に出ようとも、徹底的にそれを支援することはほぼ既定路線だったのである。それに、ほかの戦略は考えようもなかった。一八〇〇年代を通じて、ドイツ帝国の地位と力はだいたいにおいて短期決戦の勝利で強化されてきたのである。戦争を引き起こしたのは、鉄血宰相と呼ばれたビスマルクである。彼が「現下の大問題は、雄弁や多数決などではなく〝鉄〟と〝血〟によって解決されるのだ」と宣言すると、万雷の拍手で迎えられたものである。

フランス第三共和政の政治家にとって、アルザスとロレーヌを取り戻すためにドイツはいずれ戦争をしなければならない相手である。アルザスとロレーヌは、一八七〇年にドイツに盗まれたのだ。だからドイツ人をできるだけ多く殺して、ストラスブールは「ストラスブルク」でないこと、その市長はフランス語を話すべきであってドイツ語ではないことを思い知らせる価値があることは、政治家にとっても民衆にとっても自明の理だった。一方イギリスの政治家にとっては、大英帝国たるものが他国からあれこれ指図されることはあり得ないと誇示するためにも戦争はやる価値があった。加えて、第一次世界大戦前のドイツは軍艦建造に血道を上げており、これはイギリスにとっては存続の危機にほかならなかった。そこでドイツを出し抜くために膨大な予算を投じることになる。第一次世界大戦前にイギリスが建造した弩級戦艦について、こんなジョークが伝わっている。自由党政権は年四隻の新造艦に予算をつけようとした。海軍提督は六隻分を要求した。するとドイツに制海権を握られることを恐れたメディアと世論によって、最終的に八隻分の予算で「妥協」したという。

戦争はやる価値があると考えていたすべての人はまちがっていたし、彼ら自身にとってさえ悲惨だった。ハプスブルク家は皇帝の座も帝国そのものも失う。ストラスブルクの発音を是正しようとしたフランスは、若い男子をまるまる一世代失った。イギリスも若い男子をまるまる一世代失った挙句、第一次世界大戦後には前よりずっと弱い帝国に成り下がる。しかも再びドイツが支配するヨーロッパ大陸で戦う羽目に陥ることになる。ロシア皇帝は地位も命も国も失い、家族も惨殺された。ロシアもまた若い男子をまるまる一世代失い、そのうえ、完全に不幸な二〇世紀よりはましな未来を迎えるチャンスも失っている。

第一次世界大戦は、ヨーロッパ列強の中できわめて有利な立場をドイツに与えはしなかった。ヴィルヘルム二世は帝位を失った。彼の国は政治と軍事の自治を奪われ、若い男子をまるまる一世代失い、ヒトラーの第三帝国への第一歩を踏み出すことになる。その結果、ドイツの歴史には未来永劫消えない汚点が残されることになるのだった。さらに、ドイツと武器をとって戦っても歯が立たない以上、いっそヨーロッパ経済にドイツを取り込んでしまうほうがいいとフランスの政治家たちが気づくまでに三〇年以上かかった。

このような結果を招く戦争になぜ彼らは突入してしまったのか。最大の原因はナショナリズムである。それに、この戦争に勝利すれば次の戦争に負ける可能性は小さくなり、よって敗戦の辛酸を舐めずに済むという政治的論理も唱えられた。

それだけではない。貴族階級という存在があった。一九一四年のヨーロッパは国民のものだった。実業家、社会主義者、工場労働者、技術者が台頭していた。だが一九一四年のヨーロッパ各国の政府、とくに国防と外交の閣僚は、ほとんど貴族か元貴族か未来の貴族で占められていたのである。つまり、プロパガンダと権力を操る操縦桿《レバー》の多くを貴族階級の地主か軍部のエリートが握っていたわけだ。しかも貴族たちは、経済的利益の確保を渇望する実業家や企業家を味方につけていた。ドイツでは、一八七九年に見られた重工業者と地主貴族層ユンカーとの連合、すなわち「鉄とライ麦の結婚」と同じ現象が起きたと言える。当時のドイツはイギリスからの鉄鋼の輸入に関税をかけ（ドイツの製造業を保護するため）、アメリカからの穀物の輸入にも関税をかけた（ドイツの地主を保護するため）[9]。

第一次世界大戦前に操縦桿を握っていたエリートたちは、自分たちが何の社会的役割も持たない階級の一員に成り下がったことに気づく。そして予想しうる自分たちの未来は、影響力と地位を侵食され、富を蚕食され、自尊心まで失うものでしかなかった。四方まるく収まる経済的解決が成り立つ世界において、貴族や貴族気取りの連中は負け組でしかない。しかしその運命を避ける方法は、あった。彼らには自国を戦争へと導くことが可能だったのである。

権力とプロパガンダはイデオロギーによって強化された。どの国も、自国民が未来の文明に消えることのない足跡を残すことにこそ国益があるのだと決意する。啓蒙思想も、キリスト教の平和・愛・善の価値観も、脇へ押しやられた。

ヨーロッパの貴族たちは、一九一四年に賽を投げたらどれほどのものを失うのか、せいぜい半分しかわかっていなかった。にもかかわらず賽を投げた。彼らはプロパガンダとイデオロギーの相乗作用でもって煽りに煽って大衆の支持を勝ち得る。そして、どの先行世代よりも高い教育を受け、衣食住に満ち足り文明化された大衆は、熱狂的に貴族たちの言い分を支持したのである。

こういうとき威力を発揮するのは因果関係と比喩である。ヨーロッパの国々はドミノ倒しのようにそれにやられてしまったと言えるだろう。蝶が羽を震わせたらはるか離れた場所で竜巻だって起こりうるのだ。時代の精神のせいかもしれない。あるいは歴史の弁証法的展開、あるいは神の摂理……。ともかくも一つのドミノが倒れると、残りはすべて倒れた。

大公が暗殺され、セルビアはオーストリアからの最後通牒を拒絶する。オーストリアはセルビアに対し宣戦布告。ドイツはオーストリアに、本気であることを示し攻撃を仕掛けるべきではあるが、その後に「ベオグラードで攻撃を打ち切り」、停戦交渉をすべきだと説得を試みた。ロシアは動員令をかける。そのタイミングでドイツがベルギーに侵攻した。時は一九一四年八月四日。じつに馬鹿げた始まりだった。

ドイツの重砲がベルギーの要塞を破壊してベルギーの兵士や市民を殺し始めると、各国の銃も火を吹き始める。無関係の中立国への奇襲攻撃で戦争を始めたら、世界の大国を敵に回すに決まっている。奇襲攻撃を仕掛けた国の生産、軍備、人口が大国を懸念させるペースで増えていたのだから、なおのことだ。国防担当の官僚たちはなぜこのような暴挙に踏み切ったのだろうか。

私は長い間、答えの大部分は「プロイセン」にあると考えてきた。[10]第一次世界大戦直前のドイツ帝国は、プロイセン王国を成り立たせていたものに支配されていたからである。そのプロイセン自体は軍部に支配されていた。フランスの長年の警句によれば、プロイセンという国は国家に軍隊が属しているのではなく軍隊に国家が属しているという。プロイセン軍には、先制攻撃で奇襲を仕掛けるという長い伝統があった。それも、誰も予想していなかった方角から仕掛ける。なぜか。自然の要衝が何もないうえ、ぐるりを潜在的な敵国に囲まれているからだ。しかも敵国のほうが人口は多く、ゆたかでもある。このような状況に置かれた国は、電光石火で勝利を収めない限り、どんな戦争にも負ける可能性がきわめて高い。つまり地域大国になる国があるとしたら、それは、短期決戦に勝利する国である。よってプロイセンの戦争のやり方はそうなった。しかもプロイセンは、歴史の偶然に次ぐ偶然が重なった結果、一八七〇年頃にドイツ帝国が形成される過程でその中心に位置付けられることになったのである。

じつのところ、プロイセン流の戦争術はもうすこしで成功するところだった。イギリスさえ参戦しなければ、ドイツは一九一四年八月のうちにパリを占領できた可能性が高い。そうなれば、外交交渉によるすみやかな講和が視野に入ってきただろう。だがイギリスは参戦した。最大の理由はベルギーを中立の独立国として保障する条約を締結していたからだが、おそらくはヨーロッパ大陸の覇権をドイツに渡したくないという理由のほうが大きかっただろう。ドイツが大陸を支配するようになったら、いくらでも軍艦を建造できる。そう考えれば、イギリスに他の戦略的選択肢は存在しなかった。[11]

こうして引き金は引かれた。戦争を戦ったのは徴兵された一八〜二一歳の若者である。さらにもうすこし年長の予備役も動員された。大戦前の数十年にわたって訓練を受けた世代である。彼らは意気軒高に出陣していった。大声で歌いながら、皇帝の、貴族の、将軍たちのそれぞれの身勝手な大義を鵜呑みにして。このとき敵味方双方が期待していたのは、短期決戦での勝利だった。

第一次世界大戦はどのみち悲惨だったにはちがいないが、短かったらあれほどむごく言葉で表せないほど耐え難い悲劇にはならなかっただろう。だが開戦当初の戦力は拮抗しており、電光石火の勝利も数カ月での終戦も見込めなかった。イギリスがフランスに援軍を派遣して一九一四年中のフランスの敗戦を食い止めた結果、長期戦は避けられない状況となる。かくして前線の至るところに塹壕が掘られることになった。最終的には全面戦争へとエスカレートし、あらゆる資源を総動員する消耗戦が四年以上続くことになる。

指揮をとる将軍たちは、前線への資源供給の要求をとめどもなく拡大させた。戦略で勝てないとしても、人間と金属と弾薬の重量でなら勝てるというわけだ。動員率が最も高かったイギリスでは、政府は一九一六年までに国内総生産の三分の一以上（および徴兵された若者の時間）を戦争に注ぎ込んでいる。

経済資源を全面戦争に投入するなどということは、誰の計画にもなかった。計画はどれも短期戦を想定しており、数カ月のうちに一度かせいぜい二度の決戦でどちらかが決定的な勝利を収めるという見立てだったのである。現実があきらかになってくると、各国政府と軍部は半狂乱になって兵士の増派や補給の策を講じ、軍事物資の増産を命じた。この頃には、市場ではなく軍事産業の最大の顧客である軍が生産の指令を出すようになる。ただし軍には、企業が要求する法外な金額を払う能力はなかった。そこで市場を配給制と指揮統制型の支配に置き換える必要があった[12]。

そんなことが可能なのか――可能だった。どの国でも、産業物資の割り当てを担当する委員会は成功を収めた。委員会を効率的に運営するのはひどく困難ではあったが、割り当てや配給制は驚くほど容易に実行されたのである。そして対独戦における戦時経済というお手本は、レーニンのような人物に「計画経済」は実行可能だと信じさせるにいたる。市場を介さず、官僚を使った指揮統制型の政府主導の経済は可能である、それも戦時中だけでなく平時に恒常的に運用することが可能だ、と。

もっとましな教訓も得られた。たとえば軍事研究所とその研究成果を大規模に活用できる官僚機構の重要性が認識されたことは、その一つだ。アメリカが二〇世紀を通じて誇示したように、戦争の勝者は最大規模の工場を持つ国であることが多い。

電光石火の勝利というドイツの夢が潰え、戦闘員が塹壕にもぐりこむ状況になると、「短期での勝利に失敗したら和平を求めよ」というプロイセン流の論理は打ち捨てられた。ドイツの軍人たちは最後の一人になるまで戦うことに固執し、握った権力はけっして手放さず、論理を駆逐して無意味な命令の実行に邁進した。

それでもドイツの優秀な科学者と行政官がいなかったら、軍部の戦争遂行努力は無駄になっていただろう。優秀な科学者としては、たとえばフリッツ・ハーバーがいた。彼は文字通り虚空から、正確には空気中の窒素からアンモニアを合成する方法を開発した（ハーバー・ボッシュ法）。この功績によりハーバーは一九一八年にノーベル化学賞を受賞している（さらに総合化学メーカーBASFの会長を務めるカール・ボッシュが量産化に成功し、一九三一年にやはりノーベル化学賞を受賞した）。この発見は収量を増やすために肥料を必要としていた農家にとってまさに天の恵みとなっただけでなく、長期戦を戦ううえでも不可欠だった。ハーバー・ボッシュ法がなかったらドイツは半年以内に戦争を継続できなくなり、一〇〇〇万人近くが死なずに済んだだろう。その一方で、ハーバー・ボッシュ法は大量餓死を防ぐ役割を果たしている。天然に存在するごくわずかしかないアンモニアが肥料の生産に必要だった頃には、肥料の量産は不可能だったのだから。もっともハーバーは「化学兵器の父」と呼ばれることもある。実際、彼は毒ガスの開発に熱心に取り組んだ。そして彼の開発した塩素ガスが初めて実戦投入された一九一五年の第二次イーペルの戦いでは、わざわざ最前線まで出向いて効果のほどを確かめている。

ドイツ系ユダヤ人だったハーバーは、ヒトラーが首相に就任した一九三三年にドイツを離れる。そして翌三四年一月にバーゼルで死去した。

優秀な行政官としては、たとえばヴァルター・ラーテナウがいた。工業物資を最優先する指揮統制システムを確立したのはラーテナウである。おかげで、イギリスの海上封鎖によって貿易が遮断されてからは、ドイツはそのシステムを活用してすくなくとも戦略物資に関する限り、生産・供給を維持することができた。「私はユダヤ系ドイツ人である。私の国はドイツであり、国民はドイツ人である。私が信じるのはドイツの教義であり、それがすべての最上位に位置付けられる」とラーテナウは書いている[13]。

彼は一九二二年に反ユダヤ主義を掲げる極右テロ組織のメンバーに狙撃され、死亡した。

もう一つの教訓は、ドイツ社会民主党（ＳＰＤ）の物言いから得られるだろう。ＳＰＤは一八七五年にドイツ社会主義労働者党として結成されたが、その後すぐにビスマルクの社会主義者鎮圧法によって非合法化され、地下活動を余儀なくされる。ビスマルクの失脚とともに合法化され、ドイツ社会民主党と改称して勢力を急速に伸ばし、一九一四年には党費を納める正規の党員を一〇〇万人抱えるに至る。政党の規模としては世界最大であり、ドイツ帝国議会で三四％の議席を獲得して第一党となった。資本主義を転覆し公正な社会主義国家の台頭を見守るとの綱領を掲げたものの、社会主義国家を革命によって建設するのか、資本主義が自ずから矛盾をあらわにして社会主義国家が自然発生的に出現するのを待つのか、あるいは出現後に反動的なクーデターから守るべく戦うのかは党内で意見が分かれた。そもそもＳＰＤが第一義的な目的としたのは万国の労働者の地位向上である。それを踏まえ、いかなる形の軍国主義にも反対すると公約していた。

ではヴィルヘルム二世の閣僚たちが第一次世界大戦の戦費を要求したとき、ＳＰＤはどうしたか。ＳＰＤの幹部は一九一四年八月三日に協議している。共同議長を務めた党首で非戦派のフーゴー・ハーゼは懐疑的だった。「ホーエンツォレルン家（皇帝を輩出した名門貴族）のドイツと、地主・貴族・軍人・官僚でできていたプロイセンのために戦費を承認しろというのか?」とハーゼは疑義を呈した。もう一人の共同議長フリードリヒ・エーベルトは「ちがう」と答えた。「そのドイツのためではない。生産的な労働者のドイツ、社会的・文化的に向上する大衆のドイツのためだ。これは、そうしたドイツを救うためなのだ。われわれは、いま必要とされるこの瞬間に祖国を見捨てることはできない。女子供を守るために予算が必要なのだ」。ハーゼに賛成したのはＳＰＤの議員一一〇名のうち一三名だけだった。この幹部会での採決で党の路線が定まったのである。[14]

いったい誰から女子供を守るのか。八月の時点でそれははっきりしていた。ロシア皇帝の圧政から、である。ドイツのベルギー侵攻で始まった戦争でロシアが勝利すれば、そうなると考えられた。革新的な産業研究所、規模の経済を実現する近代的な企業、命令一下で動く行政組織の組み合わさったときの効率はめざましい。だが存続の危機だとか、すくなくともアイデンティティの危機だということになれば、効率など無視される。経済成長は計測可能だが、ナショナリズムはそうではない。ナショナリズムのための戦争が選択肢に入ってきたら、その強烈な圧力の前ではユートピアのような理想も市場優位の原則も、粉砕されないまでもねじ曲げられる。だが、ナショナリズムによる置き換えはほんとうに有効で有益だったのか、あるいは価値があったのだろうか。

結局ドイツは負けたのだから、ＳＰＤが戦前の平和主義を貫き、ドイツ帝国の戦争遂行努力をできるだけ妨害して早期の和平にこぎつけていたほうが、ドイツ国民にとってはずっとましだっただろう。最終的にモノを言ったのは、連合国の人間と金属と弾薬の重量だった。なにしろフランス、ベルギー、ロシア、イギリス、イタリア（一九一五年から）、ルーマニア、アメリカ（一九一七年から）が、オーストリア＝ハンガリー、ドイツ、オスマントルコ、ブルガリアに立ち向かったのである。オーストリア＝ハンガリー帝国軍は一九一八年に敗れ去った。この時点でドイツ軍はまだフランスにとどまっていたが、敗北は時間の問題だった。イギリスの海上封鎖により食料供給は途絶え、ドイツ国民は餓死寸前となっていたからだ。ドイツは停戦を求めた。

戦争中に何が起きたのか、個々の戦闘や司令官や作戦などについてくわしく知りたい読者は、あまたある他の本を読んでほしい[15]。私には書く勇気がない。主要交戦国の一億人ほどの成人男性のうち一〇〇〇万人が亡くなり、一〇〇〇万人が障害の残る重傷を負い、さらに一〇〇〇万人が負傷したのだ。死傷者の圧倒的多数は兵士であって市民ではなかった。主要交戦国ではまる一年分のフル稼働生産能力が浪費されている。ロシア、トルコ、オーストリア、ドイツにおける帝国主義的・権威主義的政治秩序は崩壊した。世界を動かしているのは進歩を導く先見性に富んだ国家指導者だという信頼は跡形もなく消え失せた。

一八七〇〜一九一四年の世界の経済の推移は、必然とは言わないまでも可能性の高い、あるいはすくなくとも事実に基づいて説明可能なロジックに従って読み解くことができる。一八七〇年頃、人類には幸運と確率の結果として五つもの突破口が与えられた。開かれた世界というイデオロギーと政策、新しい輸送手段、高速の通信手段、そして産業研究所の登場と大企業の出現である。この最後のものが最も重要であり、研究所と大企業の組み合わせによりイノベーションのペースが二倍になり、新技術の実用化も大幅にスピードアップした。一八七〇〜一九一四年の経済は次のように読み解くことができる。発明家は一段と専門化するとともに発明のペースも上がった。企業は次々にそれを実用化、製品化するようになった。国際的な分業が進み、世界経済は急速に成長する。産業と富が集中したのは相変わらずグローバルノースだったけれども、周縁部の低所得国でも創造性が刺激されている。同時に人類はマルサスの罠から抜け出そうとしていた。技術の進歩が人口増加ペースを上回るようになり、農場から工場へ労働者が移ったことが大きな原因である。これらが相俟って経済は（偏っているとはいえ）十分に繁栄し、人類は、すくなくともグローバルノースでは、そう遠くない将来にある程度の生活水準に達する可能性が見えてきた。従来なら本物のユートピアだと考えられたような水準に、である。

一八七〇〜一九一四年における世界の政治経済の経過は、必然あるいは必然に近い進み方とはいえないものの、おおむね妥当な道を歩んでいたと言えるだろう。参政権は普及し、権利は拡大し、ゆたかになると同時に不平等が拡大し（それとともに不平等撲滅をめざす政治運動が起きた）、大規模な革命は起きなかった。北大西洋諸国とそれ以外との格差が途方もなく拡大すると、公式・非公式の帝国にそれ以外の国は征服され組み込まれていった。

以上すべてのことがちがう結果になった可能性は十分にある。だが一八七〇〜一九一四年に起きた出来事がたどった経過は、一八七〇年の時点での世界の状況を見ればけっして意外ではない。

ほとんど抵抗できないような堅牢なロジックを持つこの歴史感覚は、第一次世界大戦とともに蒸発した。あの大戦が必然の成り行きだったとは言えない。一九一四年のサラエボ事件はもっとうまく対処できたはずだし、たとえ戦争になっても、どちらかの一方的な勝利によって短期で決着をつけることができたはずだ。あるいは、政府と指導者層がもっと冷静になってもよかっただろう。第一次世界大戦のような最悪の悲劇は起こるべくして起きたのだろうか。それとも、人類は単に運が悪かったのだろうか。

従来の歴史には大きな力や流れの構造的なパターンがあり、個人の行動や選択はその中で互いに打ち消しあっていた。だが第一次世界大戦の終わった一九一八年以降、歴史はそのパターンに戻ることはなかった。歴史はものごとを次から次へと破滅へ導くようになった。個人の構想や選択や行動が重要な意味を持つようになった。いや正確には、単なる個人ではない。大国の独裁者になる個人である。

ジョン・メイナード・ケインズの目に映った第一次世界大戦は、これまで想像したこともない悪夢だった。彼はイギリス大蔵省の執務室で戦争計画に携わったわけだが、これを軽蔑に値する行為だったと認識している。そのうえで、第一次世界大戦前のロンドンに住んでいた中流上位層はあまりにも無知だったと慨嘆するのだ。「そこでの生活は最小限の費用と最小限の手間で、他の時代なら最もゆたかで強大な権勢を誇る王族でさえ望めなかったような利便性、快適性、娯楽を提供してくれた」。ロンドンの住民は「このような状況を正常で確実で未来永劫続くと考え、変わるにしてもよくなる一方だと」みなし、「そこから少しでも逸脱するのは……普通は考えられないとんでもない話で、十分回避できたはずだ」と考える。

もちろん彼自身もそうだった。「軍国主義や帝国主義にせよ、人種的・文化的敵対者にせよ、その企図や政策はこの楽園の蛇となりかねない。それは、独占や規制や排他主義の企図や政策にしても同じことである」にもかかわらず、ケインズも同類たちも、それらを「日々の新聞種に過ぎない」とみなしていた。そうした企図や政策は「経済と社会の通常の営みにほとんど何の影響も与えないと思い込んでいた」のである[16]。

大まちがいだった。それらは、世界におぞましい結末をもたらした。ケインズは、自分が結局はあまりに無知な連中の一人だったと理解する。だから生涯の残りをかけてその責任をとった。何の責任か——嗤《わら》ってはいけない、世界を救う責任である。じつに奇妙なのは、彼がある程度それに成功したことだ。痛ましくも孤立した個人であって、政界で地位を確立した人間ではなかったにもかかわらず[17]。

第6章

狂騒の二〇年代

Roaring Twenties

第一次世界大戦は一八七〇〜一九一四年のパターンを中断させたわけだが、この中断は恒久的だったのだろうか。それとも一九一八年一一月一一日に砲声が止まったとき、人類のとりうる道にはいくつもの選択肢があったのだろうか。第一次世界大戦はほんの一時の悪夢に過ぎないと歴史に位置付けることは可能なのだろうか。人類は、個人としてまた集団として取引し、同盟を形成し、経済の復興・改革・規制に好ましい決定を行うことによって、第一次世界大戦の前と同じように大戦後も、進歩と繁栄という万人を幸福にする道を追求できたのだろうか。

もちろん、第一次世界大戦前のパターンを完全に復活させることは不可能である。皇帝は追放され、多くのものが破壊され、大勢が死んだ。だが人類はある意味で時計の針を四年半前に戻し、ものごとの正常なあり方に立ち戻り、欠陥を修復して、軍国主義・帝国主義・無政府主義・ナショナリズムの悪魔がすぐにまた世界をおぞましい悲劇へと突き進ませることがないようにし、ユートピアへの前進、いやのろのろ歩きを再開することはできなかったのだろうか。一八七〇～一九一四年の経済は真の黄金郷《エルドラド》だった。世界の富は過去に例のないペースで想像すらできなかった水準に達した。これに呼応して自然を操作し人間を組織する技術も進歩し、実用化されて、一段と経済を拡大させた。一八七〇～一九一四年の四五年間の技術の進歩は、一五〇〇～一八七〇年の三七〇年間の進歩に、もっと言えば、紀元前一二〇〇～紀元後一五〇〇年、すなわち聖書の出エジプトからトロイ戦争まで、青銅器時代の終わりから帝国主義と貿易の時代の始まりまでの時代の進歩に匹敵する大飛躍だったのである。

一九一四年ほどものごとがうまく回っていたときは他にないだろう。それは何も生産能力に限った話ではない。この年の前半は、それまでのどの時代よりも寛容で紳士的だった。奴隷の数は大幅に減り、参政権の範囲は拡大した。一九一四～一九一八年の悲惨な記憶でもって軍国主義的ナショナリストを抑え込み、時計の針を戻してやり直すという総意を得るのは容易なことだったのではないだろうか。

平和を維持し、国際分業を復活させ、さらにはそれに依存し、生産的な技術を活用するという政治的な任務は（精神に異常をきたした者はそれを望まなかったにせよ）、第一次世界大戦の直後にはある意味で容易だった。ナショナリズムは最悪だということはすでに証明された。となれば、その対極にあるコスモポリタニズム、すなわち世界の国々は「共通の家」を共有し互いを家族のようにみなすという考え方が、ナショナリズムのあきらかな代替になるはずではないか[1]。

それに、そのチャンスもあった。主要交戦国は生産の三分の一（これは世界の生産の九分の二に相当する）をもはや人を殺したり傷つけたり物を吹き飛ばしたりすることに使う必要がなくなったからだ。代わりに、ありとあらゆるすばらしいことに生産能力を割り当てられるようになった。何と言っても、一九二〇年代の世界における技術的な能力は一八七〇年の三倍になっているのである。このことは、人口が一八七〇年の一・五倍になっても、また国際・国内どちらのレベルで富の集中が進んでも、人類の大半は祖先が持っていなかったものを持てるようになったことを意味する。来年も衣食住はまずまず足りている、よって家族が来年飢えたり寒さをしのぐ服に困ったり雨風にさらされたりすることはないという信頼感はその一つだ。あとから振り返って「古典的自由主義」と呼んだものは、古典的というには時代が近過ぎたし、継承されてきた権威に埋め込まれていたから準自由主義としか言えない代物ではあったが、それでもよいものだった——世界がそれまでに経験した中では最高のものだったと言ってよい。

となれば、物質的な生産能力の点で一八七〇年に比べて一九二〇年をよりよい世界に導いたプロセスやシステムは、たとえいろいろと嘆かわしい欠点があっても、復活させ維持する価値があったのではないか。あるいは修正が必要だとしても、善意の人々がおおむね合意できるような結論を出すことはできたはずである。

第一次世界大戦後には、単なる修正ではなく擬似古典的準自由主義の秩序を根本から変えることをめざす思想の潮流が二つ出現する。その二つの潮流は流血の惨事や破壊を招きつつ勢力を伸ばして支配的になった。一つは実際に存在した社会主義（以下「実際の社会主義」）のウラジーミル・レーニン版、もう一つはベニート・ムッソリーニのファシズムである。いずれについても後段でくわしく論じる。

だが、よりよいシステムについて深く探究した人物は他にもいた。ここでしばしの脱線が許されるなら、そして本書が二倍の長さになることを編集者が容認してくれるなら、私はさまざまな思索の潮流を追いかけ、そこから生まれた行動を分析するだろう。一つ目の潮流は、一八八二年オーストリア＝ハンガリー帝国モラヴィア生まれのヨーゼフ・シュンペーターが代表格だ。モラヴィアはウィーンから一六〇キロ離れたチェコ語圏である。変化を必要とする社会は技術の進歩を活用しなければならない、というのがシュンペーターの考えだった。なぜ変化が必要なのかと言えば、企業家の役割を強化し、資本集約度の上昇に伴う組織の官僚化と見合うように出現した組織や経済のパターンに「創造的破壊」の余地を生むためだという。[2] 二つ目の潮流は、一九〇二年ウィーン生まれのカール・ポパーに代表される。真に「開かれた社会」をつくるには社会は自由主義とあらゆる形の自由を強化しなければならない、というのがポパーの考えである。[3] 三つ目は、一九〇九年ウィーン生まれのピーター・ドラッカーに代表される。彼は、自由・企業家精神・企業と組織は、自由放任市場《レッセフェール》によっても、すでに存在する社会主義計画経済によっても折り合いをつけることができないのはなぜかを解明した。ドラッカーの考えでは、必要なのは管理職とマネジメントという形でさまざまな視点を調整することであり、それを通じて人間を協力させ、まずまず効率的に働かせることができるという[4]。

さらに四つ目に、一八九一年ブダペスト生まれのマイケル・ポラニーに代表される潮流も取り上げたいところだ。彼によれば、社会は空想以外の何物でもない中央計画経済はまったく必要としないが、市場という利益追求目的の分散型制度だけを必要とするわけでもない。もっぱら理論と実践に関する知識を深めることに取り組む信託形式の分散型制度も必要とする。そこでは、他人に知識を教えることによって（たとえば近代科学界、技術者集団、法曹家集団、公正なジャーナリズム、エビデンスベースの政治といった場で）地位が得られる。またそうした社会では、構成員の自己利益と自由のためだけではなく、より広く公共の利益と自由を促進するために半ば人為的半ば自然発生的にルールが確立され、人々はそれに従うという[5]。

だが残念ながらこうした思想の潮流に割くだけの時間がなく、また本書にはそのスペースもない。そこで、すでに取り上げた二つの思想と行動の潮流だけを追いかけることをお許しいただきたい。一つは一八九九年ウィーン生まれのフリードリヒ・フォン・ハイエクが代表する思想（修正を必要とするのは、市場経済制度は自由放任に反対する社会的文化的秩序によって浄化され補われ完成されなければならないという誤った信念だけである）と一八八六年ウィーン生まれのカール・ポラニー（マイケルの兄）が代表する思想（市場が認めるのは財産権だけである。しかし社会は、自分たちには他の権利もあると主張し、右派にせよ左派にせよ、理性的にせよ愚かにせよ、ともかくも市場の欠陥に強く反発する人たちで構成されている）。この二つの思想の潮流が強制結婚にいたった経緯についても論じるつもりだ。この結婚を祝福したのはジョン・メイナード・ケインズである。これはきわめて重要な意味を持つ大きな物語だと信じる。すくなくともこれが私の物語だ。

時計の針を一九一四年まで戻すことがもし可能だとしたら、第一次世界大戦はなかったことにして時計を再び進めることはできただろうか。いくつかの重要な決定を逆にしておけば、擬似古典的準自由主義の秩序を復活させ、一九一八年以降も一八七〇〜一九一四年と同じように歩むことができただろうか。

分かれ道があったにせよなかったにせよ、また現実的に選べるよりよい道があったにせよなかったにせよ、第一次世界大戦後の歴史が語っているのは、そうした別の選択肢はとられなかったということである。

その最大の原因は、一九一八年以降の世界には超大国が存在しなかったことにある。この超大国とは、経済史家の（そして私の師である）チャールズ・キンドルバーガーが覇権国と呼ぶものに相当する。広く行き渡った繁栄、安定した財政、バランスよく成長する経済を経済学者は公共の利益に適うという。誰もがその恩恵を受けるが、それを提供するために誰かが何か特別に手配しているわけではない。大方の国は、どこかの国がそうしたシステムの面倒をみてくれると信じている。だからこそ、自国の利益に集中できるわけだ。世界経済において最も大きな役割を果たす市民すなわち最も多くの輸出品を出荷し、最も多くの輸入品を消費し、最も多くの資本を借りたり貸したりする市民を擁する国家は、国際経済の運営を主導する役割を担うことになる。結局のところ、その国の市民はグローバル経済の成功と繁栄で得るものが最も大きいからだ。そして他国はこの覇権国にただ乗り《フリーライド》する。世界の経済はつねに覇権国を必要とする。だが一九一九年の時点で新しい覇権国候補だったアメリカは、躊躇した。一九一四年以前はイギリスがその役割を引き受けることができたし、実際にも引き受けていた。しかし一九一九年以降は、「イギリスには引き受けられず、アメリカは引き受けたがらない」状況になったとキンドルバーガーは書いている。「どの国も自国の権益を守ることに回帰したとき、世界の公益は捨て去られ、それと共に私益も失われる」[6]。

第一次世界大戦でアメリカは無傷だったわけではない。死傷者数は三〇万人にのぼり、うち一一万人は死亡している。その半分は戦死、残り半分はスペイン風邪だった。だがヨーロッパの人々にとって第一次世界大戦は文明を破壊するようなショックだったが、アメリカ人にとってはそうではなかった。後になってからベルエポックと呼ばれることになる一時代は、戦争が始まってもアメリカでは終わらずにさまざまな形で続いた。禁酒法の実験、ジャズ・エイジ、フロリダの土地投機。大量生産工場の増加。無線電信など新たなハイテク産業の台頭。技術革命の希望の上に築かれた株式市場という楼閣。言うなれば、人類のユートピアへの憧れは一九二〇年代のアメリカで骨格を与えられた――というよりも、鉄鋼の枠組みを与えられたのである。こうして世界各国がフリーライダーになる中、アメリカは覇権国の座に就こうとせず、内向きになっていった。

アメリカ国民は世界のリーダー役を引き受けようとする政治家ではなく、孤立主義に傾く政治家を大統領に選んでいる。ウッドロー・ウィルソン大統領は、終戦時には圧倒的に強い立場にいた。なにしろ主要交戦国の中で領土拡張や政治的優位の目的で参戦したわけではない唯一の国として倫理的な強みがあるうえ、唯一効率的な軍隊を擁する国の指導者だったからである。にもかかわらず、ウィルソンはその有利な立場をほとんど活かそうとしなかった。彼はイギリスのデービッド・ロイド・ジョージとフランスのジョルジュ・クレマンソーが戦後処理を主導することをある程度まで、そうロイド・ジョージが驚くほどに受け入れた。ウィルソンが最後までこだわったのは、彼自身の一四箇条の最後に掲げ、ヴェルサイユ条約第一条に盛り込まれた国際連盟規約である。国際連盟は国際協定を締結し、また成立済み協定の修正や見直しの議論もできる国際機関となる。だが共和党保守派の指導者として有力な上院議員ヘンリー・カボット・ロッジも、当時議会多数派だった共和党の政治家も、国際連盟加盟に反対の立場であり、国際主義的な外交政策など考えたくもないという態度だった。かくして国際連盟は肝心のアメリカが加盟しないまま船出することになる。[7]

第一次世界大戦後のアメリカは、加盟国間の意思疎通を図るための国際機関に加盟しなかったうえ、移民の流入に新たな制限措置を導入し、関税も引き上げている。上げ幅としては、一八〇〇年代前半の公然たる保護主義時代や一九世紀後半の所得拡大・保護主義時代の水準には程遠かった。それでも、アメリカ市場につねに参入できるのかと疑念を抱いていた国外の生産者に二の足を踏ませるには、十分すぎる上げ幅だったと言わねばならない。もはや正常な状態への復帰は望めなかった。経済成長や繁栄や文明という機関車を第一次世界大戦前の軌道に再び載せてくれるきっかけは何もなかった。構造的な要因や基調的な方向性はそれなりに影響を感じさせはしたものの、よりよい方向へ向かわせるものではなかったのである。

しかもこのときグローバル化は悪魔と化し、文字通り毒を撒き散らすことになった。

人類はそれを予想していなければならなかったはずである。一八八九年五月にはウズベキスタンのブハラでアジア風邪と呼ばれるインフルエンザによる死者が出ている。当時はすでに中央アジア西部をシルクロードに沿うような形で伸びるカスピ海横断鉄道が開通しており、アジア風邪はカスピ海を超え、帝政ロシアの河川と鉄道網を伝って一一月までにはモスクワ、キエフ、サンクトペテルブルクに広がった。そして年末までにストックホルムの人口の半分がアジア風邪にかかっている。アメリカではニューヨークのイブニング・ワールド紙が「死に至ることは少なく、危険とは言えないものの、ディーラーは仕事を休まねばならないため儲けそこなうことになるだろう」と報じた。アメリカの死者数は翌一八九〇年一月にピークに達している。

グローバル化はその後も感染拡大の恐るべき原動力となり、感染スピードは次第に速くなる。一九五七~五八年のアジア風邪と一九六八~七〇年の香港風邪の大流行ではそれぞれ一〇〇万人以上が死亡した。二〇二〇年に始まった新型コロナウイルス（Covid-19）のパンデミックでは、本書の執筆時点で世界の死者数が推定四五〇万人に達し、感染速度の遅いＨＩＶ／ＡＩＤＳ

による死者数は約三五〇〇万人に達している。とは言え現代において最も死者数の多かった感染症は、一九一八〜二〇年に大流行したスペイン風邪と呼ばれるインフルエンザである。全世界で五〇〇〇万人が死亡したとみられ、当時の世界人口（一九億人弱）比で約二・五％に達する[8]。

しかし、このインフルエンザはスペイン風邪と命名されるべきではなかった。連合国では戦時中の検閲が実施されており、国民の士気を萎えさせるとしてインフルエンザについての記事は削除された。勢い新聞は特派員を派遣している中立国での流行を取り上げることになり、あいにくにもそれがスペインだったというわけだ。しかも同国の患者にアルフォンソ一三世が含まれていたことも格好のネタになった。実際には感染拡大の最大の要因となったのは、毎日数万人の兵士が通過していたフランスの基地と同国北部にあるエタプル病院だったと考えられる。インフルエンザは子供と老人だけでなく元気で健康な壮年をも死に追いやった。インフルエンザの死者の半分は二〇〜四〇歳だったのである。私の祖先はボストンを離れてメーン州の田舎に疎開し難を逃れたが、ボストンに残ったいとこたちはみな命を落としている。

第一次世界大戦末期にインフルエンザが猛威を振るい始めると、欧州各国の政府は躍起になって戦後処理を急ぎ、時計の針を一九一四年春に戻そうとする。しかしこの試みは失敗に終わった。その第一の原因は、世界大戦を始めるべきではなかったというコンセンサスは存在していたにしても、敗戦国をどう統治するかについてのコンセンサスはできていなかったことにある。戦後の調停においては、旧ドイツ植民地および旧オスマントルコ以外の保護領を併合・

統治する権利は、戦勝国の筆頭であるイギリスとフランスに与えられるはずだった。ところがトルコ自身も、旧ロシア帝国、オーストリア゠ハンガリー帝国、ドイツ帝国も、戦後はそれぞれが自国に関する決定権を持ち、自国の統治を投票で決めるようになる。なぜなら第一次世界大戦後には、君主という君主はイギリスのジョージ五世を除いてみな姿を消していたからだ。君主とともに側近や貴族もいなくなっていた。

ロマノフ朝最後の皇帝《ツァーリ》となったニコライ二世は革命勃発により一九一七年三月に退位したが、レーニンのボリシェビキ政権は翌一八年半ばに皇帝、皇后と五人の子供たちを銃殺している。社会革命党のアレクサンドル・ケレンスキーが率いる後継の半社会主義政権は憲法制定会議選挙を実施し、ボリシェビキを上回る支持を獲得したものの、レーニンが強権を発動して憲法制定議会を解散させてボリシェビキ独裁が始まる。選挙自体の正統性には疑問の余地がなかったため、レーニン一派は国内のさまざまな反政府勢力との武力抗争に明け暮れることになった。ロシア内戦は一九一七年から一九二〇年まで続いている[9]。

ドイツ帝国のホーエンツォレルン家第三代の皇帝ヴィルヘルム二世は第一次世界大戦の敗戦を受けて一九一八年一一月に退位し、国外に亡命した。その後は社会民主党穏健派の党首フリードリヒ・エーベルトが軍最高司令部の後ろ盾を得て民主共和政の臨時大統領となる。エーベルトとしては、財産を没収・国有化して富の再分配を狙う革命勢力を抑圧するために軍部の助けが必要だったのだ。社会主義者で社会民主党左派のカール・リープクネヒトとローザ・ルクセンブルクが党の戦争協力に反対してスパルタクス団を結成し、社会主義革命を企てると、党は軍部と手を組んで直ちにこれを弾圧。リープクネヒトとルクセンブルクは即座に銃撃され運河に投げ込まれた。逃亡を試みたので撃ったという理由づけすらなされなかった。事ここに至って社会民主党左派は離党する。彼らは決して許さず、決して忘れなかった。以後、彼らの敵は君主制主義者でもなく、金権政治家でもなく、中道右派でもファシストでもない。終始一貫してエーベルトの社会民主党が天敵となるのである。

オーストリア＝ハンガリー帝国の最後の皇帝となったカール一世も、やはり一九一八年一一月に退位している。巨大な帝国は、ごくごくおおざっぱに民族・言語的な境界に沿って分割された個々の国民国家に分かれることになった。

最後に君主の座を去ったのは、オスマン帝国のスルタン、メフメト六世である。スルタンは建国以来ムハンマドから連綿と世襲で受け継がれてきた地位で、政治指導者であると同時に宗教的指導者であり、メッカとメディナの二聖都の守護者でもあった。メフメト六世は、オスマン朝を創設した初代オスマン（在位一二九九〜一三二四年）の剣を最後に掲げるスルタンとなった。第一次世界大戦での敗戦によりオスマン帝国は連合国に占領され、スルタン政府は形骸化する。トルコ国民党を率いるムスタファ・ケマル・アタテュルクが一九二〇年春にアンカラに新政府を樹立し、実権を握った。

第二の原因は、勝利を収め政治的にも安定している連合国側の主要国にとってさえ、単純に時計の針を戻すわけにはいかない事情があったことである。政治家は、国民を無用の流血の大惨事に引きずり込んだ無能者として公職を追われることを恐れていた。そこで、われわれは戦争に「勝った」のだから、勝利の果実を自由に手にすることができるのだと国民に大々的に宣伝したのである。

連合国の市民（生き残っていればの話だが）にしてみれば、敗北した枢軸国の資源を好きなだけ利用できるなら、戦争前よりも確実によい暮らしができることになる。それなら、戦争もその犠牲も払う価値があったというものだ。だがウッドロー・ウィルソン大統領の考えはちがった。彼は「勝利なき和平」を説く。和平は「屈辱のうちに強要されて受け入れる」ものであるべきだった。勝利に基づく要求は「苦い記憶を残し……その中で講和条件が定められることになる。これでは恒久的な成果は得られず、流砂のように危ういものとなるだろう」。そしてウィルソンは「当事者が平等であるような和平だけが長続きする」と付け加えた。[10]だが彼は、外交術に長けた狡猾なヨーロッパ首脳たちに太刀打ちできる人間ではなかった。ケインズは端的にクレマンソーとロイド・ジョージに「だまされた」と書いている。[11]彼らは「賠償」を求めたのではない。単にドイツが与えた損害を「修復する」ことを要求しただけだ。だがどうしてドイツにそれができるだろうか。イギリスとフランスにそのための商品を送るのか。だがそうなると、ドイツの商品がイギリスとフランスの重工業製品に取って代わることになる。イギリスもフランスもそんなことは望んでいなかった。ドイツ製品を受け入れれば、自国で大量失業を引き起こしかねない。よってこの解決方法は問題外だった。

第一次世界大戦後のヨーロッパが時計の針を戻すことができず、ナショナリズムを根絶やしにするどころかむしろ一段と増殖させる結果を招いた第三の原因も存在する。それはウィルソンが、戦後の国境は「忠誠心と民族性という歴史的に確立された方針に沿って」定められなければならないと発言したことだ。国境の線引きによって出現する国家の自律的発展を促すことが目的だった。問題は、そのような線引きによっては民族は分けられないことである。結局、ヨーロッパではどの国も不満をつのらせる少数民族を抱えることになった。多くの国で支配的となった民族はかつては不満をくすぶらせる少数民族だったため、権力と権利を手にしたいま、かつて自分たちがやられたことをやり返すことになる。

連合国の政治家が賢明で先見性に富んでいたら、勝利がもたらすものへの国民の期待を鎮めようと努力しただろう。敗北した枢軸国の戦争主導者と一般国民はちがうのだと指摘しただろう。主戦論を唱えたのは皇帝や軍の指導者や好戦的な貴族であって、彼らは戦後みな追放されるか行方をくらましていた。ケインズの言葉を借りるなら、開戦に至った原因は「狂気じみた妄想と無謀な利己心」だった。それは「われわれが作り上げわれわれの生活が営まれていた基盤を転覆させた」[12]。

この「狂気じみた妄想」という言葉は、一九一九年に発表された『平和の経済的帰結』の最初のパラグラフに登場する。だがケインズは、妄想に駆り立てられたのが軍国主義者、貴族、あるいは皇帝だったと述べたのではない。「ドイツ国民」だと述べたのである。ケインズをはじめ連合国側でドイツに同情的だった人々でさえ、こうした見方をしていた。

ケインズは戦争とそれに伴う破壊や死を「ドイツ国民」の責任だとしたが、その一方で、連合国側はそれを直ちに忘れることが絶対に必要であるとも信じていた。同じパラグラフの最後に、過ぎたことは過ぎたことにしなければならないといった意味のことを述べている。連合国側の代表は、戦争による損害をすべてドイツに賠償させドイツを貧しいままにしておこうとしているとして、「フランスとイギリスの国民の代弁者たちは、ドイツが着手した破壊を完遂する危険を冒している」とケインズは指摘した。彼らの求める講和は「戦争ですでに揺らぎ壊れかけていた繊細で複雑なしくみを、修復できたかもしれないまさにそのときに、一段と傷つけることになる。しかしヨーロッパの人々が職を得て生活して行けるのは、まさにそのしくみがあるからこそなのだ[13]」。

この発言をもって、ケインズは当時の世論からはっきり乖離した。それだけではない。連合国の指導者層の間に形成されていた強いコンセンサスからも乖離した。彼はイギリス代表に助言する顧問としてパリ講和会議に参加しており、各国首脳の目的がドイツからできる限りむしり取ることだと判明するのを恐怖の目で見守ったのである。彼の考えでは、それは第一次世界大戦後の復興計画全体をあるべき道から脱線させることにほかならなかった。

南アフリカ首相のヤン・クリスティアン・スマッツも英連邦の一員として会議に参加してお

り、友人M・C・ジレットに宛てた手紙で会議の様子を伝えている。

豪華な晩餐の後、かわいそうなケインズとはよく一緒に話した。私たちは世界を非難し、迫り来る大洪水に慨嘆した。もういまはグリカ族（南アの一種族）のお祈りをするときだ、と私はケインズに言ったものだ。神様、どうか息子をお遣わしになるのではなくご自身でお越しください、もう子供の時間ではないので、とね。そして私たちは笑ったが、笑いながらもフーバーの描き出した地獄絵図を忘れていなかった。大々的な介入をしない限り、三〇〇〇万人が餓死するというのだ。だがそこでまた私たちは、状況はそこまでひどくなかろうと考え始める。何かが起きて最悪の事態は避けられるにちがいない。こうした感情の動きはある意味で正しかった。こんなときには、君がいないことがとてもさびしい。君とアーサーと一緒にいたら、いまの成り行きをどんなふうに話し合うだろうか。[14]

このフーバーとは、あのハーバート・フーバーだろうか。答えはイエスだ。第一次世界大戦が始まるとすぐフーバーは、ベルギーに飢餓が迫っていることに気づく。イギリスがドイツの輸送路を封鎖しており、食料の輸入ができなくなっている。ドイツはベルギーを征服し、進軍とともに国土を破壊している。ドイツ自身が封鎖で食料不足に陥っており、ベルギーへの食料供給など優先順位がきわめて低かった。フーバーは躍起になってイギリスを説得し、ベルギーに穀物を輸出させてくれたら、ベルギーと連合国との結びつきは一段と強まると口説き落とした。フーバーはまた、アメリカからベルギーへの穀物輸出を許可してくれたら、ドイツはベルギーに穀物を一粒も供給せずに済み、その分を自国の軍隊に回すことができるとドイツを説き伏せた。そうなればドイツによる占領が予想したほど悲惨ではなくなり、ベルギー国民の苦しみも和らぐだろう……。フーバーはなかなかしたたかな説得上手だった。

戦争が終わった後も、フーバーは飢餓撲滅に奔走した。彼は「偉大な人道主義者」として大統領退任後の新しい仕事を続けたのである。[15] 復興の過程で手をこまぬいていたら三〇〇〇万人が餓死すると警鐘を鳴らし、全身全霊を挙げて資金を集め、ロシアからフランスにいたる全ヨーロッパに食料支援を行った。

フーバーは食料を送るという形で、ケインズは人々の意見を変えさせるためにペンをとるという形で、解決策を示した。ケインズは帰国すると猛烈な勢いで『平和の経済的帰結』を書き上げ、発表する。同書の中で彼は平和よりも勝利に関心があると見えた先見の明のない政治家を厳しく糾弾し、エスタブリッシュメントとの太いパイプを自ら断ち切った。そして代替案を提示し、暗い予言を発した。「もしわれわれが意図的に中央ヨーロッパの窮乏化をめざすなら、必ずや復讐が待っていると予言しておこう。そのときには、反動勢力と絶望的な革命運動との最終的な内戦はもはや何物によっても先送りすることはできまい。そのような内戦を前にしたら、つい最近までの対独戦の恐怖などとるに足らない。内戦はわれわれの世代の文明と進歩を……打ち砕いてしまうだろう[16]」。

ケインズは、何が起きるかを正確に理解していた。

戦後の困難はインフレから始まっている。市場経済は価格というシグナルを発信して、何をすれば利益が上がるかを意思決定者に教える。価格が正しいなら、利益の上がることをすれば社会の幸福も増えるはずだ。だが意思決定者が価格の発するシグナルを理解しなかったり、あるいは価格自体が誤ったシグナルを発したりしていたら、利益計算はできなくなり、成長も止まってしまうだろう。なお、ここで言うインフレは、物価が一%、二%あるいは五%程度じりじり上がるようなインフレではない。その程度のインフレならさしたる問題を引き起こすことはない。ここで問題にしているのは、一〇%、二〇%あるいは一〇〇%かそれ以上という高インフレである。ケインズはまさにこの問題を一九二四年に論じた。

レーニンは、資本主義体制を潰す最善の方法は貨幣価値を暴落させることだと断言したという。インフレを持続させれば、政府は誰にも気づかれることなく国民の財産の大部分を没収することができる……それも恣意的に没収できるのである。その結果、一部の者は功績にふさわしくないうえ予想や願望すら上回るような棚ぼたの利益を得る。つまり不当利益を得る。彼らは、インフレ政策で貧窮化したブルジョワジー……の怨嗟の的となる。……未来永劫不変だったはずの債務者と債権者の関係は資本主義の根幹をなすものであるが、それすらまったく成り立たなくなり、ついにはほとんど無意味になる。そして財をなすプロセスは運任せの賭け同然に堕落するのだ。確かにレーニンは正しかった。既成の社会基盤を転覆させるのに、貨幣価値を貶めること以上に人に気づかれない確実な方法は存在しない。その過程で経済学の法則という隠れた力がことごとく破壊の方向に作用する。それを見抜けるのは、百万人に一人もいるまい。[17]

ではなぜ、レーニン以外のすべての政治指導者は高インフレ政策に走ったのか。

政府が、これからは所得が増えるから潤沢に消費できるようになると国民に約束するとしよう。しかしその約束は、政府が税収で手当てできる額も、経済が生産できる額も大幅に上回っていたとする。この齟齬を埋め合わせるにはどうすればいいのか。一つの方法は、政府が国債を発行して国民から借金をすることだ。国民から借りるからにはその分の消費は諦めてもらうわけだから、その見返りに国民は将来のよりよい暮らしについて多くを要求する社会的権利を持つことになる。国民が政府に負担してほしいモノやサービスと、政府の税収（その多くを富裕層が払う）とが乖離する場合には、政府はその差を埋め合わせなければならない。そこで利付債を大量に発行して現金を借り入れるというのが通常の手段となる。

この方法がうまくいくかどうかは、国債を買って保有する個人（その多くは投資家である）の期待次第だ。彼らはどの程度忍耐強いだろうか。国債を売らずに持ち続けることに対してどんな見返りを要求するだろうか。政府をどの程度信頼しているだろうか。その信頼はいつまで続くだろうか。第一次世界大戦後の投資家は忍耐心に乏しく、高いリターンを要求した。このような投資家心理が蔓延した場合、大規模な借り入れによる資金調達を行った政府は、経済学者が「物価水準の財政理論」またの名を「シムズ理論」と呼ぶものに頼ることになる。この理論は、次の等式で表現できる。

物価水準＝（名目債務残高×金利）／実質債務返済限度額

一九一九年のフランスを例にとろう。一九一九年六月の時点でフランの対ドル相場は一フラン＝〇・一五ドルだった。同年のフランスは二〇〇〇億フランの公的債務残高を抱えており、金利は年四％だった。よって利払いは年八〇億フランになる。フランスの債務返済限度額すなわちフランス政府と国民が利払いに活用できる財源が、実質ベースすなわち一九一九年の平均物価水準でみて八〇億フランあるなら等式は成立し、フランスは一九二〇年代にインフレを経験せずに済んだだろう。この場合の式は次のようになる。

1・00＝(名目債務残高：2000億フラン×年利4％)／実質債務返済限度額：80億フラン

だが実際にはフランス政府と国民が利払いに充当できる実質財源は三二億フランしかなかった。そのうえ投資家は年利四％ではリスクに見合わないと考え、六％を要求していた。すると、等式は次のようになる。

3・75＝(名目債務残高：2000億フラン×年利6％)／実質債務返済限度額：32億フラン

つまり物価水準が一九一九年の平均水準の三・七五倍でなければ、等式は成り立たない。となれば一フランは〇・一五ドルではなく、〇・〇四ドルであるべきだということになる。実際にもフラン相場は最終的に一九二六年に落ち着くのだが、そのときの対ドルレートは〇・〇四ドルだった。これは要するに、フランスは七年にわたり年平均二〇％のインフレに見舞われていたということになる。これほど貨幣価値が下落したら、経済に関する計画は何も立てられないし、当然ながら一九二〇年代を通じて実質成長は妨げられた。

さらに悪い結果が待っていた。投資家が信頼を完全に失ったのである。「価値のない」ものがほんとうに「無価値」になるハイパーインフレの極限が出現した。印刷された紙幣も政府が売り出した国債も紙屑同然になった。かつてオーストリア＝ハンガリー帝国に属していた国々は、第一次世界大戦後に初のハイパーインフレに襲われる。戦争が終わると、それまで単一の経済単位だった旧帝国は七つの国に分割され、それぞれの国が独自の通貨を発行し、個別に高い関税をかけ始める。地域的な分業も立ち消えになった。

戦争が終わらないうちに、当時まだ三四歳だったシュンペーターは戦後の問題を端的に指摘している。「軍隊が必要とする物資」は供給されてきたし、今後も供給は確保されるだろう。だが「戦後は……通貨問題に直面することになる」という。彼は比喩を使って、戦費を払ってきた国は「工場が焼け落ちた企業家の立場に立たされ、帳簿に損失を計上しなければならない」と述べた[18]。

シュンペーターは、旧帝国の解体により誕生したオーストリア共和国の大蔵大臣を一九一九年に務めている。彼は高率の富裕税を直ちに導入し、すべての不動産、工業・商業・住宅・金融資産に課税して債務を返済すべきだと主張した。外務大臣のオットー・バウアーをはじめとする他の閣僚は富裕税には賛成したものの、税収は「社会主義化」に使うべきだという考えだった。具体的には国内の大企業を政府が買い取り、経営効率化を図ったうえで、その収益でまずは労働者の賃金を引き上げ、しかるのちに債務を返済するという。シュンペーターは、社会主義化が効率的ならば、何も富裕税で資金手当する必要はないと反論した。そのような買収は現代で言えば「レバレッジド・バイアウト（ＬＢＯ）」に相当する。よく計算されたＬＢＯであれば、外部からの資金は必要ないはずである。

しかしシュンペーターは更迭されてしまう。内閣は分裂し、結局富裕税は導入されずに終わった。

ではどうしたか。オーストリア政府は猛烈な勢いで紙幣を増発した。第一次世界大戦前のオーストリア・クラウンの対ドル相場は一クラウン＝二〇セントだった。一九二二年夏が終わる頃には、これが〇・〇一セントまで下落している。大戦末期に設立された国際連盟はオーストリアに外貨建ての融資を供与するが、自国通貨と財政の管理を放棄するという条件付きだった。大幅な歳出削減と増税により予算は均衡を回復したものの、オーストリアは五年にわたって不況に苦しめられ失業率は高止まりした。

お隣のドイツの物価は一兆倍に跳ね上がった。一九一四年に四ライヒスマルクで買えたものが、一九二三年には四兆ライヒスマルク出さないと買えないということである。戦後のドイツに対する投資家の信頼はないに等しく、途方もないリターンを要求した。問題は、ヴェルサイユ条約で連合国側がドイツに科した重い賠償金である。政治家にしてみれば、これほどの額を支払おうとする姿勢をすこしでも見せたら、落選することはまちがいない。その裏返しで、フランスやイギリスの政治家にしても、賠償金を現実的な額に見直して支払い可能するという提案などしようものなら、やはり落選は確実だった。そのような提案は、ドイツの労働者が英仏の労働者から仕事を盗むのを後押しするようなものだ。そうなったら自国内で大量失業が発生することになる[19]。

この問題はもっとうまく解決できたはずである。フランスとイギリスは受け取った賠償金でドイツ企業の株を買い、そこから上がる利益を受け取ることにすればよかっただろう。ドイツ政府は増税して富裕層が株を手放すよう仕向けられたはずだ。ただしこの方法を採用するためには、連合国の政府が手っ取り早い賠償金ではなく時間をかけて企業の所有から利益を得ることに同意しなければならず、またドイツ政府が大幅増税のできるほど有権者に対して強い立場でなければならない。ドイツ政府はそれよりも賠償金の支払いを先延ばしする方法を選んだ。

結局のところ、賠償金の大半は支払われずに終わっている。支払われた分は、アメリカの投資家が戦後ドイツの成功を当て込んで貸し出した資金でまかなわれた。ドイツはそれを受け取るとそのまま連合国に渡したのである。アメリカの融資は一種の投機であり、事後的にみると賢い判断ではなかった。ドイツの賠償金は、最終的には大恐慌の際に免除されている。

そもそも巨額の賠償金を科したこと自体が、ひどく高くつく決定であったことが判明している。賠償金の決定が最終的には大恐慌にいたる一連の出来事を引き起こしたからだ。賠償金による経済弱体化が直接的にアドルフ・ヒトラーの台頭を招いたとは言えない。ヒトラーの登場はもっと後だ。だが賠償金はワイマール共和国を不安定化させた。ヒトラーが登場する前にドイツの議会民主制は破綻し、大統領令による独裁政治体制に移行していたのである。

そのドイツのハイパーインフレはどれほどの規模だったのか。一九一四年の時点では、ドイツの通貨であるライヒスマルクの対ドル相場は、一ライヒスマルク＝二五セントだった。一九一九年末までにはちょうど一セントに下落しているが、そこからいくらか持ち直し、二〇年末の時点では二セントとなった。しかしドイツ政府が歳出削減に努めず、紙幣増発を続けた結果、二一年末には〇・三三セントになってしまう。インフレ率は年五〇〇％、月一六％、一日当たり〇・五％ということになる。二二年末には、一ライヒスマルク＝〇・〇〇二五セントになった。インフレ率は年一三〇〇％、月五〇％、一日当たり一・三五％である。

当初政府はインフレを歓迎した。税を徴収するより紙幣を刷って歳出を手当てするほうが容易になったからである。商工業にとってもこの状況は好都合だった。銀行から借り入れて、大幅に価値の下がったライヒスマルクで返済すればよいからだ。さらに労働者にもインフレは恩恵をもたらした。失業率はほぼゼロになったし、インフレの初期段階ではすくなくとも労働者の実質賃金と購買力は下がらなかったからだ。だがこの状況で一九二三年一月にフランス政府がポイント稼ぎの目的で賠償金不払いを理由に大炭鉱地帯のルール地方に軍を派遣して占領し、武力で物資を奪う挙に出る。ドイツ政府と国民は消極的抵抗で対抗した。具体的にはルール地方の労働者はストライキを行って生産を停止する一方で、ドイツ政府は彼らの賃金を保障するために紙幣を増発した。その結果、二三年末までには一ライヒスマルク＝〇・〇〇〇〇〇〇〇〇〇〇〇二五セントに下落する。インフレ率は年九九九九九九九九〇〇％、月三六四％、一日当たりですら五%である。

第一次世界大戦後にインフレに見舞われた国は数多いが、最悪のインフレを経験したのはドイツで、すでに述べたように物価水準は一兆倍になった。だがドイツ以外の国もインフレ率は悲惨な水準に達している。ロシアの物価水準は四〇億倍、ポーランドは二五〇万倍、オーストリアは二〇〇〇万倍になった。フランスは七倍で済んだが、これはつまりフランス国債を一九一八年に買った投資家が一九二七年に償還されたときには、一九一八年に買えたものの七分の一しか買えなくなったということである。

この大規模なインフレの波を招いたヨーロッパの最大関心事は、つい先日まで第一次世界大戦の渦中にあった人々、すなわち傷を負い、飢えに苦しめられ、兄弟や夫や息子を亡くして悲しみに暮れる人々をいくらかなりともなだめることにあった。多くの人が、戦死者は何か価値あるもののために死んだのだと思いたがっていた。そこで政治指導者たちは「英雄にふさわしい国」を作ろうとする。具体的には、生活水準の向上のために社会福祉とインフラ整備に力を入れた。加えて、労働者階級の男子さらには女子にも選挙権を与えた。この最後の政策の結果は直ちに現れた。たとえばイギリスでは、成人男子の半数しか選挙権を持っていなかった大戦前と比べ、戦後の一九一八年の選挙では、社会主義を掲げる労働党が得票数を七倍に伸ばしている。

その結果、復員軍人傷害年金、失業保険(復員軍人が道で物乞いをしなくて済むように)、巨額の政府支出（戦災復興のため）、さらに巨額の政府支出（戦時中にできなかったインフラ整備その他の投資を埋め合わせるため）、さらにこれを上回る政府支出（戦時国債の償還のため）が次々に打ち出された。有権者も戦争の英雄たちも、破壊された自分たちの財産あるいは疎開や避難などで失われた価値を政府が補償してくれることを期待した。さらに、ポラニーの主張する権利を要求した。かくして老齢年金、公営住宅、公的医療保険などが政治課題となる。これらの要求に応じるには膨大なリソースが必要だ。世界のどの国の経済も一九一四年と比べれば貧しくなっているにもかかわらず、要求は苛烈だった。右派はそれに敢えて抵抗しようとはしなかったし、左派は左派で富裕層に負担させられるほど十分な支持を有権者から得ていなかった。投資家は低利で国債を保有してくれるほど政府を信頼していない。かくして物価水準の財政理論が発動され、途方もないインフレを招く結果となったわけである。

経済学者の狭い視野で捉えると、インフレは単なる税、再配分、混乱だということになる。まず、現金を手に入れた時点と使う時点との間で価値が減るという点から、インフレは現金に課される税と考えることができる。また、お金を借りた人は減価した通貨で返せばよく貸した人は減価した通貨を受け取らねばならない点で、インフレは再配分だと言える。さらに、さまざまな日付で帳簿に記載される数字が実質購買力と釣り合わなくなり、企業、家計、個人の取引が経済的に意味があるのか計算が立たなくなる点で、インフレは混乱要因であるとも言える。

インフレとりわけハイパーインフレのこうした要素は、どれも信頼を打ち砕いてしまう。経済に対する信頼、社会に対する信頼、政府に対する信頼を失わせるのだ。この信頼の破壊は、ケインズの言葉を借りるなら、「一九世紀の社会経済秩序の継続をあっさりと不可能にした」。だが［ヨーロッパの指導者たちは］それに代わるものを持ち合わせていなかった」ということになる。裕福ではないが金に困ってはおらず、社会でそれなりの地位を得ていた人々は、右派に鞍替えする必要を感じていなかった。それは、左派の再分配計画を恐れていたからでもあった。そうした人たちはインフレで資産の名目価値が台無しになると知って動転する。彼らはだまされたと感じたし、とくに国債を保有していた人々は政府にだまされたと感じた。市場は与えるのと同じように奪うのであり、そうあるべきであって、祝福こそすれ呪うべきではない、などとはもちろん考えられなかった。それも当然である。なにしろ安定した財政と一定の生活水準を求める自分たちのポラニー的権利が、インフレによって目の前で乱暴に奪われたのだから。

権力か財産を持っているほとんど誰もが、アメリカのハーディング大統領言うところの「常態」に戻ろうとした。第一次世界大戦中に破壊されたものは元に戻さねばならない。その中には、金本位制への復帰も含まれていた。何と言っても半世紀にわたってすべての主要貿易国は、自国通貨を固定レートで金と交換できる兌換制度を運用してきたのである。だから戦後すぐに各国は自国通貨を再び金にペッグすることに同意し、実際にも最終的にそうした。[20]

金本位制への復帰に喜んだのは富裕層である。というのも、金本位制の下では紙幣発行量が金保有量に制約されるため、インフレを防げるからだ。資本逃避、輸入需要の増大、通貨を金に交換しようとする銀行家が中央銀行の窓口で作る行列といったものはインフレ圧力を押し上げる。自国の金利を上げ下げできるのは、国際金本位制の総元締めであるイングランド銀行を擁するイギリスだけである。これはイギリスにとっても世界貿易にとってもいいシステムであるように見えた。世界の多くの国で半世紀におよぶ高度経済成長、過去のどの時代にも成し遂げられなかった成長を支えたのは、第一次世界大戦前の金本位制だったと言っても過言ではない。

第一次世界大戦が始まってみると、欧州各国の財務相はインフレの恩恵に気づく。戦争を戦ううえで増税はしたくない政府にしてみれば、インフレはむしろ絶対に必要だった。だが固定レートで金と交換できるという条件を守る限り、インフレは起こり得ない。そこで各国は戦時中に次々に金本位制から離脱した。そして戦後になると、常態への回帰を求める政府は金本位制への復帰を模索するようになる。

だがこれは、言うは易く行うは難しの典型だった。戦時中と戦後のインフレで、大雑把に言うと世界の物価は三倍に跳ね上がっている。銀行と政府がつねに取引の一定比率を金準備で裏付けることによって経済を円滑に運営してきたわけだが、物価が三倍になれば取引の名目価値も三倍になるため、金準備も三倍にしなければならない。それができないなら、金と自国通貨の交換比率を変えるほかない。

戦時中と戦後のインフレさらにはハイパーインフレが収まると、戦間期の金本位制は取引高に対する金準備率が戦前の三分の一で運用されることになった。これではとうてい円滑な運用が望めないことははっきりしている。

とりわけ困難を来したのがイギリスだった。イギリスの戦中・戦後のインフレは他国に比べてきわめて低かったにもかかわらず、ポンドの価値が下落したせいで窮地に追い込まれてしまう。一九一四年七月の時点では一ポンド＝四・八六ドルの平価で固定されていたが、市場は四・〇〇ドルをいくらか下回る水準が妥当だと評価しているようだった。これにどう対応すべきか。政府の顧問役は、政府が緊縮財政を敢行して戦前の平価を回復すれば市場の長期的な信頼を勝ち得ることができる、と請け合った。そうすれば金融は安定化し、金利の引き下げと高度成長を実現できる。彼らは自信たっぷりで信用できそうに見えた。

与党の政治家たちは助言に従うことにした。だが一ポンド＝三・八〇ドルが適正だと市場が判断している経済において、四・八六ドルを回復できるまで緊縮を実行するには、あらゆる価格と賃金を三〇%引き下げなければならない。つまりデフレにする。だがそうなれば失業率はすぐさま上昇し、外国との競争で倒産が相次ぎ、為替レートは非現実的な水準になってしまう。

一九二〇年代半ばのイギリスの意思決定者は、大蔵大臣のウィンストン・チャーチルである。彼の私設秘書のP・J・グリッグは、チャーチルが主宰した一九二四年のある晩餐会のことを報告している。そこでは、戦前の平価での金本位制への復帰の賛成論者と反対論者が意見を戦わせた。ある反対論者は、輸出の激減、失業率の上昇、賃金水準の大幅低下、ストライキの頻発という暗い近未来図を描いてみせた。この招待客の名前はジョン・メイナード・ケインズである。

だがケインズは、おそろしく強い口調で戦後処理を巡るイギリス政府の立場を批判し、国のエスタブリッシュメントとの太いパイプを断ち切ったのではなかったのか。答えはイエスでもあればノーでもある。というのもそのときまでにケインズは、断ち切ったパイプを復旧できるほどの地位を手にしていたからである[21]。

『平和の経済的帰結』はケインズの名声を一気に高めた。伝記作家のロバート・スキデルスキーの言葉を借りるなら、ケインズは「専門家の知識を駆使して天使のように」語ったという。「情熱と絶望感」に駆り立てられたケインズは、経済学の卓越した知識と洞察を披露しただけでなく、経済学に説得力を持たせる雄弁術を遺憾なく発揮する。彼は敵意を取り除く力を持つようになっていたし、すくなくとも自分の言葉に耳を傾けさせることができるようになっていた。

第一次世界大戦後、ケインズはその力を利用して――笑ってはいけない――文明を復興することが自分の義務だと感じるようになっていた。戦前の世界は、経済の面でも、社会、文化、政治の面でも暮らしやすいところだった。それをエリート支配層が台無しにしたのだ。だから、何としてもあそこへ戻る道を見つけなければならない……。だからと言って、単純に時計の針を一九一四年に戻し、一ポンド＝四・八六ドルの平価に設定してもうまくいくはずがない。経済の基礎的要因《ファンダメンタルズ》が激変しているからだ。必要なのは賢く適応することだった。だが残念ながら、ケインズの影響力はチャーチルの歴史的晩餐会に自分を招待させる程度には大きかったものの、歴史を変えるほど大きくはなかった。いや正確に言えば、政治家を、もっと言えばチャーチルを翻意させるほどには大きくなかったのである。[22]

一九一九年の時点では、ポンドを戦前の平価に戻すことの経済的リスクは漠然としており、不確かで、身近なものとは感じられなかったし、これ以上実験的な政策を採用することのメリットもはっきりしなかった。これに対して金本位制への復帰を先送りして実験的政策を継続することの政治的リスクは大きく、しかも差し迫っていると考えられた。政治的リスクもまた経済的リスク同様、漠然としており、不確かで、身近なものとは感じられなかったのである。かくして、金本位制への復帰が決断された。[23]

イギリスは一九二五年に金本位制に復帰する。するとイギリスの産業は石炭採掘から繊維、化学品、鉄鋼にいたるまで、深刻な競争力不足に直面することになった。その結果、輸出産業では失業率が上昇し、輸出競争力を回復するために賃金水準は押し下げられた。そのうえイングランド銀行が気づいていなかったあることをポンドの投機家は見抜いていた。過大評価された平価で金本位制に復帰すればポンドが暴落し、経済は弱体化することである。彼らが資金をイギリスから引き揚げ国外に移し始めると、イングランド銀行は対外収支の均衡を維持するために、金利をアメリカを上回る水準に維持しなければならなくなる。高金利は投資を一段と冷え込ませ、失業率をさらに押し上げた。

通貨価値調整に伴う負担の分配をめぐってイギリス社会は分裂し、とうとう一九二六年にはゼネストが実行される。イギリス政府は競争力を失って衰退する産業に補助金を出すことにするが、このような対応は、環境変化に対して自ら適応する努力はしなくてよいと言うようなものである。これでどうやって景気を上向かせるというのか。

一九二〇年代の終わりに西欧の市民と有権者が過去を振り返ったら、だまされた一〇年間が二回もあったと気づいたことだろう。一九一〇年代は、瀕死の皇帝、貴族、将軍、政治家、軍人が権力を持っていた最後の時代だった。その結果が第一次世界大戦という人類の最悪の悲劇だったわけである。そして戦後の一九二〇年代は、経済学者と投資家と政治家が力を持っていた一〇年間だった。彼らは一〇〇〇万人の命を奪ったりはしなかったものの、その雄弁とは裏腹に高度成長も所得と物価の安定も十分な雇用創出も実現できなかった。

一九二〇年代におけるアメリカの孤立主義は、外交や軍事面の関与を避けることに限られていたわけではない。商業面のグローバル化も逆転した。それもまた、アメリカに限った話ではなかった。グローバル化した経済は一九五〇年までに世界的な景気後退に突入した。

景気後退の一部は、失業率が高くなると各国がすかさず自国市場を閉ざし、自国産業を輸入攻勢から守ろうとしたことに起因する。また一部は、経済の相互依存性が武器として使われるのではないかと政治指導者が恐れたことに起因する。依存度が高すぎると、どこかの国が禁輸令を出そうものなら、たちどころに経済が立ち行かなくなってしまう。それは政治面でも安全保障面でも重大なリスクだと受け取られた。さらに一部は、グローバル化に伴う競争に敗れた既得権益団体が、政治の場で強大な発言権を得て次第に扇動的になったことに起因する。だが何より大きな原因は、製造業の生産性が各国間でさほど乖離することなく急激に向上したことにある。輸送費をかけて輸出または輸入することが金銭的に見合うかどうかは、輸送費に比して生産コストが高いかどうか、生産コストおよび需要の国家間格差が貿易から利益を得られるほど十分に大きいかどうかに左右される[24]。大量生産と組立ラインの登場によって輸送費に比して生産コストは下がる一方で、生産コストおよび需要の国家間格差は広がっていない。以上のさまざまな要因から、一九五〇年における国際貿易は、一八〇〇年と同じ水準である世界の経済活動のわずか九％まで縮小していた。グローバル化の進行は完全に逆転したのである[25]。

そのうえ影響力を持つ多くのアメリカ人が、移民の流入を阻止することが急務だと感じていた。

そもそもアメリカでは第一次世界大戦勃発のかなり前から、自由な移民受け入れと国境開放に対する根強い反対がくすぶっていた。ボストンの名家出身のＷＡＳＰで共和党員の上院議員ヘンリー・カボット・ロッジは、進歩主義者のウッドロー・ウィルソンと同じく、長年にわたって移民受け入れに警鐘を鳴らし続けてきた一人である。彼らはアメリカ人を非常に狭い定義の白人と捉え、その社会的進化が損なわれることを恐れた[26]。ロッジは次のように主張した。イタリア系移民の大半は勤勉でよい人たちである。だが中にはマフィアの仲間もいる。よって彼らを排斥しなければならない。ポーランド系移民も大半は勤勉でよい人たちである。だが中にはテロリストが混じっているし、移民二世の中には無政府主義者がいる。その証拠に、ウィリアム・マッキンリー大統領を暗殺したレオン・チョルゴッシュはポーランド系移民で無政府主義者だ。よって彼らも排斥しなければならない。アイルランド系移民も、何世代にもわたってアメリカにすでに定住している人々も含め、大半は勤勉でよい人たちである。とりわけマサチューセッツ州に住み、ロッジに投票してくれた人たちはそうだ。だが中には社会主義と無政府主義にかぶれた者も混じっている。アイルランド系アメリカ人の秘密結社モリー・マグワイアズはその最たるものだ。よって彼らも排斥しなければならない。

無政府主義者は危険きわまりない。ユダヤ人のごくわずかしか無政府主義者ではないが、無政府主義者の多くはユダヤ人である。それにユダヤ人はだいたいにおいて問題であり、とくに政治的に問題である。民主党はユダヤ人票欲しさにユダヤ人にすり寄っている。その証拠にウィルソンはルイス・ブランダイスを最高裁判事に任命した。だがあの男にはその資格がない、とロッジは断言した。危険な過激思想の持ち主であり、ひどく陰険なやり方でアメリカの政治を歪めてしまうにちがいない。ロッジ一派の価値観からすると、アメリカの財産になるのはイギリス、ドイツ、オランダ、フランス、北欧からやってくる白人だけである。アイルランド系はボーダーライン上だった。アイルランド系移民が多い選挙区から出馬せざるを得ない政治家によって「イギリス人」に同化させられるからである。他の移民は、もたらす価値より引き起こすトラブルのほうが大きいとみなされた。

ご都合主義の単発的な例は別として、アメリカの有権者の多くはロッジと同じような考えだった。いや、もっと悪かった。一九〇〇年から一九三〇年の間にアメリカの黒人中流階級、W・E・B・デュボイスの言う「有能な一〇分の一」は壊滅的に減っていた。ハリウッドはクー・クラックス・クランを甦らせた。中道左派のウィルソン大統領にしてからが連邦政府の官庁で人種差別を行い、労務管理は黒人労働者にやらせた。進歩主義的な共和党の大統領セオドア・ルーズベルトは、あの「アトランタの妥協」のブッカー・T・ワシントンをホワイトハウスでのランチに招いた。彼の従兄弟である民主党のフランクリン・D・ルーズベルトは第一次世界大戦中に、ホワイトハウスに隣接して建つ行政府ビル（旧国務・陸軍・海軍ビル）のトイレを分離せよという命令書に署名している。[27]

南・東欧からの移民制限措置は一九二〇年代半ばに導入された。一九一四年の時点では一二〇万人以上の移民がアメリカに流入していたが、一九二四年移民制限法により始まった数量制限では年間一六万人までとなる。しかも出身国別に受け入れ数が割当制となった。北・西欧への割り当ては潤沢だが、南・東欧への割り当ては移民希望者数を大幅に下回っていた。一九三〇年までにアメリカは七〇〇〇万人の人口、つまり移民制限法がなければ海を渡ってやって来たはずの移民を失う。にもかかわらず、あたかもその七〇〇〇万人がやって来て住み着くかのようなペースでアメリカでは住宅建設が続けられた。しかも住宅には、七〇〇〇万人が住宅を買うか賃貸料を払うかのような価値が設定されたのである。

もっとも、多くのアメリカ人は自国が内向きになっていることを心配していなかった。なにしろ一九二〇年代のアメリカにはやることがたくさんあった。中流階級にラジオ、さまざまな家電、クルマ、郊外の住宅が普及しており、ジャズ・エイジのユートピアのような様相は酒の販売が禁止されてもいっこうに陰る様子がなかったのである。一九二九年までに自動車販売台数は三〇〇〇万台近くに達し、アメリカ人の五人に一人が自家用車を持つにいたる。工場には電動モーターで駆動される組立ラインが導入されて作業効率が飛躍的に改善され、第一次世界大戦後のアメリカは世界で、そして歴史上でも最も富裕な国となる。もちろん世界はそのことに気づいた。

すでに一八〇〇年代半ばの時点で、多くのイギリス人技術者が定期的にアメリカのやり方をスパイしていた。彼らの観察によれば、アメリカの製造業が作る製品は欧州の製品より単純で雑である。使われている労働者もかなり未熟練だ。また原料を大量に使う。イギリス人に言わせれば「浪費している」。そのうえ未熟練工も含め労働者にイギリスよりはるかに高い賃金を払う。それにどうやらアメリカの製造プロセスは、労働者の頭脳や腕よりも機械と組織に頼っているらしい。

製造業のこの「アメリカ方式」の元祖は発明家イーライ・ホイットニーである。彼は自動綿繰り機を発明し普及させたことで名高い。自動綿繰り機のおかげでアメリカの中織維綿が紡績に使えるようになった。ホイットニーは単なる発明家ではない。発明家でありセールスマンでありオタクであって詐欺師でもある。この組み合わせから誕生したアイデアは、製品のパーツをもっと厳密でしっかりした仕様に従って製造し、互換性を実現すべきだというものである。ホイットニーは銃器のシリンダーに互換性を採り入れている。彼自身が互換式生産で大成功を収めたわけではないが、このアイデアはその後に活かされ、現在もなお有効である。

アメリカ方式の普及は、一九世紀後半における米製造業の発展に大きく寄与した。工作機械産業の発展もあって、たとえばシンガー（ミシン）、マコーミック（農機修理）、ウェスタン・ホイール・ワークス（自転車）などはどこも部品の互換性を確立する戦略を採用し、これまで熟練工が多くの時間を割いてきた取り扱い・組み付け・仕上げなどのコスト節約を実現している[28]。

コスト削減は当然ながら一九世紀の製造業にとって主要関心事だった。だがそれだけではない。高品質（しかし最高品質ではないことに注意されたい）の製品を作ることも製造業の目標だった。そうすれば高い値札をつけることができる。

ヘンリー・フォードとそれ以前の工場経営者との重要なちがいは、金属加工に「アメリカ方式」を採用したことにあった。そしてフォードと海外の競争相手とのちがいは、フォードが高級品（運転手を雇っている富裕層向けの高級車）をめざさなかったことにある。彼が作ろうとしたのは、できるだけ多くの人に買ってもらえるような低価格品だった。

どうやってそれを作るのか。フォードは資本集約型の工場を建設してコストを最小限に抑えた。フォードの工場は自動車製造には適しているが、他のものの生産にはまったく向かない。このような集中的な資本投下はリスクが大きい。フォードの工場の生産性と収益性は、生産の高速化に依存している。これは、組立ラインで「人ではなく仕事のほうが動く」ようにしたことが大きい（組立ライン自体もまた大量生産のもう一つの決め手である）。フォードの技術者たちは仕事の遅い労働者をスピードアップさせるにはどうしたらいいか考え、組立ラインの速度を上げられるようにした。組立ラインは容赦なく動くから、どこで仕事が停滞するかを見つけ出すのはたやすい。スピードについていけない未熟練工は熟練工に置き換えればよい。管理の仕事は以前よりずっと楽になった。人件費は固定費だから、作れば作るほどその比率は下がり、販売価格を引き下げることができる。[29]

腕のいい労働者を低賃金で雇えるなら、フォードとしてもうれしかっただろう。だがそんなうまい話はない。フォードの組立ラインでの仕事はかなり過酷だった。だから、デトロイト工場で標準的な賃金（日給二ドル弱）しかもらえない労働者はかなり高い確率でやめてしまう。たとえば一九一三年のフォードの平均工員数は一万三六〇〇人だが、年間五万四〇〇〇人がやめるか解雇されていた。のべつ急かされ、歯車のように扱われ、短期雇用で、不満は無視され、いつ何時クビになるかわからないフォードの労働者が、世界産業労働組合（ＩＷＷ）に取り込まれていったのは当然の成り行きだった。そしてＩＷＷお得意の一部組合員による山猫ストはフォードの利益を削り取る効果が絶大だったのである。

そこでフォードの出した解決策が大幅賃上げだった。未熟練工（家庭環境と就労態度がフォードの基準を満たす場合に限られる）の日給を一気に五ドルに引き上げると、一九一五年には年間離職率が三七〇％から一六％に激減した。日給一・七五ドルではフォードにしがみつく価値はないと考えていた労働者の多くが、日給五ドルなら我慢しようという気になったわけである。フォードの工場の外では、楽なのにペイがいい仕事だと考えた連中（かつ組立ラインの速度をあまり気にしないタイプ）が列を作るようになった。[30]

きわめて不均質で階層化した一九一〇年代、二〇年代のアメリカでは、高賃金で中程度の技能しか持たないブルーカラー労働者が所得分布の上位半分に位置づけられるなど、到底考えられないことだった。しかしデトロイトでは実際にそれが起きた。大量生産が普及するにつれ、デトロイトは例外ではなく標準になっていく。そしてフォードは有名になり、アメリカの製造業のシンボルになった。大量生産の飛び抜けた生産性は、技術の力だけでユートピアへの道を示してくれるように見えたものだ。戦間期におけるヘンリー・フォードは、オルダス・ハクスリーが洞察に満ちたディストピア小説『すばらしい新世界』の中で描いてみせたように、生ける伝説であり、神話の中にいるような、世界にとってはモーセに近いような人物だった。

誰もが両手を上げて歓迎したわけではないし、中にはあからさまに疑念を示す者もいた。現実の存在としては、たいした影響力を持たないにしても、ロッジのおぞましい警告を触れ回る一派や無政府主義者や社会主義者がいた。それに、『すばらしい新世界』は多義的な解釈ができるにしても、やはりディストピアであることはまちがいない。ハクスリーがフィクションとして描いたフォーディスムは、必ずしも誰もが住みたいとは思わないような、いや、思うはずのない世界だった。

長い二〇世紀の傑出した人物の多くがそうであるように、フォードもまた世界の関心を惹きつけ維持することに成功した。ただし彼自身の考えは次第に粗野で気まぐれで非情になり、偏見に囚われるようになるのだが、ともかくもフォードの大量生産というすばらしい新世界は、安定を重視する人々（ポラニーを含む）にとってまちがいなく衝撃だった。その新世界こそが、すばらしく新しく華々しい形あるもの、たとえばラジオ、自動車、映画等々をもたらしたのである。となれば、多少の不安定や混乱は容認できるし、粗野も気まぐれも非情も見て見ぬふりができる。全体として見れば、大量生産が作り上げるアメリカの未来は輝かしかった。

アメリカの意思決定者たちは、現代の企業に必要なのは途方もない規模の経済を作り出すことだと考えるようになった。規模の経済を可能にするのは、原料の調達から最終製品の販売経路まで自ら計画できる垂直統合された大規模な組織である。その実現には、アウトプットの最大化と同時にアウトプットを確実に売り切るための価格の最小化が必要だ。フォードのような企業は、この方程式が可能であること、すくなくとも満足のいく程度に可能であることを証明してみせた。

二〇世紀初めにアメリカン・テレフォン&テレグラフ（AT&T）の社長だったセオドア・ニュートン・ヴェイルは、企業収益を生み出すための二つの戦略を示した。「小規模事業で利益率が高い、または大規模事業で利益率が低い」の二つである。そしてアメリカでは後者がよいとされた。[31]

だが量産品を製造する企業は、まさにそれゆえの問題に直面した。需要が一巡したら、買い替え需要は大幅に下がってしまうことである。製造業に必要なのは単に「買い換える」客ではなく、「アップグレード」を求める客だった。これは、フォードにとってとりわけ大きな問題となる。というのもフォードは生産上の理由だけでなく主義としても、変化しないことにこだわり続けたからだ。だが消費者はフォードとは違って新しさを求めるため、この問題はますます頭痛の種となった。消費者は、ただのクルマではなく隣人とはちがうクルマを手に入れるためならすこし余計に払う用意があったし、それは今日も変わらない。[32]

ハクスリーは、量産品を買わせるには洗練された心理操作が必要になると考えており、まさにそれを『すばらしい新世界』で描いた。[33] だが現実の世界はもっと単純だった。まず、生産する。次に、何を生産したか人々に知らせる（それを使っている写真、それを買えばこれまでに買ったもの以上に生活が楽しくなることを示す写真を見せる）。すると大衆はこぞって買うというしかけだ。

フォードが格闘した問題は、ゼネラル・モーターズのアルフレッド・P・スローンも抱えていた。車の骨格部分を同じにして規模の経済を最大限に活用し、ちがうカラーに塗装したハコに骨格を組み込む。あとは広告の力で別のラインの車のように見せかける。心理学がいくらか関わっているにしても、これが洗練されていると言えるのだろうか。答えはノーだ。

このような製品の洪水について賛否両論が起きるのは当然である。彼らのやり方は無駄が多いし欺瞞的だ。それでも製品の差別化、独占的競争、広告は広く支持された。大量生産と大量消費がアメリカを作ったと言っても過言ではない。それは、郊外の家に住み、自動車で通勤したり買い物に行ったりし、洗濯機や冷蔵庫やアイロンや電気ストーブ等々の恩恵を謳歌する中流層が作り上げる社会である。アメリカの家庭で行われる経済活動の一部を大きく様変わりさせた数々の発明や技術と、ポラニー的権利についての大衆の理解とは親和性が高かった。

第一次世界大戦前に遡ってみると、アメリカ経済は工業先進国の中で最悪の状況だった。一八七三年に当時アメリカで最大の投資銀行だったジェイ・クック&カンパニーが破綻すると、相次いで倒産が起き、恐慌が発生した。ジェイ・クックの破綻は、ノーザン・パシフィック鉄道建設プロジェクトに過大に投資したことが原因である。さらに一八八四年には別の鉄道の破綻に起因する恐慌が起きる。続いて一八九〇年代前半には、イギリスの確立した金本位制をアメリカが放棄するのではないかという不安から別の恐慌が起き、東海岸都市部の資本が流出する事態に陥った。もっともJ・P・モルガンはグローバー・クリーブランド大統領が金本位制を維持すると予想し、そのための資金を融資することで巨額の利益を得ている。一九〇一年の恐慌は、そのJ・P・モルガンとE・H・ハリマンがノーザン・パシフィック鉄道の経営権を争って株式市場の混乱を招いた挙句に引き起こしたものである。次に一九〇七年の金融恐慌が起きる。この恐慌が大恐慌に陥らずに済んだのは、一八二〇年代以降にイングランド銀行が果たしてきた役割をJ・P・モルガンが引き受けたおかげである。その役割とは、窮地に陥った銀行を危機が過ぎるまで支援することだ。イングランド銀行にそれができたのは、法定通貨である銀行券を印刷したからである。一方モルガンは銀行間決済に使える「クリアリングハウス証書」を発行し、これを現金代わりに受け取ることを拒否した銀行は危機後に必ず潰してやると恫喝した。モルガンはひどく記憶力がいいのだ。[34]

だがこの金融恐慌を機に、政治家も銀行も、中央銀行の救済機能を民間の強欲無慈悲な金融機関が果たすのは好ましくないと考えるようになる。民間のほうがずっと有能だとしても、である。じつはアンドリュー・ジャクソン大統領が一八三〇年代に第二合衆国銀行の公認更新を拒否（自由を脅かすとの理由からだった）して以来、アメリカには中央銀行と言えるものが存在していなかった。一九一三年に中央銀行として連邦準備制度理事会（FRB）が設立され、金融システムの健全性を維持し流動性を確保する任務を引き受ける。これで商工業は円滑に回っていくと期待された。かくして第一次世界大戦後のおよそ一〇年にわたり大方のアメリカ人にとって、市場は与え、そして奪うものであり、祝福すべきものとなった。そのすべては、世界全体を安定化させる覇権国家としての責任など考えることなく実現された。アメリカを安定化させれば、それで十分だったのである。

一九二〇年代にアメリカの急速な工業化の強力な旗振り役となり、橋渡し役を務めたのは、ハーバート・フーバーである。ウッドロー・ウィルソンはヨーロッパへの食糧支援を行っていた彼を食糧庁長官に指名した。一九一九年に議会はフーバーに一億ドルの予算を与え、さらにフーバー自身が一億ドルを調達して、戦後の食糧支援に充当している。一九二一年に政権が民主党から共和党へ交代したが、ウォレン・ハーディング大統領は二大政党主義あるいは進歩主義に譲歩したのか、でなければ実行力のある政府というアイデアに取り憑かれたのだろう、フーバーを商務長官に任命する。フーバーは一九二一〜二八年までその任にあった。[35]

フーバーは、商務長官たるものはアメリカ企業各社にとっての経営コンサルタントであるべきだとし、他の経済分野はすべてアメリカの産業に協力し支援するよう指導するのが長官の役割だと考えた。フーバーは航空産業を、そしてラジオの普及を後押しした。一九二七年ミシシッピ大洪水の際には連邦支援策を強力に推進している。翌二八年には共和党の大統領指名を勝ち取り、民主党のアル・スミスを破って大統領に当選した。

一九二八年末にカルヴィン・クーリッジ大統領が行った最後の一般教書演説は次のように始まる。「アメリカでかつて招集された議会の中で、国の現状を調べたうえで現在以上によろこばしい未来が見えていた会期はない」。すべての人が「現在に満足し、将来を楽観的に見つめている」と退任する大統領は力強く宣言したのだった。実際、一九二〇年代のアメリカではほぼすべての人が楽観的になれる理由を持ち合わせていた。アメリカはイノベーションと発明の大きなうねりに乗っており、そのうねりは先行世代が想像できなかったほどの速いペースで繁栄の高みに連れて行ってくれると考えられた[36]。

うねりを先導するのは自動車をはじめとする耐久消費財、とくにラジオだった。電動モーターと電化が工業生産を牽引した。それに呼応して公益事業も発展する。電化に伴い、公益事業が提供するサービスへの需要は予測通り急拡大した。公益事業の固定費は大きく、その大半が独占事業に近い状態だった。

公益事業の戦略ははっきりしていた。産業の底堅い健全性を担保に銀行から金を借り、その資金で他の公益事業を買収し、規模の経済を活かしてコストを抑え、大きな利益を手にする。そのうえで、潜在的な規制機関が業界に甘い顔をするよう、利益をしかるべき人々と分かち合う、という戦略である。シカゴを拠点とする公益電気事業集団を率いたサミュエル・インサルは、この戦略で電気インフラの総帥となる。嫉妬と強欲に駆られた投資銀行家たちが彼への支援を断たなければ、一九世紀半ばのアメリカ資本主義を支配していたかもしれない。

もっとも、不満の声がなかったわけではない。アメリカでは富の集中が目につくようになっており、何かがまちがっているという感じが広まっていた。だがそれが何なのかをはっきり説明することはむずかしかったし、どの派閥や集団もそうした漠然とした不満を政治的エネルギーにうまく変えることはできなかった。ポピュリスト党は、反黒人主義と不平等についての思い込み（不平等は地域的なもので貧困は農村部のものだ）のせいで一八九〇年代に崩壊し、進歩主義の潮流は穏健派が生ぬるい改革しか支持しなかったせいで衰退していた。一方、有権者は共和党大統領に票を投じ続ける。共和党はアメリカの経済的社会的発展に大なり小なり満足していたし、「アメリカの仕事はビジネスだ」と固く信じていた。[37]

それでもアメリカ企業の経営者や選挙で選ばれた政治家たちは、進歩主義者から突きつけられた課題を忘れてしまったわけではない。一九二〇年代のアメリカの経営者たちは、労働組合の組織化や左翼政治へのシフトが引き起こしかねない事態を極度に恐れ、自社の労働者の福祉に配慮して「厚生資本主義」を発展させる。専門のソーシャルワーカーが企業に雇われ、カウンセリングを行い、労働者の家庭を訪問した。企業は従業員持株制度を発足させ、退職年金の積み立てを支援し、疾病・労災事故・生命保険を充実させた。[38]

厚生資本主義が不均等に広がる中、社会主義も社会民主主義も無意味で不必要で、かつアメリカ的でないとみなされた。従業員の幸福に配慮することはアメリカ企業にとって長期的な利益になるのであり、ヘンリー・フォードの日給五ドルやプルマンの社宅の提供を例に挙げるまでもなく、そんなことはわかりきっていた。

一九二〇年代が進行するにつれて、アメリカ人は第一次世界大戦前の深刻な不況を忘れていき、自分たちは高度成長と繁栄の「新時代」に生きているのだと考え始める。それに、設立されたばかりのFRBは景気循環を抑える手段を持ち合わせている。科学研究の成果を民間の研究所で組織的に応用することで、次々に新しい発明が生まれ、その勢いは加速していた。この世界は、都合のいい事実だけを見る限りにおいてすばらしい新世界であり、微妙なところではあるがユートピアだった。一九二〇年代のアメリカで、この繁栄は永遠に続く、高度成長は加速すると人々が考えたとしても不思議ではない。

永遠に見えた「新時代」がもたらした結果の一つが、金融資産の高騰である。ある金融資産を適切に評価するためには、まず市場が安全資産に求める利回りを考慮する必要がある。安全資産とは、たとえば世界で最も信頼できる国の政府が発行する国債である。第二に、資産のリスクに適切な調整を加える。第三に、調整後の利回りから、資産の予想利回りの伸び率を差し引く（固定利付債であればゼロになる。株式であれば、予想利益成長率になるだろう）。これを「調整済み利回り要因」と呼ぶことにしよう。第四に、問題の資産の現在の利回り（債券であれば受取利金額、株式であれば受取配当金額）をさきほどの調整済み利回り要因で割り戻す。これで資産の適正価格が求められる。この四段階を面倒がらずに計算した一九二〇年代のアメリカ人は、資産価格は上がり続けるとの前提に立っていたのだった。

その結果、マクロ経済の安定化の成功がもたらす低リスクと低金利、新しいテクノロジーが牽引する高度成長、この先は不況はめったに起きないし起きてもゆるやかだという確信を伴う永遠の「新時代」を信じる気持ちが広がっていった。この状況は、具体的な形として金融資産とりわけ株式の高騰を招くことになる。中でも上げ幅が大きかったのがハイテク銘柄だった。元祖マネタリストの経済学者（かつ禁酒法の熱狂的支持者）アーヴィング・フィッシャーは、経済予測における自らの評判を台無しにするような発言を一九二九年にしてしまう。「株価は恒久的な高値安定期に入った」と宣言したのである。これを聞いた聴衆はいっせいに頷いて同意を示したものだった。[39]

アメリカの株式市場が常軌を逸していることはあきらかだった。株価評価に多数の異常値が見受けられたことからすると、一九二九年の夏から秋の初めにかけて株に投資していた人々は、自分がしていることに対するまともな裏付けを髪の毛一筋ほども持っていなかったと考えられる。

クローズドエンド型投資信託を考えてみよう。このタイプは会社型投資信託の形で投資法人が運用することが多い。投資家は投資法人の株を買うことによって資金をプールし、リスクを抑制できるとされている。集めた資金でクローズドエンド型投資信託は多数の銘柄を買い入れ運用する。理論上は、運用マネジャーは個人投資家より優良株を見きわめリスクを管理する術に長けていることになっている。

実際には、クローズドエンド型投資信託の資産は組み入れられた金融資産、すなわち株や債券だけである。よって合理的な金融の基本原理からすると、クローズドエンド型投資信託の基準価格は、ポートフォリオを構成する株や債券の市場価値以外の何物でもない。だが一九二九年の秋には、クローズドエンド型投資信託は純資産価格に四〇%も上乗せした価格で売られていた。[40]

金本位制の「ゲームのルール」によれば、金が流入した国はそれを裏付けに供給する通貨量を拡大するため、インフレになる。インフレになればその国は輸入を増やして輸出を減らすので、貿易収支は再び均衡するということになっている。だが金の二大保有国であるアメリカもフランスも、インフレを容認する気はまったくなかった。彼らは金をひたすら金庫に溜め込んだ。どちらの国も、金を万一のときのショック・アブソーバーではなく、国の宝と見なすようになっていた。宝は守り、秘蔵しなければならない。というわけで、金が流出しようものなら、それは敗北の証とみなされた。

一九二九年の時点でアメリカとフランスは世界の貨幣用金の六〇%以上を保有していた。金の価格水準は、一九一四年の二倍に達している。つまりアメリカとフランス以外の国は、世界の金のごく一部しか出回っていない状況で貿易を行っていたわけである。その結果、一枚の金貨、一本の金の延棒は、ショックの緩和、流動性の供給、信頼の創出という働きを通常の五倍以上こなすことになった。[41]

ことが起きてしまってから、経済学者のフリードリヒ・フォン・ハイエクとライオネル・ロビンズは、一九二九年に始まった大恐慌の責任はFRBにあると非難した。もっと早く利上げをしなかったのが悪いという。彼らは、一九二七年春にＦＲＢが公定歩合を四％から三・五％に引き下げた（ドイツ銀行とイングランド銀行から要請された）ことを問題視し、このような政策はあきらかにインフレを誘発し、低利の資金が過剰に経済に供給され、やがては市場の過熱を招いて一九二九年の投機熱につながったというのである。[42]

いまとなっては、この主張はまちがっていたことがわかる。というのも、インフレ誘発型の金融政策とはどのようなものかがわかっているからだ。一九六五〜七三年にアメリカで実行された政策に類するものがそれである。一九二〇年代の金融政策は、全然そうではなかった。その証拠に全般的に物価は安定していたのである。原料市場も製品市場も、過剰な資金が流入して希少な物資を手に入れようと躍起になるといった状況ではまったくなかった。

ミルトン・フリードマンらはもっと説得力のある主張をしている。ＦＲＢの政策は景気刺激型ではなく、むしろ一九二九年の株式大暴落の直前は過度に緊縮型だった。ＦＲＢの理事たちは一九二八年からずっと、利上げをしなかったら金が国外に流出してしまうと懸念していたからである。彼らはまた、株高が行き過ぎだとも感じていた。行き過ぎになればいずれ暴落し、そうなったら不況を引き起こしかねない。そこでＦＲＢは、借り入れコストが高くなるような措置を講じることによって金の流出と株投機の両方を阻止しようとしたわけである。ＦＲＢは前者には成功したが後者には失敗した。[43]

ＦＲＢは株の過大評価が進行して暴落を招くことを食い止めようとしたが、この試みは逆効果だったようだ。彼らは自ら暴落を、ひいては不況を引き起こす結果となった。もともとアメリカ経済は一九二九年六月に景気後退期に入っていた。その時点でドイツ経済はすでに一年近く景気が低迷していた。大恐慌が始まっていたのである。

第7章

大恐慌

The Great Depression

大恐慌を理解するには、まず一八〇〇年代前半に展開された経済学者たちの議論に遡るべきだろう。当時の経済学者は、市場経済の誕生を目の当たりにしていた。彼らは、ものごとが必ずしもうまくいかないのではないかと心配した。農家は育てた作物を職人に売れないかもしれない。なぜなら、職人が作った品物を商人に売れなかったかもしれず、商人は職人の作った品物を農家に売りに行っても無駄足に終わるかもしれない。なぜなら農家はお金がなくて何も買えないからだ……。

フランスの経済学者ジャン＝バティスト・セイは、一八〇三年に、何も心配はいらないと書いた。そのような「全般的な供給過剰」すなわち経済全体にわたる「生産過剰」あるいは「需要不足」が大量失業を引き起こす、といった議論はまったく論理性を欠くという。セイは、稼いだお金で何かを買うつもりのない限り、誰も売るための商品は生産しないと主張した。[1] 後継世代のジョン・スチュアート・ミルは、セイのこの一八〇三年の主張に基づいて一八二九年にこう書いた。従って「形而上学的な必然」により、商品の計画生産総額、計画販売総額、計画購入総額は等しい。これが「セイの法則」である。[2]

ただし、この等式は経済全体の総額についてのみ成り立つとセイは注意を喚起する。個別の商品では、往々にして需要過剰や供給過剰が起きる。前者の場合、買い手の欲求は満たされず、払ってもいいと思う水準まで価格が急上昇する。後者の場合、売り手は売り尽くすためにどんどん値下げする。希少な商品に対して需要が供給を上回る（従って高い利益が見込める）のも、商品があふれ返り供給が需要を上回る（従って損失が見込まれる）のも、何かのまちがいではない。そういうものなのだ。市場は需要過剰や供給過剰といった不均衡を解消するために、ただちにリソースを転換するインセンティブを与える。だがほとんどすべてのものの生産に対して需要が不足したらどうなるのか。そういうことはあり得ない、とセイは言う。

他の経済学者はセイの結論に疑義を呈した。売る前に買いたくなったらどうするのか。たとえば商人が織物を買い付けに来る前に職人が食料を買いたくなったら？　そういうときのために銀行と信用状があるのだ、とセイは言う。「商品に代わって交換手段となりうるものがあることを商人はよく知っている」。カール・マルクスは「セイの幼稚な戯言」だと片付けた。[3]そもそも誰もが何かを買うためにだけ売るわけではない。既存の債務を返済するために売ることもある。銀行からの借り入れの期限が到来したときなどがそうだ。この場合、需要は過去のものであって、現在の供給と均衡することにはならない。もし誰もが既存の債務の返済のために売ろうとするなら、現実に「全般的な供給過剰」が起こりうる。そして貸出金の回収を急ぐ銀行が倒産の連鎖を目の当たりにしたら、「商品に代わって交換手段となりうるもの」を提供しようとは思わないだろう。

セイはまちがっていた。経済学者のトーマス・ロバート・マルサスが一八一九年に漠然と気づき、若きジョン・スチュアート・ミルが一八二九年に見抜いたとおり、ほぼすべてのものの供給過剰と同時にお金に対する需要過剰が起こりうる[4]。

作り手の商品に対して需要が供給を上回ったら、作り手は値上げをすることができる。もしあなたがその商品をどうしても欲しいなら、高い値段でも払うだろう。そうなると今度は、あなたとしてはもっとお金が必要になる。お金があればもっと買えるし、他の商品も買うことができる。お金に対する需要過剰が起きたときも、同じような展開になる。お金の欲しい人は長時間頑張って働くことでより多くのお金を「買う」。だがお金の場合は特別で、別の方法も使うことができる。支出を控えるのだ。だが大勢が支出を控えたら、売り手は市場を失い、収入を失い、仕事を失うことになる[5]。

お金に対する需要が供給を上回り、従って多くのモノやサービスが供給過剰になったら、工場は閉鎖され、労働者は失業する。すると株主には配当が払われず、貸し手には返済されず、労働者には賃金が払われない。すると、経済の潜在生産能力の合計と総需要との格差は開く一方になる。

セイは、マルクスとミルらがのちに指摘することになる点に、一八二五年恐慌（運河恐慌とも呼ばれる）後に気づいた。[6] イギリスの銀行は一八二五年後半になって、ラテンアメリカでの投資がうまくいっていない多くの借り手にあまりにも多く貸しすぎたと気づく。そこで彼らは、将来の利益で返済するという借り手の約束をそれ以上信用せず、貸し出しの打ち切りという挙に出た。すると、借り手は「これまで頼りにしていた借り入れが途絶えて大打撃を受け」、最終的に金融・経済恐慌を引き起こす。正真正銘の「全般的な供給過剰」が起きた。お金も信用も、結局のところ不安定な信頼に基づいている。相手は必ず返してくれると信頼できなくなったら、お金も信用もあっという間に姿を消すのである。

だが、お金に関して盤石だとほとんどつねに信頼される組織が一つだけ存在する。政府である。政府は国が発行した通貨を税金として受け取る。よって納税義務のある人はみな売れるものを売って政府発行通貨を受け取ろうとする。需要不足と所得の減少で経済が停滞したとき、政府には解決する手段がある。政府の将来にわたる財政状態が信頼されている限りにおいて、通貨の発行量を増やして人々の手元に行き渡るようにすればいい。そうすれば必要なものを買うことができ、売り手の所得が増えることになる。すると売り手は消費を増やす。こうして経済は自ずと回り出す。政府が適切に後押ししてやればよいのだ。

政府が人々の購買力を増やして景気低迷に歯止めをかける方法はいくつもあるが、最も直接的なやり方は役人が現金の束をヘリコプターからばらまくことだ。この華々しい方法を最初に提案したのはミルトン・フリードマンである（のちにこれに言及したＦＲＢ議長のベン・バーナンキは「ヘリコプター・ベン」というあだ名をつけられた）。

このほかに、政府が人を雇い、仕事を与えて賃金を払う方法もある。また、単純に政府がモノを買うという方法もある。そうすれば売り手は追加的な需要に応じるために雇用を増やし、賃金を払うことになる。

また政府には、中央銀行という機関もついている。中央銀行は、金融資産を購入して市中に資金を供給することができる。

この最後の方法が、一九世紀以降最も好まれているやり方だ。一八二五年恐慌の際には、イングランド銀行がイギリス中の銀行、企業、個人の手元現金を増やし、ひいては支出を増やす役割を果たした[7]。当時イングランド銀行の理事の一人だったジェレミア・ハーマンは、こう書いている。「われわれはあらゆる手段を駆使し、これまでやったことのないような方法を使ってまで現金を貸し出した。われわれは証券を買い、大蔵証券を買い、大蔵証券を担保に貸し出した。大蔵証券を無条件で割り引いて買い取るだけでなく、大蔵証券の差し入れと引き換えに巨額の資金を貸し出したのだ。要するに、中央銀行の安全を脅かさない限りにおいて可能なあらゆる方法を使った。場合によっては親切すぎたかもしれない。人々が陥った窮状を目の当たりにして、われわれは権限の範囲内でできるすべての支援を提供した[8]」。

イングランド銀行の奮闘も虚しく、恐慌は起きた。一八二六年のイギリスの綿糸生産量は前年より一六％落ち込んでいる。とは言え恐慌は短かった。一八二七年の綿糸生産量は前年比三〇％増を記録している。もっと深刻な事態になった可能性はあるのだろうか。もちろんである。もしイングランド銀行が一九三〇年代前半のアメリカ財務省やＦＲＢと同じように行動していたら、一八二五年恐慌ははるかに深刻になっていたと断言できる十分な理由がある。

一九二九年に始まって一九三三年まで続いた大恐慌に世界が巻き込まれていく間、各国の中央銀行は人々の手にお金を行き渡らせるための大規模な緊急措置を講じなかった。もっとも、そう言ってしまうのは簡単だが、彼らが手をこまぬいていた事情は複雑である。

一九二〇年代のアメリカの株高は、国全体を覆っていた楽観的な空気の結果だった。経営者も経済学者も、新設されたＦＲＢが経済を安定させてくれると信じ、技術のハイペースの進歩が生活水準を急速に押し上げ市場を拡大してくれると期待した。そのＦＲＢは、株投機が過熱する一方で、あまりにも多くの金融機関の債務比率が高くなりすぎており、株価がすこしでも下がったら破綻の連鎖を招くのではないかと気を揉んでいた。金融機関がばたばたと倒産し始めたら、一気に人々は恐怖心に駆られ、現金に逃避しようとする。つまり現金の需要過剰になる。これが、「全般的な供給過剰」の裏返しだった。ＦＲＢは何とかして株式市場のバブルを鎮静化し、投機に歯止めをかけようと決意する。だが彼らが将来の恐慌を防ごうとしてやったことは、足元で恐慌を引き起こすことになった[9]。

過去の恐慌は大恐慌より規模が小さかったし、願わくは将来の恐慌もそうであってほしい。アメリカの最近の経済危機ははるかに損害が小さかった。一八九四年の恐慌では失業率が一二%だった。一九〇八年は六%、一九二一年は一一%だ。第二次世界大戦から新型コロナウイルス（Covid-19）のパンデミック（二〇二〇年）までの期間で最も高かった失業率は一一%である。だが大恐慌の際のアメリカの失業率はピーク時に二三%に達した。農業部門を含まない失業率は二八%である（そもそも家族経営の農家では失業率の計測は困難だ）。大恐慌があれほど深刻化したのは、家族経営農場が大幅に縮小し、相対的に非農業部門が拡大したことに大きな原因がある。入手可能な最も信頼できるデータに基づいて著者が推定していたところ、非農業部門の失業率は一九二一年が一四%、それ以前は一九〇八年が八%、一八九四年が二〇%、一八八四年が一一%となった。大量失業を伴う不況は、労働者と企業が支える非農業経済に特有の病だと言える。富裕農民や独立した職人の経済ではそのようなことは起きない。

だが工業・非農業部門の相対的な拡大を考慮しても、大恐慌はそれまでの不況を大幅に上回る規模で、しかも期間も長かった。その後これまでのところ大恐慌を上回る不況は出現していない。他の危機は大きなショックをもたらし、人々を失業させ、工場や商店を閉鎖させたものの、その後に景気回復が始まっている。急速な回復もあればのろのろした回復もあったが、いずれにせよ人々は立ち直り、信頼を回復し、通貨に対する需要過剰は消えていった。人々は将来の危機に備えてできるだけ多くの現金を手元に置いておこうとはもう考えなくなっている。

だが大恐慌はちがった。一九二九年半ばに始まった景気後退が、信頼感に対する第一のショックとなった。同年後半に起きた株価暴落は、そのショックと過度のレバレッジの結果であり、信頼感に対する第二のショックを形成する。このショックは大きく、直ちに世界中で警鐘が鳴り響いた。その一年後にアメリカで銀行危機が発生する。銀行に預けた貯金が封鎖されてしまい引き出せなるかもしれない、それどころか完全に消え失せてしまうかもしれないという不安から人々は銀行に押し寄せ、取り付け騒ぎが起きたのである。必要になったとき自分のお金はそこにはないかもしれないと人々が考えるようになれば、銀行預金は完全な「通貨」ではなくなる。そこで人々は確実に現金という形でお金を手元に置いておこうとする。こうして通貨に対する需要過剰は一段と深刻化した。一九三一年三月に再び銀行危機が起きる。そして同年夏から秋にかけて、恐慌は他国にも広がった。アメリカ発の大恐慌が世界的な大恐慌になったのである。中でも深刻だったのが、ドイツだった。[10]

一九三〇年後半まで、人々の現金志向が続いた。狂騒の二〇年代が終わり、株式市場があきらかに下げ相場となった時点で、現金需要が高まったわけである。だがすぐに銀行は不安をつのらせ、顧客への貸し出しを厳しく制限するようになる。彼らは預金準備率を引き上げようと決意し、貸出金を回収し、設定した信用枠を解除した。一方、家計は現金／預金比率を引き上げようと決意する。つまり、銀行に預けるお金をできるだけ減らしてタンス預金を増やそうとした。

一九三〇～三三年には信頼感が低下するにつれて銀行の預金準備率も家計の現金／預金比率も毎月上がり続け、したがって通貨供給は毎月減り続けた。一九三一年は銀行危機と国際金融危機の年となる。一九三二年はそれ以上の危機は起きなかったものの、景気回復も見られなかった。状況があまりにひどく、前例もなかったので、景気信頼感が回復するはずもなかったのである。

アメリカでは、伝統的な反ケインズ主義が経済思想を支配していた。それによると、賃金と物価が名目ベースで下がるように促せば（あるいはそのように強制すれば）、いかなる不況もすみやかに解消するという。そうなれば同じ一ドルでより多くのモノを買えるようになるので、より多くの雇用が創出されるという筋書きだった。問題は、賃金と物価は下がっても債務はそれと一緒に減りはしないことである。その結果、大恐慌の間に物価下落すなわちデフレが倒産を引き起こした。債務を返済できなくなった企業がばたばた倒れ、生産は一段と縮小した。この惨状でデフレも倒産もいっそう深刻化するという悪循環に陥る。

銀行危機と世界の金融システムの崩壊に直面して、誰が相手でも貸すのは危ないという見方が定着し、一九三〇年代前半は何事も慎重に手控えておくべきだと誰もが考えるようになる。現金需要は高まり続け、モノとサービスの供給は慢性的に需要を上回り、物価は年一〇％のペースで下落し続けた。投資家は当然のごとく様子見を決め込む。いま投資しても、来年まで待った場合より利益は少ないと考えるからだ。来年になればドルの価値は一〇%も膨らむとわかっているのだから。国全体が雪崩を打って大恐慌に落ち込み、失業率が上昇し、生産が縮小し、物価が下落していく。新しく大統領に選ばれたハーバート・フーバー大統領の在任期間中、ずっとその状況が続いた。

大恐慌は、最悪の状況では一種の集団精神病の様相を呈した。労働者は暇である。なぜなら、企業が機械を動かさず、労働者を雇おうとしないからだ。企業が機械を動かさないのは、モノを作っても市場がないからである。市場がないのは、仕事のない労働者には所得がなく、モノを買えないからだ。ジャーナリストで小説家のジョージ・オーウェルは、イギリスにおける大恐慌の様子を活写した『ウィガン波止場への道』(一九三六年)の中でこう書いている。ボタ山では「数百人の男たちが命懸けで石炭を探し、さらに数百人の女たちが何時間も泥の中をかきまわして……わずかばかりの石炭のかけらを血眼で探っていた」。それは、家をいくらかなりとも暖めるためだった。彼らにとって「ただ」で手に入れられる石炭は「もしかしたら食料よりも大切」だったのである。彼らが必死で石炭のかけらを探している間、かつて使われてきた掘削機は使われずに眠っていた。その機械なら、手さぐりで一日中かけて集められる以上の石炭をたった五分で掘り出せるというのに。[11]

なぜあのとき大恐慌が起きたのか、なぜあれが唯一の大恐慌だったのかについて、完全に満足のゆく説明はこれまでになされていない。規制のない資本主義経済ではこれほど大規模な不況が起きる可能性がつねにあるなら、なぜ第二、第三、いやもっと多くの大恐慌が第二次世界大戦までに起きなかったのか。ミルトン・フリードマンとアンナ・シュウォーツはのちになって、大恐慌は金融政策における信じられないような大失策が続いた結果だと主張した。だが一九三〇年代前半の政策の舵取りをしていた当局者は、前任者たちがそれまで依拠していた磐石のルールを踏襲していたのである。ルールそのものがまちがっていたのだろうか。もしルールが正しかったとすれば、なぜ大恐慌はこれまでのところ唯一の大恐慌なのだろうか。

多くの不運が重なったことは事実である。アメリカは一九二四年移民法によりアジアからの移民を制限した。その結果、一九二〇年代半ばの建設計画の大半は、存在していない人間、正確に言えば存在しているが別の場所にいる人間が請け負ったことになってしまった。また金融市場の急速な拡大、拡大した市場への参加者の多様化によって、投機の過熱やパニックに対して市場は通常よりはるかに脆弱になった。フランスとアメリカが貨幣用金《きん》を金庫に仕舞い込んだためにショック・アブソーバーの役割を果たすべき金が不足していたことも、不運の一つだ。国際金融システムは金以外の他の資産にも依存していたが、他の資産もまた枯渇していたという不運も重なった。

本書を書き始めたとき、私は他の多くの研究者同様、一九二九〜三三年はとくに脆弱な時期だったのだと考え、その理由を説明しようと努力した。だが二〇〇八年に別の大恐慌の淵へと近づいていたときに（くわしくは第17章で論じる）、一九二九～三三年がとくに脆弱だったわけではないことが痛ましくもはっきりする。むしろ、私たちは一九二九年より前は驚くほど幸運だったし、一九二九年よりあとも幸運だったということである。

大恐慌が刻々と迫ってくる中、政策当局は一九二〇年代後半に公約したとおり緊縮政策を強化する。恐慌が差し迫ったときの政府と中央銀行の最初の直観的対応は、何もしないというものだった。経営者も経済学者も政治家も、一九二九～三〇年の景気後退は自ずと収束すると予想したからである。暇な労働者と休眠中の設備を抱えた資本家は、まだ稼働中の同業者より安い価格で売り抜こうとするだろう。すると価格は下落する。十分に下落したら、勇気ある経営者はこう考えるはずだ。たとえ需要が乏しくても、いまの低賃金なら元が取れるだろう、と。そこで生産が再開される。これまでの景気後退もそうして収束したのだ、というのが政治家や経済学者の言い分だった。

経済全体が低迷し、アメリカの失業率が労働人口比で二五％近くまで上昇し、労働者一人当たりの生産量が一九二九年の水準を四〇％も下回る間、政府は総需要を押し上げる措置をいっさい講じていない。FRBは通貨供給の減少を食い止めるために公開市場操作を行おうとはしなかった。公開市場操作を唯一組織的に大規模に行ったときには、目的が完全に逆だった。一九三一年にイギリスが金本位制を放棄すると、金の流出を抑えるために、あろうことか金利を引き上げたのである。[12]

FRBは、自分たちが何をしているかわかっているつもりだった。民間部門に彼らの流儀で大恐慌を処理させることである。この観点からFRBは、緩和的な金融政策や財政支出、その結果としての財政赤字は、民間部門が行うべき調整プロセスを妨げると考えたのである。できるだけ何もしない、いやまったく何もしないというFRBのアプローチには強力な応援団がおり、その中には当時の著名な経済学者も含まれていた。

たとえばシュンペーターは、「恐慌は必ずしも悪くない。もちろんわれわれは解決に努めるが、変化への調整をしてくれるようなある種の恐慌は別である」[13]。ハイエクは、「利用可能な資源をすべて恒久的に活用する唯一の方法は、時間に委ね、生産構造の適応という時間のかかるプロセスによって完全な治療が行われるのを待つことだ」と述べた[14]。

ハイエクの一派は、事業経営とはギャンブルであってときに失敗するものだと考えていた。そのような環境でとりうる最善の方策は、将来需要についてまちがった前提に基づいていた事業を閉鎖あるいは退場させることである。失敗した投資や事業を清算することによって、不振事業から生産要素が解放され、生産的な事業に再活用することが可能になる。ハイエクに言わせれば、恐慌はこうした清算とリソース再活用の準備プロセスにほかならない。

同じことをシュンペーターは次のように述べた。「人為的な景気刺激策で景気を回復させると、恐慌がやるはずだったことの一部は未達に終わってしまう。そして調整不良によって未消化で残されたものが新たな調整不良となり、それを次に清算しなければならなくなるため、また別の危機が企業を脅かすことになる」[15]。市場は与え、市場は奪う。そしてこの場合、歯を食いしばって市場を祝福することになった。とは言え大勢の人は歯を食いしばらず、大声で何度も市場を呪った。

商務長官だったハーバート・フーバーは、一九二九年三月四日に大統領に就任した。景気後退が始まる三カ月前、株式市場の大暴落が起きる半年前である。フーバー政権の財務長官を務めたのは、アンドリュー・メロンである。メロンはウォレン・G・ハーディングに指名され、ハーディングの大統領就任五日後の一九二一年三月九日に指名が承認された。ハーディングが一九二三年に心臓発作で死去し、副大統領のカルヴァン・クーリッジが大統領に昇格した際には閣僚はそのまま留任する。二年後にクーリッジが大統領選挙で勝利した際にもメロンは引き続き財務長官を務め、さらに政権が交代しフーバーが一九二九年に大統領に就任した際にもメロンは留任となった。メロンより長く財務長官を務めたのは、ジェファーソン、マディソン、モンローに仕えたアルバート・ギャラティンだけである。当時は財務長官がFRBの議長も兼務していたため、税制、予算、金融政策をメロンが一手に担っていた。フーバー自身が鉱山技師という専門家であり、また経営者として専門家を信頼していたため、大恐慌の対応は専門家であるメロンに全面的に任せたのである。

フーバーは一九五〇年代になってから、破綻したアメリカ経済と政治家としての自分の経歴を回顧してメロンとその取り巻きを恨んだ。何もするなと彼らから助言されたというのである。

メロン財務長官が主張する〝清算されるに任せよ〟という方針の下、政府はいっさい手を出さず、不況が自ずと清算されるのを待たねばならなかった。メロン氏にはたった一つの方針しかなかった。〝労働者を清算せよ、株式を清算せよ、農家を清算せよ、不動産を清算せよ〟である。恐慌ですら悪いことばかりではないと彼は主張した。なぜなら、〝システムから膿を出し切るからだ。高い生活費もぜいたくな暮らしも押し下げられる。人々は勤勉に働くようになり、道徳的な生活を送るようになる。価値観は改められ、起業家精神に富む人たちは混乱の中から有能な人間を拾い上げる〟というのだ。[16]

フーバーは回顧録に、自身はもっと積極策をとりたかったようなことを書いている。政府が救済に乗り出し、景気はすぐにとは言わないが近いうちによくなると人々を励ましたかったという。それなのにメロンが出しゃばってきて、自分は従うほかなかったというのだ。だが政権のトップはフーバーではないか。メロンは財務省のトップに過ぎないはずだ。

フーバー政権の清算主義的な考え方、すなわち長い目で見れば大恐慌は経済にとってよい薬だったとわかるにちがいない、景気刺激策の支持者たちは近視眼的であって公共の福祉の敵である、という見方は、乱暴な言い方をするなら正気の沙汰ではなかった。じつに愚かだったのである。ジョン・スチュアート・ミルはすでに一八二九年に「全般的な供給過剰」は通貨に対する需要過剰を引き起こすのであり、一国の経済における通貨供給が通貨需要と釣り合っていれば恐慌は起きないと見抜いていた。[17] それに実務的な中央銀行は不況の際に何をすべきか、マニュアルを用意していた。だが結局、それは実行されなかった。[18]

なぜ実行されなかったのか。おそらく、それまでの景気後退では、通貨に対する需要過剰は流動性への欲求を引き起こしたと考えられる。とにかくすぐに手元現金が欲しいと躍起になった人々は、他の資産を投げ売りした。保有していた国債も含めて、である。国債の価格が下落すると、金利は上昇する。中央銀行にとって、国債金利の急上昇は経済がより多くの通貨を必要としていることを知らせるシグナルとなる。

だが大恐慌は、それまでの景気後退とは違った。

大恐慌では、通貨に対する需要過剰がきわめて広範囲にわたり、しかも経済の大混乱への恐怖心が非常に大きかったため、流動性ではなく安全への逃避が起きたのである。人々は手元に現金を置こうとしただけでなく、すぐに換金できる資産でも持とうとした。この大混乱は長引くと考えた人々は、他の資産すなわち、投機的な株式はもとより、工業株、公益株、あらゆる種類の債券、さらには安全と考えられていた鉄道株にいたるまでを市場で投げ売りした。また先祖伝来の家具や別荘といったものも手放した。そして躍起になって現金と国債を手に入れようとしたのである。家具が打ち捨てられたところで、国債金利が急上昇するはずもない。だから中央銀行には何が起きているのかよくわからなかった。

その一方で、どの国の政府も競争力を回復し財政均衡を取り戻そうと躍起になっていた。そのためには需要を一段と抑制し、賃金と物価を押し下げることになる。ドイツでは、首相のハインリヒ・ブリューニングが価格の一〇％引き下げと賃金の一〇～一五％引き下げを命じる政令を出した。だが正統的な財政運営に頑なにこだわった政策を打ち出すたびに事態はますます悪くなるのだった。

大恐慌の間の金利動向を見ると、国債金利と企業の借入金利との格差がどんどん広がっていったことがわかる。流動性の一種と考えられる信用でさえ、瑕疵《かし》のない完璧な担保を差し出せる借り手であれば超低利で融資を受けられるという意味では、潤沢だった。ただし生き延びるのに四苦八苦しているような企業、とくにまともな担保のない企業にとっては、投資資金の調達はほぼ不可能だった。工場や機械設備などへの新規投資にはリスクがつきものだが、金融業界は安全でないものには絶対に手を出さなかったからである。

銀行システムは機能不全に陥り、購買力を預金者から投資家へ回すという社会的役割を果たさなくなった。民間の投資は激減し、その結果として失業はさらに増え、設備はますます過剰になり、物価は一段と下落してデフレが深刻化した。そうなれば投資家は投資をいっそう手控えることになり、銀行システムの機能不全は悪化の一途をたどった。

銀行システムの健全性を回復させ、物価は今後も下がり続けるとの予想を打破しない限り、デフレ・スパイラルは経済の足枷となり続ける。大恐慌を通じてこのプロセスを理解している経済学者はほとんどいなかったうえに、その誰一人として権力に近い地位を占めていなかった。

こうしたわけで「清算主義」的な教義が政権を支配する。その教義に取り憑かれなかった反対論者たちの上げる悲痛な叫びは、権力の中枢には届かなかった。もちろん失業者、貧困者、家を差し押さえられそうな人（家があればの話だが）たちの苦悩の叫びも届かなかった。イギリスの金融経済学者ラルフ・G・ホートリーは「インフレを巡るまったく現実離れした恐れがしきりに取り沙汰され、インフレこそ忌むべきものであり、泣き叫ぶべきものだとされた」と書いている。[19] 大恐慌は二〇世紀における最大の経済的災厄であり、しかもそれは自ら招いたものだった。ジョン・メイナード・ケインズは大恐慌がまさに始まった一九三〇年にこう書いている。世界は「いまでもこれまでと変わらないほど、高い水準の生活を全員が確保できる状況にある」にもかかわらず、見通しは暗澹としてきた。「しかし今ではとんでもない混乱状態にある。故障しやすい機械の操作をまちがえたのであり、この機械がどう動くのかを理解できていなかったのである」。ケインズは、一九三〇年の「不況」が「恐慌へと発展し、物価水準の下落を伴って何年にもわたって続く可能性がある。そうなれば、どの国でも物質的な富に、そして社会の安定性に、筆舌に尽くしがたい打撃を与えかねない」と危惧する。そして、「国際長期債市場の信認を回復するために……それによって物価と利益が回復し、いずれ世界の商業の車輪が回り始めるようにするために」主要先進国による協調的な金融緩和策を大胆に実行する必要があると訴えた。[20] ケインズの提言は、まさにカッサンドラの不吉な予言そのものだった。

だがそのような大胆な施策は、委員会やら国際会議といったものからは生まれない（よほどうまく根回しされていれば別だが）。そうした大胆な行動を起こせるのは覇権国家である。第一次世界大戦前は衆目の見るところイギリスが覇権国家であり、イギリス政府の定めたルールに各国が従っていた。第二次世界大戦後には覇権国家はアメリカになり、アメリカはその気になれば思い通りに国際金融を動かす力をもつことになる。だが戦間期にはこれといった覇権国家は存在せず、必要な行動を起こせる国は現れなかった。

ケインズの恐れたとおりの事態になったのは、そのせいだった。

第一次世界大戦の間も戦後期も、主な交戦国は「複雑で壊れやすいしくみ」をさらに破壊してしまった、そのしくみがなくなったら「ヨーロッパの人々は働くことも暮らすこともできないというのに」とケインズは指摘する。そのしくみはすでに戦争で壊れかかっていたが、大恐慌によって粉砕された。主な交戦国の政府は、「一九世紀の社会経済秩序の維持を不可能に」してしまった。しかもそうしておきながら「それに代わる計画は何も持っていない」。たしかにケインズは正しかった。彼は大恐慌を「反動勢力と絶望的な発作に駆られた革命勢力との最終的な内戦」に擬《なぞら》え、いったんこれが始まったら「何物をもってしても長きにわたって先送りすることはできまい。この内戦を前にしたら、このたびの第二次世界大戦の恐怖などないに等しい。どちらが勝利するにせよ、われわれの世代が築き上げた文明と進歩は打ち砕かれるだろう」と述べている[21]。ケインズはかくも悲観的だった。彼の悲観的な予想が現実のものとなったとき、しかし文明は「打ち砕かれ」はしなかった。だが「手足をもがれた」というべきだろう。大恐慌がこれほど苦痛に満ちたものになった大きな原因は、単に深刻だっただけでなく、長引いたからである。長引いた理由はいくつもあるが、ここでは三つ挙げておきたい。

第一は、労働者がリスクをとらなくなったことである。経済・社会状況があまりに不安定になると、ほとんどの労働者は最も安全だと考えた生活の仕方で満足し落ち着くようになった。高い失業率が長く続いたおぞましい経験が労働市場に長い影を落とし、利益は大きいがリスクも大きい企業は必要な労働者を呼び込むことができない。そうなれば投資を手控えざるを得なくなる。

第二は、金本位制の記憶が消えず、あれに回帰すべきだという見方が根強かったことである。この思い込みのせいで、一九三〇年代の各国政府は生産と雇用を促進するための多くの措置を講じることができなかった。金本位制へのこだわりがなければ、しかるべき景気刺激策がとられていたはずである。金本位制は一九三一年までには死に絶えていたが、その亡霊はしつこく世界経済を脅かした。その結果、ぜひとも必要な対策の多くが採用されず、唯一実行されたのは通貨切り下げだけだった。通貨切り下げには、外国製品から国産品へと需要を転換させ純輸出を押し上げる効果があるからだ。専門家は通貨切り下げを「近隣窮乏化策」だと批判した。たしかにその通りである。だが何らかの効果のある施策で実行されたのはこれだけだった。[22]

大恐慌が長引いた第三の理由は、覇権国家の不在である。国際金融の運営に関して協調政策の音頭を取る国がなかったせいで、将来を見越した改革を行うことはおろか、グローバル規模で協調的な政策対応をとることも叶わなかった。当時世界の主要な金融センターだった国々は、建設的な策を講じる機会をことごとく逃してしまう。最終的に景気は回復したものの、それはあくまで国単位であって、グローバル規模ではなかった。

一般に金本位制を早く放棄した国ほど、その後に金本位制時代の硬直的な慣習に縛られることが少なく、経済運営がスムーズになった。実際にも北欧諸国は最初に放棄し、最もうまく大恐慌を切り抜けている。二番目は日本だったが、日本はかなり積極的な財政出動も行った。イギリスは一九三一年に、アメリカとドイツは一九三三年に放棄した。ただしヒトラーがナチスの維持と成功のために国民を仕事につかせることが必要だと考えたのに対し、フランクリン・ルーズベルトはニューディール政策を打ち出し、やれることは何でもやってみようという姿勢で臨んだ。

だがアメリカの経済論議では、リフレ政策に反対の意見が圧倒的だった。ここで言うリフレ政策とは、物価水準と政府支出を大恐慌前の一九二九年の水準まで回復させるための政策である。ルーズベルトは一九三三年の就任演説で、反対論者を「われわれの文明の寺院で高位を占める……両替商」だと揶揄している。両替商呼ばわりされた大物たちに言わせれば、必要なのは「緊縮政策」であり、財政の健全化、政府支出の削減、予算均衡だった[23]。それ以外の提案をする者は、右派から詐欺師だと攻撃された。なぜなら、チャーチルの私設秘書P・J・グリッグの言うように「経済というものは、政府による金融の手品でもって実力以上に長らえることはできない」からだという。[24]

ケインズに対する最も賢明とは言わないが最も鋭い批判を繰り出したのは、シカゴ大学のジェイコブ・ヴァイナーである。ヴァイナーは、ケインズが提唱する政策がうまくいくのは「質はともかく雇用の量が十分に確保されている」場合に限られると主張した。さらに、経済がインフレによる自己崩壊を回避できるのは、賃金上昇との避けられない競争において「通貨供給がつねに一定のリードを保てる」間だけだと付け加えている。[25]

大恐慌の歴史は二〇〇八年のグローバル金融危機後の大不況と韻を踏んでおり、そのことに言及しないわけにはいかない。第二次世界大戦が終わると「緊縮」は影をひそめたものの、相変わらず水面下で不吉な唸り声を上げていた。そして二〇〇八年に復讐のように破滅的な形で再浮上することになる。この年には、経済成長には大量失業がつきものであり、非生産的な企業を人為的に存続させるのは将来に禍根を残すだけだというシュンペーターの主張も復活する。シカゴ大学のジョン・コクランが、景気後退は大いに結構だと二〇〇九年に言い放ったのだ。なぜなら「ネバダで釘を打っていた建設労働者はもっとほかのことをする必要に迫られるからだ」という。コクランは、景気後退による失業は馬に勢いを与える拍車の役割を果たすと考えていた。

ケインズの皮肉たっぷりの発言も注目されるようになる。なるほど政府が積極介入してリフレを誘発する政策は、自由放任の正統的な戒律には反するかもしれない。だが経済のしくみというものは、人々に雇用を確保できたかどうかで判断されるべきだ。ケインズに言わせれば政府介入とリフレは「既存経済の全面的崩壊を回避する唯一実行可能な手段」である。[26]

ケインズの皮肉はさらに続く。批判論者がせめてもうすこし賢かったら、資本主義がうまくいくためには政府が介入して完全雇用を実現する必要があることに気づいたはずだという。なぜなら政府の支援なしには幸運な起業家しか生き残ることはできないので、よほど頭がいかれていないと起業をめざさないからである。すると、経済成長は必要とされる水準よりはるかに低くなる。「有効需要が不十分な状況では」、起業家は「逆風の中を歩かなければならない」とケインズは指摘した。「世界の富は……個人貯蓄の総額を下回った。両者の乖離は、勇気と指導力の欠如が優秀な能力や並外れた幸運によって埋め合わされなかったことを意味する」。緊縮と正統的理論と自由放任は、一九一四年以降の世界の状況においては、致命的な誤りだった。大幅な予算削減を行った挙句に大恐慌が長引いたことは、ケインズの主張が正しかったことを証明している。

北大西洋地域で唯一大恐慌が深刻化・長期化せず、その後に一〇年におよぶ高度経済成長が続いたのは北欧である。北欧では戦間期に社会主義が権力を行使できるだけの票を獲得した。左翼が政権を取るなどあり得なかったイギリスやフランスとは対照的に、社会主義政権は住宅補助金、有給休暇に育児手当、公共部門の雇用拡大、新婚世帯への政府融資といった政策を矢継ぎ早に打ち出す。こうした政策はすべて、金本位制から早々に離脱した後の金融政策によって可能になったものである。その後に社会主義は社会民主主義へと変容する。そして社会主義の終末論的な教義を放棄し、私有財産は本源的な悪だという信念を捨て、大規模な革命的変革のみがよりよい社会を生むという信条も断ち切った。民主主義が戦術ではなく目標になったのである。[27]

北欧の次に大恐慌が穏やかで済んだのは、日本である。日本は正統的財政運営と予算均衡を一九三一年に放棄した。日本では大恐慌が深刻化せず、一九三二年には収束している。[28]これは高橋是清の手腕によるところが大きい。彼は森有礼が創始し福沢諭吉らが参加した日本初の学術団体「明六社」のメンバーではないが、やはり日本の近代化に大きく貢献した人物の一人である。一九三一年に七二歳になっていた高橋は、三度目の大蔵大臣に指名された。彼はヨーロッパ流の「健全財政」モデルを全面的に拒絶し、通貨を切り下げて輸出産業の競争力を強化し、輸出ブームを起こして需要を押し上げることに成功する。日本はまた、大規模な兵器製造計画も打ち出した。一九三六年における日本の工業生産高は一九二八年の一・五倍に達している。このことから日本の経済政策は短期的には効果があったと言えよう。しかし長期的には悪い戦略だった。軍需産業の振興に加えて軍部に対する文民統制が失われた結果、日本はアジアでの地上戦に突き進み、最終的には世界の二大強国であるイギリスとアメリカにも宣戦布告することになる。

高橋は第二次世界大戦の恐怖と悲劇を目にすることはなかった。一九三六年の二・二六事件で暗殺されたからである。二・二六事件は皇道派の陸軍青年将校らが権力掌握を狙ったクーデターだが、高橋は軍部の予算を削ったために怒りを買ったと思われる。

北欧と日本以外では、大恐慌は長期にわたる災厄となった。最も悲惨だったのはドイツであり、それがアドルフ・ヒトラーに勢いを与えることになる。彼は一九二〇年代のインフレでは大衆の支持を得られなかったが、一九三〇年代の大量失業では支持を集めることに成功した。

ヒトラーが権力の座につき、正統的な金融・財政政策を捨て去ると、ナチスドイツの経済は息を吹き返す。背後にゲシュタポが控えて威圧し、政府の公共事業と軍事計画によって大々的に需要が創出されたこともあって、ドイツの失業率は一九三〇年代に急速に低下する。[29] ヒトラーは雇用と兵器製造に集中し、工業生産のテコ入れや国家の富の拡大には無関心のように見えた。彼が優先したのはひたすら政治的効果と軍事力の増強だった。[30]

政治的効果は理解できるが、なぜ兵器なのか。なぜ軍事力の増強なのか。ドイツは、ナチスは、ヒトラーは、二度とそれをしてはならないと第一次世界大戦から学ばなかったのだろうか。学ばなかったのである。[31]

結局、国際金融システムを牛耳っていた国々は、その復活に役立つような建設的で協調的な施策を採用する機会をことごとく逃した。最後のチャンスだった一九三三年のロンドン世界経済会議はもの別れに終わる。フランスは金本位制を維持しようと躍起になっていた。イギリスはすでに金本位制を放棄していたものの、「意図の不明な外国（アメリカのことである）と政策協調する」気はなかったと経済学者のバリー・J・アイケングリーンは書いている。[32] とるべき戦略の第一候補はあきらかに協調的なリフレ政策だった。だがそれはついに試みられなかった。第二候補は財政拡大による景気刺激策だったが、ようやくこの政策が採用されたのは一九三〇年代も終わりにさしかかってからだった。戦争の脅威が差し迫る中、各国政府はいつまでも予算均衡にこだわるよりも政府支出を拡大して兵器製造を推進するほうがはるかに重要だ、と遅まきながら気づいたからである。[33]

景気回復競争でしんがり争いを演じたのはイギリスだった。イギリスは一九三一年九月にやむなく金本位制を放棄したが、それでも大規模なリフレにはつながらなかった。イングランド銀行は短期公定歩合を引き下げるなどしかるべき役割を果たした一方で、保守政権は無策だったからである。一〇月の総選挙で保守党は圧勝し、下院で議席の七八%を占めた。その結果、イギリスの大恐慌からの回復は鈍く苦痛に満ちたものとなった。[34]

そして最悪だったのはフランスである。フランスは一九三七年まで金本位制にしがみついていた。一九二〇年代の七回におよぶインフレ後に設定された実力以下の公定平価のおかげでフランスの輸出競争力は一時的に強化される。このため、大恐慌が始まった当初はあまり影響を受けなかった。だが輸出が落ち込み始めると、各国は国外需要をつなぎとめようと競って通貨を切り下げる。そうなると切り下げなかった国の産業は競争力を失い、貿易収支は赤字に転落し、金との兌換性は国内の失業の原因となった。なぜなら、外国為替投機家の強欲と懸念を均衡させておくためには、高金利を維持しデフレを容認せざるを得なかったからである。フランスには求心力のある政党が存在せず、不安定な連立政権が続いた。一九二九年の大暴落から一九三六年までにめまぐるしく首相が交代している。列挙すると、アリスティード・ブリアン、アンドレ・タルデュー、カミーユ・ショータン、再びタルデュー、テオドル・シュテーグ、ピエール・ラヴァル、再びタルデュー、エドゥアール・エリオ、ジョゼフ・ポール＝ボンクール、エドゥアール・ダラディエ、アルベール・サロー、再びショータン、再びダラディエ、ガストン・ドゥメルグ、ピエール＝エティエンヌ・フランダン、フェルナン・ブイッソン、再びラヴァル、再びサロー、そしてレオン・ブルムである。ブルムは人民戦線に所属する政治家で、一九三六年六月に首相に就任する。ついに火中の栗を拾ったのはブルムだった。とうとうフランスはこの年に金本位制を放棄する。オランダとスイスも追随した[35]。

ブルムは、年金と公務員給与を予算削減前の水準に戻すと約束した。また、失業給付の大幅増額、フラン防衛、予算均衡、軍事支出の削減、労働時間の短縮とストライキ支援によって雇用と富を共有することも約束している。

だがこれらは空約束に終わった。

たしかにブルムは金本位制を放棄したが、それは総需要の大幅増には直結しなかった。理由は、予算均衡を実現すべきだという信念に政府がとらわれていたからである。その結果、軍事支出以外の支出計画を大幅に縮小することになった。社会主義に対する大衆の恐れの解消に予算を使い過ぎ、遅すぎた通貨切り下げの景気刺激効果は完全に打ち消されてしまう。一九三八年はヨーロッパで第二次世界大戦が始まる前の最後の年だが、このときになってもフランスの工業生産の水準は一九二九年を下回ったままだった。

大恐慌が長引いた結果、その対応如何で各国のその後の政治や社会が長きにわたって決定づけられることになった。大恐慌を引き起こした状況がいかに人間性を損ねるかについて、じつに説得力のある描写をした一人がジョージ・オーウェルである。彼はこう書いている。「私が失業者と初めてまぢかに接したとき、その多くが無職であることに恥じ入っているのに気づいたが、これにはショックを受けたし、びっくりもさせられた。私はずいぶんと無知ではあったが、海外市場を失って二〇〇万の人々が失業したとき、この二〇〇万人が競馬で大金をすってしまった人たち同様非難されてしかるべきだ、と思うほど無知ではなかったつもりである[36]」。

だが失業したのは本人の落ち度によるものだという見方がひとたび退けられると、つらい労働をするのも無能力な本人の責任だという考え方も受け入れられなくなる。そしてオーウェルのような人間は、炭鉱夫を未熟練労働者のくせに組合のおかげで過大な賃金をもらっている連中とはみなさず、むしろ多くの人がしかるべき感謝を捧げてこなかった偉大な恩人と位置付けるようになった。

アイスクリームを食べるにも大西洋を横断するにも、パンを焼くにも小説を書くにも、私たちがやっている事実上すべてのことが石炭を使っている……地位の高い者がいばっていられるのは、炭鉱夫が汗水たらして働いているからにほかならない。読者も私も、「タイムズ文芸付録」編集長も、ナンシー派の詩人も、カンタベリー大主教も、『幼児のためのマルクス主義』の著者である同志Ｘも、要するに私たちみんながまずまず見苦しくない生活を送れるのは、目まで真っ黒にし、炭塵で喉を詰まらせ、鋼のような腕と腹筋でシャベルを振るっている地下の貧しい労働者のおかげなのだ。[37]

オーウェルが社会のしくみを判断する基準は、誠実、品格、繁栄、自由だったが、とりわけ品格を重んじた。社会と経済は人々をしかるべく扱う道徳的義務を負っている。人々が職を失うのは品格を貶めるものだ。そのような社会制度は道徳的義務を果たしておらず、存続に値しない。

大恐慌が迫る中、古い秩序は破綻したと結論せざるを得なくなった。そして古い秩序とともに議会制民主主義も影が薄くなる。一九三九年の時点で議会制民主主義が採用されていたのは、イギリスとその自治領、アメリカ、フランスのほかは北欧と西欧の小国すなわちスイス、ルクセンブルク、ベルギー、オランダ、デンマーク、ノルウェー、スウェーデン、フィンランドだけだった。

北欧では、社会民主党が大恐慌の影響を最小限に食い止めるみごとな手腕を示し、その後半世紀にわたって政権党となった。大陸欧州の多くの国では、大恐慌は極右を強化した。言い換えれば、イタリアでムッソリーニが好機に乗じてファシズムこそが未来にとって最良だと示したことの意味を強めた。そう考えれば、一九三〇年代のスペイン内戦におけるフランシスコ・フランコの勝利は大恐慌の第一の置き土産だったと言えよう。フランコはファシストの独裁者として世界で最も長い在任期間を誇ったひとりである。第二の贈り物はドイツのアドルフ・ヒトラーだった。ドイツでは大恐慌が極右を強化したわけではないが、古い制度はただちに破壊されるべきであり、必要なのは革命的変化である、という信念への忠誠を強化した。おそらくこの信念は、ヨシフ・スターリンが絶対的に君臨するモスクワで起きていることについての人々の空想に基づいていたと考えられる。

アメリカに関しては、大恐慌からの回復で遅れをとったことよりはるかに重要なのは、この国が景気回復の最初にして最大の原則、すなわち政府が支出してモノを買わねばならないことを学び、実際に応用したことである。当時のアメリカを率いていたのは、一九三二年末の選挙で地滑り的勝利を収めた中道左派のフランクリン・ルーズベルトだった。ルーズベルトが打ち出した政策は成功し、彼は長く世論の支持を確保することができた。

そうなった要因は二つある。第一に、ルーズベルトは従来の政治規範を打破する気概があり、四選された唯一の大統領となって一二年にわたり大統領職にあっただけでなく、彼が指名した後継者ハリー・トルーマンも八年にわたり在任している。第二に、ルーズベルトは保守だが急進的だった。彼はアメリカにとってよいことはなんでもやってみようとし、その行手を阻む障害物はどんどん道端に放り捨てた。

一九三〇年代以前のアメリカの大統領候補者は、全国党大会など全国的な政治集会に姿を現すことはなかった。候補者は党幹部から正式に党の大統領候補に選ばれたと通達されるまでは自宅にいて静かに私用を処理しているものとされた（通達は党大会のおよそ一週間後になされた）。おそらくこれは、ローマの政治家ルキウス・クィンクティウス・キンキナトゥスの故事に倣ったのだろう。キンキナトゥスは、使者がやってきてローマ軍の司令官とローマの独裁官《ディクタトール》に指名されたことを告げるまで、自ら畑を耕していたと伝えられる。人が地位を求めるのではなく地位のほうが人を選ぶのだ、というのが伝統的な建前だった。

だがルーズベルトはニューヨーク州知事だった一九三二年にこの伝統を破り、民主党大会の開かれたシカゴへ飛ぶ。歴史家のフランク・ロイヒテンベルクによると、ポリオのせいで両足が麻痺しており大統領選挙を戦うには脆弱すぎるとの噂を打ち消すことも目的の一つだったという。ルーズベルトは党大会で次のように語りかけた。

私は、ここ数週間で起きていることに候補者たるものは無関心でなければならないという馬鹿げた伝統を無視して……ここへ飛んできた……

……みなさんが私を指名したことを知り、この名誉を与えてくださったことに深く感謝する……

……こうして私は伝統を破った。いまからは、馬鹿げた伝統を打破することはわれわれの党の仕事になる……

私はアメリカ国民のためにニューディール政策を実行することを、みなさんに誓い、私自身に誓う。[38]

そしてほんとうに計画が立てられ、有望そうなものが実行に移され、また計画が練り直された。ルーズベルトは、新規巻き直しを意味するニューディールに本気だった。アメリカでは大恐慌が反動勢力の台頭を許さず、むしろ自由主義的・社会民主的な大規模な実験を可能にしたところが他の先進国と異なる。

これはある意味で驚くべきことだ。なぜ大恐慌は他の多くの国ようにアメリカを右へ、反動へ、原初ファシズムやファシズムへと押し流さず、逆に左へと向かわせたのか。私のみるところ、これはまったくの幸運だった。大恐慌が始まったときに政権を担当していたのはハーバート・フーバーと共和党だった。彼らは一九三二年にフランクリン・ルーズベルトと民主党に取って代わられた。そのルーズベルトが中道右派ではなく中道左派だったこと、大恐慌が長引いたためアメリカのさまざまな制度が耐久性のあるものに作り直されたこと、アメリカが世界最強の大国としてのし上がっていったこと、第一次世界大戦で機能不全に陥らなかった唯一の大国だったこと。これらが重なり合って大きな違いを生み出した。第二次世界大戦後のアメリカは、鉄のカーテンの外の世界を構築するだけの影響力と意志を持つ強国になっていたし、実際にもそうした。ということは、世界の多くの国や地域が反動主義やファシストではなくニューディールによって再構築されたことを意味する。

アメリカの政治はしばしば膠着状態に陥る。だが一九三〇年代の選挙は違った。一九三二年のルーズベルトの得票率は五九%に達し、フーバーに一八ポイントもの差をつけたのである。議会は上下院ともに民主党色に染まった。南北戦争以来見られなかった大差により、大統領と党は揺るぎない過半数を手にしたわけである。だがじつはルーズベルトは、何をするか具体的なアイデアをあまり持ち合わせていなかった。それでも、自分には何か画期的なことができるはずだという確信はあった。それに、前任者のフーバーがやったことはほとんど全部まちがっていたとも考えていた。フーバーがやったことと言えば、公共事業を促進して雇用を増やす試みを妨害し、予算均衡の実現に躍起になり、関税を引き上げ、金本位制を維持したことである。そこでルーズベルトは、フーバーとはことごとく逆のことをしようと決意し、さらにもっとほかに何かやろうとした。成功の可能性が五〇%程度のアイデアがあれば、ルーズベルトに試してみるよう説得するのはたやすい。彼はやってみて成果を検証し、うまくいかなかったアイデアは捨て、うまくいったアイデアは強力に推進した。

こんなわけで第一期ニューディールには、じつに多くのことが盛り込まれた。官民共同プロジェクト、官民結託しての規制と協力、農業部門への潤沢な補助金と商品市場の厳格な規制、建設・公益事業の推進、大規模な公共事業支出、金融市場の規制、個人預金保険の導入、住宅ローンの救済、失業給付の拡充、等々。加えて、関税の引き下げ、労働時間の短縮、賃金の引き上げが公約された[39]。

いくつかの施策はきわめてうまくいった。ドルの切り下げと全国産業復興法（ＮＩＲＡ）の衝撃的効果により、将来のデフレ懸念は払拭された。預金保険の創設と銀行制度改革は預金者を銀行に呼び戻し、通貨供給は再び拡大し始めた。官民協調と農業補助金は痛みを広く分散させる効果があった。予算均衡を考慮外としたことは役に立ったと言える。失業者および住宅ローンの救済も効果的だった。公共事業支出もそうだ。これらの政策は一部の問題の悪化を食い止める役割を果たしたし、一部の問題はいくらか好転し、また一部の問題は直ちに大きく好転した。だが為替切り下げ、通貨供給の拡大、デフレおよび緊縮財政に対する懸念の払拭を別にすれば、大半は新任大統領の最初の一〇〇日効果だった可能性もある。第一期ニューディールの成績表がどうだったのかはいまひとつはっきりしない。ただ、完全な景気回復をもたらさなかったことはまちがいない。

そこでルーズベルトは試行錯誤を続ける。彼はすぐさま第二期ニューディールにとりかかった。

第二期ニューディールでもルーズベルトは大胆な行動を求めたものの、その目的に関しては第一期のときほどの確信を抱いていなかった。第二期ニューディールで最も影響力のあったルーズベルト政権の閣僚は、労働長官のフランシス・パーキンスである。彼女は多くの重荷を背負っていた。まず、アメリカ史上初の女性閣僚だった。躁鬱症で入退院を繰り返す夫ポール・ウィルソンの世話をしなければならなかった。労働組合からも経営者からも、自分たちの味方ではないと信用されていなかった。右派からは共産主義者だとして糾弾された。というのも、共産主義者として知られる西海岸港湾労働者組合の代表ハリー・ブリッジズの国外退去を彼女があらゆる手段を使って遅らせ、さらには阻止したからである。こうした重荷にもかかわらずパーキンスは労働長官を一二年務め、最大級に有能な閣僚の一人となったのだった。

第二期ニューディールにおいて長く後世に残った偉大な功績は、一九三五年社会保障法の制定である。この法律の下で寡婦、孤児、母子家庭の子供、身体障害者への給付制度が発足した。またほぼ全国民を対象にした退職年金制度も確立している。同じ一九三五年には全国労働関係法（通称ワグナー法）が制定され、労使紛争や団体交渉のルールが確立され、労働運動の大幅な強化につながった。その結果、アメリカでは民間企業の組合化が進み、半世紀後まで存続することになる。全体としてみると、第二期ニューディールは大恐慌からの復興にさしたる役割を果たしていない。だがアメリカを穏健なヨーロッパ型の社会民主主義に転換させる役割は果たしたのだった。

ニューディール的秩序、言い換えれば自由放任《レッセフェール》のほぼ全面的な放棄は、長続きした。ほんとうのことを言えば、自由放任が経済学者の総意だったことは一度もない。正確に言えば、経済学者はそれを教え政府がそれを応用した、と誰かが考え本に書いたというだけである。にもかかわらず、大恐慌がかなり進行するまで自由放任は強力な教義として君臨してきた。

だがその後、自由放任とその従兄弟である「緊縮財政」はしばらく鳴りを潜める。アメリカ経済はルーズベルトのニューディール政策の下で、一九三三年の最悪の状況からどうにか脱した。一九四一年にはアメリカの家庭の八二%にラジオが、六三%に冷蔵庫が、五五%に自動車が、四九%に掃除機があった。一九一四年にはどの家にもそんなものは影も形もなかったのである。[40]

一九五〇年代に大統領だったドワイト・D・アイゼンハワーは兄のエドガーに宛てた手紙の中で、市場のしくみをどんな形であれ「祝福」して受け入れることはできない、自由放任は死んだ（死ぬべきだ）、復活させる試みは「愚かだ」と書いている。

> 連邦政府は、大多数の国民が政府の仕事だと考えていることを果たす責任から逃れることはできない……そのために合理的な努力が行われないなら、われわれはすべてを失うだろう。憲法の大改正といったことすら起こりうる。私が政府の「近代化」の必要性

をたびたび主張するのはこのためだ。いかなる政党も、社会保障制度や失業保険を廃止したり、労働基本法や農業補助金制度を打ち切ったりすれば、政治史の中で二度とその党の名前を聞くことはないだろう。たしかに、そういうことをやってのけられると信じ込んでいる少人数の集団は点在する……だがその数は無視できる程度だし、彼らは愚か者だ。[41]

大恐慌が始まった一九三〇年のある夜、ケインズは「孫の世代の経済的可能性」について講演し、聴衆を動転させた。完全雇用の維持、技術的発見・開発・応用に向けたインセンティブの設定、貯蓄と投資を促す制度設計、社会がうまくいっている（すなわち本来同等の者がひどく不平等に扱われず、本来同等でない者があまりに平等に扱われない社会になっている）という人々の信頼の維持といった経済運営の問題がすべて解決されたと考えてほしい。そうなったとき、人類にとっての経済の問題、というよりも経済の可能性、すくなくとも「北」の先進国にとっての経済の可能性は、一〇〇年後の二〇三〇年にはどうなっているだろうか。

ケインズの結論は、科学技術と複利によって一世紀以内に十分な物質的なゆたかさが実現し、「経済的な問題は人類にとって永遠の問題ではない」ことが証明されるというものだ。「生存競争はこれまでつねに人類にとって最も差し迫った主要な問題」だったが、経済の問題が解決されれば人類は「従来の目的を奪われる」ことになり、代わりに「真の……永遠の問題に直面することになる。それは……経済的な必要から自由になった状態をいかに使い……賢明に、快適に、裕福に暮らしていくべきなのかという問題である」とケインズは述べた。[42]

これはじつに希望に満ちたうっとりするような見方ではある。大恐慌の襲来という苦境の中でも、ケインズはトンネルの出口を見通し、そこに降り注ぐ光を見ていたのだった。

第8章 実際の社会主義

Really-Existing Socialism

大恐慌をくぐり抜けた大半の人にとって、大恐慌はある確信を強化する役割を果たした。その確信とは、世界の経済秩序も個々の国の政治秩序も崩壊したというものである。おそらくそれは、第一次世界大戦の衝撃を受けて、あるいはもっと前から徐々に形成されていたと考えられる。どちらの秩序も、繁栄をすみやかに取り戻すことに失敗した。英雄が台頭する土壌を形成することに失敗し、安定した高い雇用水準を生み出すことにも失敗した。そして大恐慌が半ばに差しかかる頃には、政治経済秩序はポラニーの主張する市民の権利を守ることにも失敗したのである。

さらに、安定した国家の中に安全な場所を提供することにもあきらかに失敗した。雇用を保障することにも失敗したし、各人が当然と考える水準の所得を保障することにもあきらかに失敗した。そのうえ、市場経済が何よりもまず守ってくれるはずの権利、すなわち私有財産権が与えてくれるはずの安心感と富と権力を確保することにすら失敗したのである。

それどころか、正反対のことがなされたように見えた。大恐慌は、経済が機能しなくなったら私有財産権ですら危うくなることを示した。現に戦後期の政治的混乱の中では、財産権が容易に奪われる事態に立ち至っている。さらに本格的な大衆政治の時代が訪れ、ラジオの普及と扇情的な報道がそれを後押しした結果、富裕で堅実なエリートへの服従や権威への敬意は失われ、社会的コンセンサスの形成も粉砕される。要するに、古い制度は機能しなくなった。

だがこの古い制度、古い秩序こそが、一八七〇〜一九一四年に爆発的な経済成長を実現し、人間の自由を拡大したのではなかったか。もっとも、古くはなく時の試練を経ていなかったから、せいぜいのところ偽古典的と表現すべきだったろう。この秩序は、一八七〇年より前に権力を掌握した者が、権力を維持するために新しく発明したものである。イタリア貴族の末裔ジュゼッペ・ランペドゥーサの自伝的小説『山猫』の中で、サリーナ公爵の甥タンクレディはこんなことを言う。「ものごとをいまのままにしておきたかったら、変えなければならないのだ。わかるかな?」[1]。既存の権力者たちも、まさにこのとおりのことを理解していたのだった。

古い秩序の自由主義は中途半端だった。市場の力に全面的に委ねることには抵抗があったからである。また経済活動をすべての規制から「自由化」することは、それが富裕層や貴族の富に悪影響を与える場合には、長々と激しい闘争が展開された末に半分しか勝利できなかった。たとえ財布の中身がちがうとしても人間はみな平等だ、という強い主張がなされたことは事実である。だがこのような主張が出てくるのは、膨らんだ財布が高い社会階層と上の地位への入場券だったからにほかならない。

この偽古典的な半自由主義は、一九二〇年代になっても多くの人にとって一つの理想であり続けたし、三〇年代になってもだいたいにおいてそうだった。第一次世界大戦期と大恐慌という二つの大きな変化をなかったことにして古い秩序に戻りたいということは、「北」の先進国の多くの政治集団が抱いた願望であり、ハーバート・フーバーは政権末期になっても、予算均衡と金本位制の維持だけは後任者に引き継がせようと画策したものである。しかしそう考える政治家はだんだんに減っていった。

一九三〇年代の半ばに差しかかる頃には、古い秩序への回帰を支持する者の数は激減していた。市場を自由化したところで、力を持つ集団が政治の転覆を目論むことを防げるほどの経済成長と再分配を実現できるとは思えなかったからである。大失敗の烙印を押された制度を再構築する試みを支持するより勝ち組につくほうがいい、と多くの人は考えた。

では勝ち組となりうる代案は何か。一つはファシズムだった。一人の人間の頭脳から生まれたばかりの産物である。もう一つは社会主義で、こちらはかなり前にマルクスとエンゲルスらが構築した思想にルーツがある。ファシズムはその成果で評価できる点で、目で見えるし形もある。一方の社会主義は、一つの夢の解釈にすぎない。現状ではしかるべき条件が大幅に欠落しており、いつの日か条件が整う日も来るだろう、というあたりで衆目の意見は一致していた。

レーニンの体制は、マルクスの現代の弟子による権力掌握が実現した最初の例である。マルクスは自分の夢の王国を地上に実現したいと熱望していた。その夢の王国は「プロレタリア独裁」と呼ばれる形の実際に存在する社会主義である。この「独裁」という言葉は、発案者のヨーゼフ・ヴァイデマイヤーにとっては、そしてマルクスとエンゲルスにとっても、抑制と均衡《チェック&バランス》・邪魔になる政治的手続き・既存権力の一時的停止を意味する。それは、政府が必要な改革を実行し、必要に応じて暴力的にでも反動的反対勢力を抑えるためだという[2]。つまりレーニンの考えた当初の体制では、停止はあくまで「一時的」であって「恒久的」ではなかった[3]。

ではそのように権力を握った政府は誰のために統治するのか。

レーニンの考えでは、集中した権力はプロレタリアート（労働者階級）のために行使される。ではなぜ人民独裁すなわち民主主義ではいけないのか。レーニンが、プロレタリアート以外の階級は私欲に駆られると信じていたからである。革命後の最初の独裁期にすこしでも彼らに政治的権力を渡してしまったら、歴史の必然的な進歩すなわちユートピアに向けた進歩、そう、真の社会主義に向けた進歩を遅らせるだけだという。

マルクスの弟子たちによるこの実際の社会主義は二〇世紀において最も残忍な全体主義的イデオロギーになったと書いても、事実とかけ離れてはいまい。ここでそれを認めておくと、本章のテーマに注意を集中しやすくなるだろう。

「社会主義」は、実際に存在するまでは、多くのことを意味していた。実際、レーニンが作り上げスターリンが強化した制度以外にも多くを意味していたはずだ。第一次世界大戦中の西欧と北米では、「社会主義者」を自称する人のほとんどが、よき社会には個人の計画にも、多様性にも、意思決定の分散化にも、自由主義的価値観にも、私有財産の自由にも広大な許容範囲があるものと考えていた。とにもかくにも重要なのは真の自由だった。資本主義の下では、所得の不平等な分配により大勢の人が退屈な重労働に縛られ、自由の身であるとは言っても監獄に入っているも同然の生活を強いられている。そうした不平等な分配をなくすことこそが、「社会主義」の目標だった。

価格統制や国有化に関しては経験に基づく答えが出されていた。個人のものは個人に、必要な場合に限り国に、という答えである。そして大半の人がケースバイケースでものごとを決めていくための議会制民主制と合理的な議論を信頼していた。だが一部にはもっと過激な意見を持つ一派もおり、改革されうまく運営されたおだやかな市場経済を超える何かを求めた。レーニンが権力を行使するようになって初めて人々は、実際の社会主義が市場の力を破壊しようとしていることを知り、その矛盾に気づくことになる。

レーニンとその追随者、さらに後継者は、揺るぎない信条を掲げることから始めた。曰く、マルクスは正しい。正しく解釈しさえすれば、すべてにおいて正しい、と。

マルクスは同時代の用心深い実業家を軽蔑していた。彼らは革命を恐れると口では言いながら、マルクスに言わせればある意味で最も容赦ない革命をやってのけた。あらゆる革命の中で最も偉大な革命、人類の置かれた条件を決定的に変える革命を成就させたのは、彼ら資本家階級、マルクスの言うブルジョワジーである。革命はよい方向に作用した。企業家と投資家で構成される資本家階級は、市場経済を味方につけて互いに競争し、それまで人類が抜け出せずにいた欠乏、不足、抑圧に終止符を打った。

だがマルクスは避け難い危険も認識していた。ブルジョワジーが作り上げた経済システムが必ずや人類の幸福に対する重大な障害物になることである。その経済システムはたしかに富を創出するが、平等に分配しないとマルクスは考えた。繁栄と共に富の不平等は不可避的に拡大する。富める者はさらに富み、貧しい者はさらに貧しくなる。そして貧困に閉じ込められた者は社会に必要とされなくなっていっそう耐えがたくなる。この問題を解決するには、人間をぼろきれのようにしてしまう市場の力を破壊するほかない。

ここで私が「避け難い」とか「不可避」と表現したのは、何も劇的な効果を狙ったからではない。避け難い危険だからこそ、マルクスもその後継者もこの致命的な欠陥を正そうとした。マルクスは全生涯をかけて自分の主張をシンプルにわかりやすく緻密にしようと試みたが、結局失敗した。失敗したのは、まちがっていたからである。市場経済が必ず不平等を拡大し必ず貧困を拡大するとは言えない。そうなることもあれば、ならないこともある。そしてそれは政府がコントロールできることだ。政府は所得と富の分配を目的に応じて調節できるだけの効果的な手段を持ち合わせている。

だがユートピア、いやこの件に関してはディストピアを問題にするマルクスの発想は、状況に応じて臨機応変だとか、結果はよかれあしかれ政府と意思決定次第、といった考え方を受け付けない。そこで、偶発的な不確実性という欠点を「不可避」と表現したのである。そしてマルクスは、既存のシステムが必ずディストピアにいたることを証明しようとした。「生産資本が増えるほど分業が進み、機械の導入が拡大する。分業が進んで機械の導入が拡大するほど、労働者間の競争が激化し、賃金は下がる。職を求める腕は増える一方で、その腕は痩せ細る一方だ」[4]。マルクスは、自分が描き出した末期資本主義のディストピアがけっして人類の歴史の最終状態ではないことも確信していた。希望のないこの資本主義システムを投げ捨て、生産手段を国有化・社会化しなければならない。資本家階級による支配は、繁栄する社会を築き上げたあとは「自らの墓穴を掘る……だけ」なのだから。

革命後の社会はどんなふうになるのか。私有財産に代わって、「協力ならびに土地および生産手段の共有に基づく個人財産」が出現する。その実現はむずかしくない。社会主義革命は「一握りの強奪者からの大衆による没収」だけを求めるからである。その後大衆は、「国家が所有する工場や生産手段の拡張や荒地の耕作や土壌改善」について共通の計画を民主的に立てることになる。これはもうユートピアだ[5]。だが言うまでもなくマルクスはまちがっていた。

この不平等の拡大と貧困化は避けられないとする社会主義革命は、端的に言って起きなかった。理由の一つは、貧困化が発生しなかったことである。すくなくともイギリスでは一八五〇年以降には貧困化は進行しなかった。不平等のほうは西欧では一九一四年まで、北米では一九二九年まで拡大したが、一八七〇年からは経済が急成長し、世界中の労働者階級は先行世代よりゆたかになっていった。

マルクスがまちがいを犯したのも、当然と言えば当然である。イギリスというたった一つの工業化の事例から理論を紡ぎ出したからだ。そのイギリスでは労働者階級のうち目に付く大きな集団において、一七九〇年より一八四〇年のほうがたしかに状況が悪化していた。ケインズのいう技術的失業、すなわち機械の導入による人間の駆逐が大きな原因である。ランカシャーでは地獄のような紡績工場が次々に建設され、地元の織り職人のスキルが無用になり、大勢が困窮した。だからこの時期には、マルクスの描く陰気な光景に説得力があったことはまちがいない。だが一八四八年になる頃には、市場資本主義は必ず所得分配の耐え難い不平等を生むという見方は妥当とは言えなくなってきた[6]。そしてマルクスが死去した一八八三年には、そのような見方はもはや擁護できなくなる。一九一四年には、不可避的な貧困化はもはやただのお題目と化しており、理性の産物ではなく、純粋に神がかり的な信仰でしかなかった。

だがマルクスがそれほどひどくまちがっているなら、なぜあれほど多くの書物が彼について書かれたのか。彼が予言者に祭り上げられ、彼の著作は世界的な宗教の神聖な経典となったからである。マルクスを読むと、パトモス島の洞窟で天啓を受けて黙示録を書いたという使徒ヨハネを思い出さずにはいられない（すくなくとも私はそうだ）。「私はすべての人々の目から涙を拭いとる。もはや死も不幸も嘆きもなく、苦痛もない。過去は過ぎ去ったのだ」。革命後の社会主義は地上の天国になるとされた。新しいエルサレムが地上に降りてくるのだ、と。

マルクスの信奉者の中で指導的存在だったのが、レーニン、レフ・トロツキー、ヨシフ・スターリンである。そのほかに、ソビエト連邦最初の政治局を仕切ったレフ・カーメネフやニコライ・クレスチンスキーなどもいたが、ともかくも集団としては少人数だったから、別の人格と別の意見を持つ別の人間が彼らを追い落としたら何が起きていただろうかと考えることは十分に可能である。だがそうはならなかった。たぶんレーニンらがただの学者やジャーナリストの集団ではなく、無能でもなく、夢を語る青二才でもなかったからだろう。彼らは十分に有能だったし、時機を逃さなかったし、冷酷でもあった。

レーニンとその後継者たちは、一九九〇年にいたるまでずっとマルクスの教義を予言として重く受け止め、その実現をめざした。だが彼らは神ではない。「ここに真の社会主義がある」と彼らは宣言したが、その正体は実際の社会主義に過ぎず、マルクスをはじめとする社会主義者の希望に可能な限り近づいたと主張されるだけの代物だった。とは言え、その社会主義が現実に地上で体制として実現され、ピーク時には世界人口のおよそ三分の一を支配していたことは事実である。それは知識人が構想した空想的ユートピアではなく、必要に迫られて現世の無秩序と妥協していた。それでも実際の社会主義は、その伝道師や政治局員に言わせれば、望みうる限りユートピアに近づいたという。

実際の社会主義が続く間、もしマルクスが生きていたら、その社会主義に幻滅し、おそらく軽蔑したことだろう。預言者は往々にしてそうしたものだ。実際に存在してみると、社会主義は予言からひどく遠ざかることになった。というのも、オムレツを作るには卵を割りさえすればよいわけではないからだ。オムレツの出来不出来は、いや曲がりなりにもオムレツと呼べるものを作れたらの話だが、卵自体の質に大きく左右される。この点は重要だ。というのも二〇世紀前半のロシアは、実際の社会主義を掲げる国にはなったものの、それを構想した理論家が社会主義誕生の地として想定した場所ではなかったからである。それにはもっともな理由があった。

一九一四年のロシアはアメリカの半分、ドイツの三分の二程度しか富裕ではなかったし、どちらの国よりも不平等だった。一日あたり四ドルが標準的な生活水準だったのである。出生時の平均余命は西欧の五〇年、アメリカの五五年に対し、ロシアは三〇年にも満たない。ロシアの教育水準の高い富裕層は貴族の地主で占められており、彼らは社会的役割を何も担っていなかった。君主と臣下が大多数の国民を封建的に支配しており、プロレタリアートもブルジョワジーもそこにはいなかった。

ロシアは西欧の産業革命はほとんど共有しなかったが、思想は貪欲に吸収した。法の下での平等、政府の権力は被統治民の総意に由来する、能力主義、階級特権の終焉、等々。これらの思想はバルチック海に面する港湾都市サンクトペテルブルクからロシアに流れ込んできた。一世紀前にピョートル大帝が建設したこの港湾都市は、西に開かれた窓だった。こうして流入した思想の中に、マルクスとエンゲルスが混ざっていたのである。

一九一七年ロシア暦二月に民衆が蜂起し皇帝が退位に追い込まれる。その後臨時政府が発足したが、一〇月にレーニンが体制を転覆させた。一二月に入ると民主憲法を起草していた憲法制定会議を解体し、ソビエト共産党とその政治局が権力を掌握する。権力の掌握だけが彼らの財産だった。イギリスの歴史家エリック・ホブズボームはこう書いている。「レーニンは……自分たちが持ち合わせているのが……政権を樹立したという事実だけであると気づいていた。ほかには何もなかった[7]」。

その後は過酷な内戦が続いた。白軍（帝政支持者）、独立運動派、レーニンの赤軍（革命派）のほか、日本やアメリカ、チェコなどが入り乱れ、一時はシベリアが事実上占領されたこともあったが、三年におよぶ内戦の大半は白軍と赤軍がロシア領内のあちこちで戦闘を展開した。

この戦いを続け、勝利の希望を持ち続けるために、共産主義政権はかつての皇帝の軍隊の戦闘能力を借りざるを得なかった。だが彼らは信用できるのか。軍事人民委員を務めていたトロツキーが答えを出した。将校を召集し、一人ひとりにイデオロギーに忠誠な政治委員をつける。すべての命令には政治委員の署名を必要とする。政治委員は将校の洗脳と社会主義教育も行う。この「二重管理」方式は軍隊だけでなくすべてに応用可能だったし、実際にも応用された。これが、ソビエト社会全体に見受けられた行政管理方式の原型である。党は高級官僚を監視し服従させる（最低でも共産主義支配の鉄則には服従させる）。もし従わなかったら収容所が待っている。[8]

レーニンの体制が本来まずやらなければならなかったのは、生き延びることである。だが彼らがまずやらなければならないと考えたのは、私有財産の国有化と事業主の追放によって資本主義を根絶やしにすることだった。だが、事業主なしでどうやって産業や経済活動を回していけるのか。所得も地位も企業の成功と直結しており、経済の個々のパーツを生産的に活性化する意欲と能力を備えた人たちがいなくなったら、どうなるのか。レーニンの答えは、経済を軍隊のように組織するというものだった。トップダウンで計画的に運営し、階層化する。司令部が各管理者のミッションを定め、管理者をミッション達成度に応じて昇進・解雇または処刑する。

ロシア内戦の絶望的な状況を背景に、レーニンは「戦時共産主義」を運用し、経済の軍事的動員の度合いを調整しようと躍起になった。第一次世界大戦当時のドイツはこれをうまくやってのけたとレーニンは考えていたのである。

レーニンは自分が目にしたドイツの中央司令型戦時経済に大いに感銘を受けた。そして、資本主義が「完全に成熟して社会主義に移行する準備が整った」ことが戦争によってあきらかになったと判断する。「六六〇〇万人の経済生活を単一の中央司令部から指図する」ことがドイツにできるなら、「財産を持たない大衆」も「階級意識の強い労働者から指図される」なら同様のことができるだろうと考える。ドイツの戦時経済は「銀行を没収し、大衆を信頼し、大衆の利益において」同じことをしていたのではないか、というわけだ。[9] だがそれは具体的にどう機能していたのか。そもそも私有財産と市場なしに経済を運営することは可能なのか。

第一次世界大戦期のドイツの戦時経済を動かしていたのは、ヴァルター・ラーテナウと戦争省物資調達局の面々だった。まず政府が国債を売り出すか紙幣を増発し、戦争に必要なものを市場価格で調達する。これは軍需産業にとって大いによろこばしいことだ。彼らは巨利を得ることができた。

物価が上昇し、資金調達懸念が高まると、ドイツ政府は物価統制に乗り出した。今後の物資調達には先月と同じ値段しか払わない、ということである。すると政府が買いたい品物は民間に流れ始めた。そこでドイツ政府は割当制を敷く。いわゆる「戦略物資」を非軍事目的や優先順位の低い製品に使うことを禁じ、物資／資金収支の監視を始めた。活用すべき生産能力と調達資金のフローを分析官がすり合わせ、次に計画当局がどれを軍用に回しどれを他の用途に割り当てるかを決定する。

ドイツでは、軍事物資とくに弾薬と爆薬（つまり窒素化合物）がまっさきに政府による生産計画の対象になった。その次が食糧である。戦費は国民所得の六分の一から三分の二へと膨れ上がり、すぐに政府は重要物資が工場へ送られ最終製品として前線に運ばれる動きを監視するだけでなく、追加的な軍事物資の生産のために工場の拡張や建設も命令するようになった。

こうした第一次世界大戦期のドイツの姿が、ソ連の戦時共産主義にヒントを与えたのである。ソ連の戦時共産主義は、政府による産業の国有化から始まった。次に、国有化した産業への固定価格での原料供給が命じられた。続いては希少資源を優先順位の低い計画に回す際の割当制が導入された。こうした施策とともに中央計画経済がスタートする。重要物資の需給バランスは中央政府が管理した。必要物資は工場長から中央計画局に申請される。工場長には国家計画で定められた品目と量のノルマが課され、これを何がなんでも達成しなければならない。必要量を確保できなかった原材料については、工場長はお願いするなり借りるなり買うなり、さらには物々交換や盗むといった手段を使ってでも手に入れなければならない。非効率なこと甚しかった。

それにこのシステムは腐敗の温床でもあった。とにかく当局が最優先順位を与えた品物を生産すること、そのために物資／資金収支の管理を介して必要資源を割り当てることにだけフォーカスしたシステムだったのである。

戦時共産主義は多くの悲劇を招いたが、とりわけ食料供給の面では大惨事だった。小作農民が耕した土地は彼らのものになるという再分配は、大いに人気を博する。ただし政府としては都市部に食料を供給する必要がある。ところが農村部にいる小作農民は、いまや追放されたか殺された貴族の地主とは異なり、都会の贅沢品と引き換えに穀物を供給する気などない。政府は食糧の徴発を試みたが、農民は穀物を隠して抵抗した。すると飢えた都市部の労働者が農業に従事する故郷の親族の元に続々とUターンするという現象が起きた。田舎なら食べることだけはできるからだ。こうして都市部の工場に残ったのは、ろくに食べていない労働者ばかりという事態になる。

こうした具合に戦時共産主義経済は非効率で腐敗していて悲劇的ではあったものの、トロツキーが仕切る赤軍が必要な兵器を確保し、ボリシェビキがロシア内戦に勝利するだけの物資は生産し軍に届けることができた。

それぞれの地位で意思決定に当たった人材は十分な影響力を持つようになる。

レーニンと共産主義者が内戦に勝利できた原因の第一は、トロツキーの赤軍の管理能力にあった。第二は、農民は赤軍を憎んでいた（赤軍は彼らの穀物を没収した）が、白軍のほうをもっと憎んでいた（白軍が勝ったら地主制に逆戻りするかもしれない）ことだ。第三は、フェリクス・ジェルジンスキーが秘密警察を組織した能力である。そして第四は、共産党が広く社会に対して冷酷さを発揮しただけでなく、党内の活動家に対しても冷酷非情だったことである。「中央からの指令に基づく経済」は「中央からの指令に基づく政治機構」も必要としたのだった。

レーニンはこの冷酷な精神を実行に移すことにとりわけ適していた。作家のマクシム・ゴーリキーは、レーニンがベートーベンを好み、特にソナタ「熱情」を偏愛したと書いている。「毎日でもあの曲を聴きたい……人間はなんと偉大なことができるのだろう！」」。だが音楽は「ときにひどくばかげたことを言いたくなったり、この地獄のような環境で暮らしながら美しいものを創造できる人を抹殺したくなったりする衝動に駆り立てる。だがいまや誰の頭も切り落としてはならない。むしろ切り落とすべきは自分の手だ。情けをかけずに彼らの頭を切り落とすべきだとしても、我々の理想は誰に対しても暴力を使わないことなのだ。まったく、なんと困難な義務だろう[10]」。

帝政ロシアで暮らしていた一億六五〇〇万人のうち推定一〇〇〇万人がロシア内戦で死んだ。うち一〇〇万人は赤軍兵、二〇〇万人は白軍兵、七〇〇万人は民間人である。加えて推定七〇〇万人がスペイン風邪で、二〇〇万人が第一次世界大戦で、一〇万人がソビエト＝ポーランド戦争で死んでいる。一九二一年の時点でロシアの富は三分の一に、工業生産は五分の一にまで縮小し、平均寿命は二〇歳まで落ち込んだ。帝国の西端に位置する広大な土地は破壊され、皇帝の軍隊の将軍や将校たちの多くは死ぬか、でなければ亡命し、自由民主主義や社会民主主義の中心地は白軍と赤軍によって徹底的に掃討された。第一次世界大戦前には帝国だった国の大半はいまやレーニンのものとなり、ソビエト社会主義共和国連邦（USSR）と命名される。

革命前にレーニンの元に馳せ参じたのは、ごく少数の社会主義の扇動者たちだった。彼らは内戦を通じて経験を積み、いまや実際の社会主義を使って国家を運営しユートピアを建設するという仕事に取り組むことになる。

彼らはこの仕事にあたって、信念に基づく支援を期待していた。マルクスとエンゲルスの史的唯物論によれば、そうした支援が現れるはずだったからである。レーニンらは、自分たちがロシアで起こした革命が他国でも、つまり西欧の先進工業国でも、類似の共産主義革命が起きる呼び水になると固く信じていた。西欧の先進国が共産主義を奉じるようになれば、貧しい農業国のロシアに支援の手を差し伸べてくれるにちがいない。そうなればレーニンは国を主導する権力の座にとどまり、産業開発の次のステージをめざすことができる。その段階に達したら、マルクスが約束したように社会主義が機能するはずだ。レーニンは、ヨーロッパでもっとも工業化が進み、かつ最も勢力があり活動的な社会主義政党を持つドイツに最大の希望を懸けた。

共産主義共和国は、ハンガリーで短期間だけ権力を握った。南ドイツのバイエルン州でも同様のことが起きた。だが結局、しっかり根を下ろしたのはロシア革命だけだった。第一次世界大戦が終わった時点で実在する社会主義は、レーニンの指導するたった一つの国に限定されていた。それはたしかに非常に大きな国ではあったが、どんな形であれ社会主義を樹立する試みが行われるとはほとんど誰も想像していなかった国だった。

当初、この試みが必要としたのは戦時共産主義から後退して「新経済政策」を打ち出すことだった。この政策では物価が上下するに任せ、人々に売ったり買ったりさせ、ゆたかにさせ、国営工場の工場長に利益を出させ（でなければ解雇し）、ケインズ言うところの「容認された無法者」である商人・仲買人階級を成長させる。要するに新経済政策は間に合わせであり、国家の統制下に置かれてはいるが資本主義だった。社会主義化された国営企業は利益をもとに運営されるが、放し飼いではない。鎖が締め付けられることはめったにないにしても、鎖で繋がれてはいる。

こうなった一因は、中央集権化されてはいてもソ連政府が全面的に権限を掌握できていなかったことにある。一九三〇年代半ばになっても、計画当局が物資／資金収支を追跡できていたのは一〇〇品目程度だった。この一〇〇品目の動きは完全に計画下に置かれ、これらについて計画通りに目標を達成できなかった生産者は処罰された。それ以外の品目は企業間取引に委ねられ、市場の標準的な現金決済で出荷されるか、ブラート（blat）すなわちコネクションを介してやりとりされた。必要物資を手に入れるのに人脈が必要だったわけである。

ブラートでも市場取引でも中央計画でも必要な原料を調達できなかった場合、もう一つの方法が存在した。トルカチ（tolkachi）である。トルカチはバーター取引の仲介人で、闇取引にも手を染めた。彼らは誰が何を持っているかをよく知っており、その品定めをし、何となら取引に応じてくれるかを交渉する。[1]

どこかで聞いたような話だと感じた読者は、正しい。

資本主義経済の隠れた秘密の一つは、ほとんどの企業にはソ連の計画当局がやっていたような物資／資金収支の計算を担当する部署が存在することだ。企業内部では、資源と時間は市場のようなプロセスを経て割り当てられるわけではない。従業員はみな、組織としての目標を達成したいし、上司をよろこばせて昇進したいし、すくなくとも解雇されたくないし、仲よしの社員や恩義のある先輩の手助けをしたい。彼らは公式非公式に互いに便宜を図る。誰もが、目標や基準は最優先で満たさなければならないこと、それができないと経営陣の機嫌を損ねることを知っている。そこで従業員たちは硬軟とり混ぜたあの手この手を使い、工作し、圧力をかけ、裏取引を行う。こうしたわけだから、資本主義経済には市場だけでなく、物々交換もブラートも計画もある。計画は組織が達成すべき第一の目標であり、誰もがそれに従うべきものと理解されてはいるが、その度合いは人によって温度差がある。

社会主義経済の企業と資本主義経済の企業の決定的な違いは、後者では標準的な企業がはるかに大きな市場経済に組み込まれていること、その結果としてつねに社内で手に入れるか市場で買うかの選択をしていることにあるだろう。このリソースは社内で工作や圧力や裏取引をすればうまく手に入るのか、それとも外部から調達する予算を上司に求めるべきか。この選択は、資本主義市場経済の中で企業の効率性と機動性をつねに維持するうえで重要な役割を果たしている。加えて資本主義市場経済では、製造業の周辺には資材の調達から販路の開拓まで多種多様な仲介事業者がひしめいている。翻ってソ連では、工場のまわりには市場もなければ仲介事業者もいない。よって、何事につけても無駄が多かった。

もっとも無駄が多いとはいえ、戦時下では多くの国が便宜的に物資/資金収支の管理を採用し、軍事用の少数の品目の生産に最優先順位を与えていた。総動員がかけられた時期には、命令による指揮統制方式が最善の方法だと判断されたからである。だがつねに総動員がかけられるような社会はけっして好ましくない。

レーニンは、革命からわずか五年しか生きていなかった。一九二二年五月に最初の発作に見舞われたが、六月には自分の足で執務室に復帰している。一二月に二度目、翌年三月に三度目の発作に襲われた。このときは一時的に話せなくなっている。そして一九二四年一月に昏睡状態に陥って死んだ。だが彼には後継者について考える時間が十分にあった。どの委員会、あるいはどの個人が自分の跡を継いでプロレタリア独裁を導くべきか。病気の間に彼は、現在「レーニンの遺書」と呼ばれているものを執筆し、後継者について述べている。[12]

スターリンについては「無限の権力を自分の手に握ったが……彼がつねに十分慎重にこの権力を行使できるのか私には確信が持てない」とある。

トロツキーについては「おそらく最も有能な人物である」としながらも、「自分を過信している」とし、「行政や管理に過剰に注意が向きがちだ」と述べた。

フェリクス・ジェルジンスキー、グレゴリー（セルゴ）・オルジョニキーゼ、スターリンはそろって「狂信的な愛国主義者」だと断じている。

ニコライ・ブハーリンの「理論的見解をマルクス主義に分類するには……大きな留保条件がつく。というのも、多分にスコラ哲学的だからだ」という。つまり、彼は中世的で蒙昧主義的だというのだ。

ゲオルギー・ピャタコフは「管理することに熱心すぎて、重要な政治問題を任せるにはおぼつかない」」。

さらにレーニンは、スターリンは「あまりにも粗暴である」と書き加え、この欠点は「書記長の職務にあっては容認し難い」とした。スターリンを共産党書記長という現在の職から更迭する方法を考え、「もっと辛抱強く、もっと誠実で、同志に対してもっと礼儀正しく親切で、気まぐれでないといった資質を備えた」人物を指名すべきだとまで述べている。この「小さな事柄」は「決定的に重要だ」とレーニンは念を押した。

ロシア内戦後にスターリンを書記長に指名したのはレーニンである。レーニンからみても彼の取り巻きからみても書記長は退屈で単調な仕事で、職業倫理を備え党に忠誠を尽くす以外にはこれといって取り柄のない人物が務めるポストと認識されていた。しかしスターリンの人心掌握術は、レーニンらが考えたよりずっと強力な武器だったのである。

レーニンはいくつもの過ちを犯したが、その一つは、晩年に発した走り書きの警告が不十分だったことである。結局レーニンは自分の地位を活かして後継者を選ぶことをしなかった。国民の意思あるいはプロレタリアートの意思が反映されるようなしくみ作りもやろうとしなかった。彼はこうした「小さな事柄」に立ち入ろうとしなかったが、結局それは「決定的に重要」だったと証明されることになる。

レーニンが選ばなかったため、党が選ぶことになった。だが党とは言ってもそれを構成するのは人間つまり党員である。党員は誰を選んだか？　スターリンだった。党員募集運動の甲斐あって党員は一〇〇万人に膨れ上がっている。地方委員会書記を指名するのは書記長のスターリンだった。地方の書記は入党希望者を選別し、共産党大会に派遣する代表を選ぶ。代表に選ばれた党員は、党大会で自分のボスのボス、つまりスターリンに一票を投じるというしかけだった。

レーニンの死後三年間の空白期間を経て、党は一九二七年にスターリンを最高指導者とすることで合意した。

スターリンの性格や彼の決定が引き起こした事態を論じる前に、当時のソ連の状況をかんたんに見ておきたい。一九二七年までに、同国は平均寿命でも人口でも工業生産高でも生活水準でも一九一四年の第一次世界大戦前の水準まで回復する。国家としての存続という至上命令も果たされていた。しかも、資源を消費し封建的な言動をとる貴族という厄介者ももういない。レーニンの後継者が大失態を犯して国を崩壊させない限り、また国家運営の出来不出来を戦時の混乱を基準に評価するように国民を誘導する限りにおいて、権力の座を追われる可能性は低かった。

そうは言っても、復活したソ連が相変わらず存続の危機にさらされていたことはまちがいない。政権の中枢にいる者たちは、先進国の資本主義国家が体制転覆を狙ってくるのではないかとひどく恐れていた。近い将来に自分たちの社会主義は生き残りをかけて再び戦わなければならないのではないか。彼らはすでに二つも戦ってきた。一つは内戦である。内戦の際にイギリスと日本が白軍を支援していた、すくなくとも支援しようとしたことを彼らは忘れていなかった。そしてもう一つはポーランドとの戦争である。ソ連の指導者たちは、自国の政治・経済の脆弱性をいやになるほどよく知っていた。外国からの脅威に対抗するために彼らが持ち合わせているのは、イデオロギー、ごく少人数の強固で冷酷な指導部、経済をどうにか一九一四年の水準まで戻す程度の能力を備えた官僚、それだけである。彼らに足りないのは時間だった。

現に一九四一年六月二二日にヒトラーのナチスドイツがソ連を突如攻撃したのだから、彼らの恐れはまちがいではなかったと書いても、事実とかけ離れてはいまい。ヒトラーの目的は二つあった。第一は、ユダヤ人ボリシェビキの殲滅である。思想としても政治運動としても体制としても排除するつもりだった。第二は、一般住民を収容所送りにするか奴隷化するか殺すことである。その最終目的は、彼らの土地をドイツの農民に農地として与えるとともに、ドイツ国民により多くの生存空間《レーベンスラウム》を確保することにあった。[13]

ソ連にはほかの行き方もあったはずである。あの国が恐怖の支配する収容所群島になることはけっして運命づけられていたわけではない。だがレーニンが後継者を定めず、共産党内部に正常な政治機関としての機構を組織することも拒否したため、ロシアが古い政治パターンに逆戻りする可能性はつねにあった。つまりこの国が再び皇帝《ツァーリ》を戴く可能性は高かったということである。混乱と騒乱の時期の皇帝は、恐怖政治を敷いたイワン四世、別の名をイワン雷帝のようなふるまいをするものである。たしかに共産党が選んだ皇帝は雷帝だった。雷帝スターリン、本名ヨシフ・ジュガシヴィーリ。偏執性のサイコパスで、人類史上最悪の大量殺人者の一人となる人物である。

スターリンは正統派の神学校から追放されると、革命政治に携わるようになった。彼は四度シベリア送りになり、そのたびに逃げてグルジア（現ジョージア）に戻っている。これは見ようによってはかなり疑わしい。なぜそうやすやすと逃亡できるのか。しかもなぜ平気で古巣に戻ってこられるのか。トロツキーらは後になって、スターリンは第一次世界大戦前に帝国内務省警察部（秘密警察）の工作員だったと主張している。

一九一二年にレーニンは帝国の周縁部で扇動活動を主導できる人間を必要としており、スターリンに目をつけた。スターリンは当時の首都サンクトペテルブルクに戻ってきた最初の有力ボリシェビキだったからだ。レーニンはスターリンを党機関紙プラウダの編集長に指名する。内戦の間、スターリンはこれまでさんざん扇動してきた少数民族集団の間に革命を浸透させるべく奮闘した。党書記長であるスターリンには入党希望者を選別する権限があった。ということはつまり、党の性格や傾向を彼が決めていたということである。第二次世界大戦後、東ドイツの劇作家ベルトルト・ブレヒトは、スターリンにとっての実際の社会主義指導者の理想像は、「人間を消して別の人間を選ぶ」ことができる人物だと述べている。すくなくとも党員に関する限り、彼らの理想像はスターリンだった。[14] だから、スターリンが頂点に上り詰めたのもふしぎではない。ただしその過程で多くの敵を作ることになった。偏執気質で敵の多いスターリンのような人間がとる次の一手は容易に想像がつく。

ジェルジンスキーは、スターリンが権力基盤を固める前の一九二六年に心臓発作で死んだ。レーニンが遺書の中で言及した他の人間は、トロツキーとオルジョニキーゼを除き、ことごとくスターリンに射殺されている。トロツキーは国外に逃亡し、一九四〇年まで生き延びたが、メキシコシティでソビエト秘密警察にアイスピックで殺害された。オルジョニキーゼは、秘密警察がやって来る前に銃で自殺したとみられるが、ほんとうのところはわからない。ともかくも、スターリンは以前の同志を黙らせ、その後に処刑した。こうして彼はナンバーツーの座に就く。人々は完全に彼に依存し、彼の気まぐれに応えることに汲々とし、そこに命を預けることになった。

非社会主義国はわれわれを脅威とみなしている、とソ連政府は考えていた。社会主義を奉じない国などに潰されてはならない。とにかくハイペースで工業化を進めることが必要だった。だが農産物と取引するための消費財が生産できない状況で、農民に農業生産を増やすよう説得するにはどうしたらいいのか。

マルクスはイギリスの経済史を「資本の本源的蓄積」の歴史と解釈していた。地主は政治を利用して農民から土地を盗み、彼らの生活水準を圧迫する。すると一部の農民は都市部へ移住し、低賃金労働者になる。工場主や生産手段の所有者は政治を利用して工場を増やし、労働者を働かせる。

マルクスのみるところ、このおぞましい結果にいたることは、資本主義が人類の発展と繁栄を妨げてきた要因の一つだった。ボリシェビキはイギリス近代化に対するマルクスの批判を鵜呑みにし、これをビジネスモデルとする。スターリンだけでなく、トロツキーやエフゲニー・プレオブラジェンスキーといったエリートたちも、ロシアの農民たちとの経済戦争をまず遂行しない限り急速な工業化は不可能だと考えた。農民の生活水準を可能な限り押し下げて、拡大する工業都市への食料と働き手を供給させる。その一方で都市部の賃金は高い水準に維持し、都市部への移住を促す。ただしいま以上に高くはしない。この戦略が、一連の五カ年計画の最初のものになった。

この政策はまず日用品不足を招いた。都市部の生産が消費財から資本財へ、軽工業から重工業へ転換したためである。そして最終的には穀物危機を引き起こした。その結果がシザーズ危機である。政府の目標を達成するために都市部で生産された工業製品の価格が上がり続ける一方で、農産物価格は下がり続け、これをグラフに表すと格差の拡大が開いたハサミに似ていることからつけられた名前である。農民は農産物を売っても工業製品を買うことができず、やがてそんなことに関心も失った。都市部には食料が供給されず、五カ年計画の達成もロシアの工業化も危うくなる。ソ連政府は、工業化に失敗したら国家は存続できないと固く信じていた。

スターリンは、シザーズ危機を招いたのは少数の腐ったリンゴだと主張する。スターリンの言う腐ったリンゴとは、クラーク（kulak）すなわちロシアの富裕な農民である。クラークは穀物を隠しておいて高値で売り捌いているのだとスターリンは考えた。だから問題はクラークであり、クラークを撲滅してしまえば問題はなくなる、と。

政府は、農民対策を練った。彼らのみるところ、富裕農民は農産物の余剰を党のために供給する気がない。その解決策として、彼らの土地と家畜を没収し、他の農民共々集団農場で働かせる政策が導入された。ただし、富裕農民の生活水準は他の農民より引き下げる。こうすれば、貧農はよろこぶだろう。富農だけが怒って抵抗しても容易に鎮圧できる。その後は農産物の余剰はすべて都市部に供給する。農村部に消費財を供給してやる必要はない、というのが政府の目論見だった。

しかし政府はまちがっていた。

ソ連が抱える二五〇〇万の農民世帯の九四%が国営農場と集団農場に集められた。一農場におよそ五〇人の見当である。富農撲滅運動で多くの農民が殺され、あるいは飢餓で死んだ。一九三〇年代には数百万人単位の農民がシベリアの強制収容所に送られ、合計すると推定一五〇〇万人が死んだとみられる。農業生産高は三分の二まで減少し、家畜は半分になってしまった。[15]

この政策に何かメリットはあったのだろうか。あったとは思えない。都市部の工業生産を消費財に向けていれば、農民がそれを買い、都市部への食料供給をよりよい条件で確保できたはずである。農民の奴隷化は、農産物の供給を増やす効果的な方法とは言い難い。農民は集団農場に連れて行かれると知ると、政府の役人が来る前に自ら家畜を殺して食べてしまったのだから、なおのことである。殺してしまった多数の農民（二〇〇万？ 五〇〇万？ 一五〇〇万？）を生かしておいて、農産物と消費財の取引を奨励するほうがはるかに効率的だっただろう。

結果を出すためのよりよい方法があったからと言って、政府が結果を得られなかったわけではない。ソ連の統計によると、工業生産高（一九二八年の時点では一九一三年の一一％増にとどまっていた）は第一次・第二次五カ年計画下で一九三三年までに一八一％増、一九三八年までに五五八％増に達したという。最優先順位をつけられたのは重工業（石炭、鉄鋼、化学品、発電）である。消費財は無視されたわけではないにしても二の次、三の次だった。

五カ年計画は、一連の設定された目標で構成されていた。このダムを完成させる、溶鉱炉をいくつ建設する、炭鉱をいくつ掘削する、という具合である。これらの目標はどれほどコストがかかろうとも達成しなければならない。そのためにはアメリカの重工業で使われている技術を、外国から買うにせよ自前で開発するにせよ、ともかくも入手する必要があった。この方針の下で、ウラルに鉄鋼都市マグニトゴルスクが建設され、中国国境から潤沢に石炭が供給された。マグニトゴルスクがなかったら、スターリンは第二次世界大戦で勝利を収めることはできなかっただろう。なにしろ西部ロシアの工場は一九四一年七月から四三年末までドイツに占領されていたからだ。このほか、ダム、自動車工場、トラクター（戦時は戦車）工場はすべてモスクワより東に建設された。この地域には問題のある住民があまりいなかったという理由もある。

スターリンは新設した重工業の工場に、それも賃金水準がさして高くないのに、なぜ人員を配置できたのだろうか。強制的に配置したからである。ソ連では国内の移動が大幅に制限されていた。住む家や本の配給券を手に入れるためにも、決められた仕事に就いていなければ（そして雇用主を満足させていなければ）ならない。雇用主に気に入ってもらうことは生命を守ることに直結した。上司から「サボタージュ」とみなされたらシベリア送りになりかねない。工業化推進政策の初期には、「計画妨害者」とみなされた技術者の見せしめ裁判が行われたものだ。

農村部の生活水準を押し下げると、大量の脱走者が発生する。成人男性にとって、都市部の生活は不衛生で賃金も低いとしても、半奴隷と化した集団農場での生活はさらに耐え難かったからだ。一九三〇年代には二五〇〇万人以上が都市部に移住し工場で働くようになった。これはこれでうまくいったと言える。第二次世界大戦中のソ連の武器製造は量的にドイツやイギリスを上回ったし、質的にも許容範囲内だった。とはいえ低い基準をなんとかクリアしたというのが実情だ。ソ連製戦車T34Cは六カ月もてばいいという前提で設計された代物で、強度の高い戦闘には二四時間しか耐えられない。

一九一三～四〇年に工業生産高が七倍になったという主張はかなりの誇張だった。一九四〇年の工業生産高は、標準的な手法で計測すると、一九一三年の三・五倍だったと見込まれる。また最も信頼できそうな推計手法によると、一九二八～五八年のソ連の実質成長率は平均四・五％だったという。めざましい数字ではあるが、虐殺のほうもすさまじかった。

工場労働者は、上層部から指令された生産目標に届かなかったという理由で銃殺されるかシベリア送りになった。知識人はスターリン崇拝が足りないとか弱まってきたといった理由で銃殺されるかシベリア送りになった。スターリンが去年支持したが今年は支持していない政策をもし支持したら、それだけで銃殺された。

共産主義活動家、官僚、秘密警察官も安心できなかった。一九三〇年代の大粛清では五〇〇万人以上の官僚と党員が銃殺されるかシベリア送りになった。当時のソ連で最も危険な地位が共産党幹部だったというのは歴史の陰惨な皮肉と言わねばなるまい。一九三四年の第一七回党大会に派遣された地方代表一八〇〇人のうち、三九年の第一八回大会でも代表になったのは一〇人に一人以下だった。残りは死ぬか、刑務所か収容所に送られたのである。赤軍の大物将軍も銃殺されている。第二次世界大戦が始まった時点では共産党員の半数以上が一九三〇年代後半に入党した人たちだった。彼らはみな、自分の職業とソビエト社会における地位はスターリンとその取り巻きのおかげだと十分にわきまえていた。

記録がきちんととられていないため、虐殺された人数の正確なところはわかっていない。家畜の統計のほうがましかもしれない。スターリンが殺した敵、想像上の敵、ただの見物人の数よりは、死んだ牛や羊の数のほうが正確にわかっている。シベリアの強制収容所が数百万人単位の人間で繰り返しぎゅう詰めになっていたこともわかっている。農業の集団化が推進され富裕農民がシベリア送りになるとともに「収容所群島」の規模は拡大していった。一九三〇年代後半の粛清でも収容所は満杯になったし、第二次世界大戦直前にソ連がポーランド、リトアニア、エストニア、ラトヴィア、モルドヴァを併合したときも、これらの国から連行された住民であふれ返った。第二次世界大戦の間は、懲罰対象となった兵士、スターリンの戦時指導力の批判者、親ドイツとみなされた民族集団が収容所に送られた。戦後は、ドイツの捕虜となり生き延びて帰還した推定四〇〇万のソ連兵が収容所に送られ、そこで痩せ衰えて死んでいった。

原注

本書の注は、直接の引用や言い換えの出典、または私の考えや知識が主に形成された文献や情報源、およびより深く知るために読むべきだと考えた参考文献に限った。

このやり方が非常に不適切であることはよく承知している。知性や知識のある人に熱心に議論をしてもらうためには、ほとんどすべてのパラグラフにもっとくわしい注が必要にちがいない。しかも流れに任せて（あるいは逆らって）書いた箇所では、理解の最もよい糸口を得られると考えられる箇所以外では、その流れを作った人物について注をつけなかった。

それに私自身の考えだと信じている箇所ですら、権力の座にいる狂人は実際には学者のへたくそな著作を通じて吹き込まれた考えであるにもかかわらず天の声を聞いたと信じ込む、とケインズが書いた意味においてのオリジナルに過ぎないのだろう。マキアヴェッリは、自分の本とは話しかけると答えてくれる友だと書いている。頭の中に思い浮かんだ暗号のようなものを白い紙に黒く記していくとだんだん形になることをこのように表現したのだろう。だから、これこそは自分のオリジナルだと信じている考えでさえ、誰かもっと賢い人物が内なる対話の中で私に語ってくれたことに基づいて私の内から何かを取り出して繰り返しているだけにちがいない。

となれば、厳正さを重んじるためにもあきらかにもっと多くの注が必要である。だが長々しい脚注にどれほどの効果が期待できるか大いに疑問だし、巻末注となればもっと疑わしい。

というわけで本書は特設サイト（https://braddelong.substack.com/s/slouching-towards-utopia-long-notes）を用意し、賛否両論をそこにまとめることにした。読者諸氏のご意見ご批評をお待ちする次第である。

序論　大きな物語

1. Steven Usselman, "Research and Development in the United States since 1900: An Interpretive History," Economic History Workshop, Yale University, November 11, 2013, https://economics.yale.edu/sites/default/files/usselman _paper.pdf; Thomas P. Hughes, *American Genesis: A Century of Invention and Technological Enthusiasm, 1870–1970*, Chicago: University of Chicago Press, 2004; Alfred Chandler, *The Visible Hand: The Managerial Revolution in American Business*, Cambridge, MA: Harvard University Press, 1977.（邦訳は、アルフレッド・D・チャンドラー『経営者の時代　アメリカ産業における近代企業の成立　上・下』鳥羽欽一郎他訳、東洋経済新報社）

2. Eric Hobsbawm, *Age of Extremes: The Short Twentieth Century, 1914– 1991*, London: Michael Joseph, 1984.（邦訳は、エリック・ホブズボーム『20世紀の歴史　両極端の時代』大井由紀訳、筑摩書房）
3. 「長い二〇世紀」という見方に価値を認めた著作に、下記がある。Ivan Berend in *An Economic History of Twentieth-Century Europe: Economic Regimes from Laissez-Faire to Globalization*, Cambridge: Cambridge University Press, 2006.
4. Friedrich A. von Hayek, "The Use of Knowledge in Society," *American Economic Review* 35, no. 4 (September 1945): 519–530.（邦訳は、F.A.ハイエク『市場・知識・自由』田中真晴他訳、ミネルヴァ書房）
5. Hans Rosling et al., Gapminder, http://gapminder.org; "Globalization over Five Centuries, World," Our World in Data, https://ourworldindata .org/grapher/globalization-over-5-centuries?country=~OWID_WRL.
6. Karl Marx and Friedrich Engels, *Manifesto of the Communist Party*, London: Communist League, 1848;（邦訳は、カール・マルクス、フリードリヒ・エンゲルス『共産党宣言』森田成也訳、光文社古典新訳文庫）:Jonathan Sperber, *Karl Marx: A Nineteenth- Century Life*, New York: Liveright, 2013; Marshall Berman, *All That Is Solid Melts into Air: The Experience of Modernity*, New York: Verso, 1983.
7. Friedrich A. von Hayek, "The Pretence of Knowledge," Nobel Prize Lecture, 1974, www.nobelprize.org/prizes/economic-sciences/1974/hayek/lecture.
8. Karl Polanyi, *The Great Transformation*, New York: Farrar and Rinehart, 1944.（邦訳は、カール・ポラニー『大転換　市場社会の形成と崩壊』吉沢英成他訳、東洋経済新報社）
9. Takashi Negishi, "Welfare Economics and Existence of an Equilibrium for a Competitive Economy," *Metroeconomica* 12, no. 2–3 (June 1960): 92–97.
10. Friedrich A. von Hayek, *The Mirage of Social Justice: Law, Legislation, and Liberty*, vol. 2, London: Routledge and Kegan Paul, 1976.（邦訳は、ハイエク『法と立法と自由II　社会正義の幻想』篠塚慎吾訳、ハイエク全集1-9、春秋社）
11. Arthur Cecil Pigou, "Welfare and Economic Welfare," in *The Economics of Welfare*, London: Routledge, 1920, 3–22.（邦訳は、アーサー・C・ピグー『富と厚生』八木紀一郎監訳、名古屋大学出版会）
12. Ludwig Wittgenstein, *Tractatus Logico-Philosophicus*, London（邦訳は、ルートヴィヒ・ヴィトゲンシュタイン『論理哲学論考』丘沢静也訳、光文社古典新訳文庫）: Kegan Paul, Trench, Trubner, 1921, 89; Jean-François Lyotard, *The*

Postmodern Condition: A Report on Knowledge, Minneapolis: University of Minnesota Press, 1984（邦訳はジャンフランソワ・リオタール『ポストモダンの条件』小林康夫訳、水声社）; William Flesch, *Comeuppance: Costly Signaling, Altruistic Punishment, and Other Biological Components of Fiction*, Cambridge, MA: Harvard University Press, 2007.
13. Greg Clark, *A Farewell to Alms: A Brief Economic History of the World*, Princeton, NJ: Princeton University Press, 2007.（邦訳は、グレゴリー・クラーク『10万年の世界経済史　上・下』久保恵美子訳、日経BP社）
14. John Stuart Mill, *Principles of Political Economy, with Some of Their Applications to Social Philosophy*, London: Longmans, Green, Reader, and Dyer, 1873, 516.（邦訳は、ジョン・スチュアート・ミル『経済学原理』全5冊、末永茂喜訳、岩波文庫）
15. Edward Bellamy, *Looking Backward, 2000–1887*, Boston: Ticknor, 1888（邦訳は、ベラミー『顧みれば』山本政喜訳、岩波文庫）; Edward Bellamy, "How I Came to Write *Looking Backward*," *The Nationalist* (May 1889).
16. Bellamy, *Looking Backward*, 152–158.（ベラミー前掲書）
17. "Utopia," Oxford Reference, www.oxfordreference.com/view/10.1093 /oi/authority.20110803115009560.
18. これはバーリンが好んで口にしたカントの言葉である。例えば以下を参照されたい。Isaiah Berlin, "The Pursuit of the Ideal," Turin: Senator Giovanni Agnelli International Prize Lecture, 1988, https://isaiahberlin.wolfson.ox.ac.uk/sites/www3.berlin .wolf.ox.ac.uk/files/2018-09/Bib.196%20-%20Pursuit%20of%20the%20 Ideal%20by%20Isaiah%20Berlin_1.pdf; Henry Hardy, "Editor's Preface," in Isaiah Berlin, *The Crooked Timber of Humanity: Essays in the History of Ideas*, London: John Murray, 1990.（邦訳は、バーリン『理想の追求　バーリン選集4』福田歓一他訳、岩波書店）1784年に発表されたカントの原論文は、「世界市民という視点からみた普遍史の理念」（カント『永遠平和のために　啓蒙とは何か 他3編』＝中山元訳、光文社古典新訳文庫＝所収）
19. G. W. F. ヘーゲルの言葉。以下で引用された。John Ganz, "The Politics of Cultural Despair," Substack, April 20, 2021, https://johnganz.substack.com/p/the-politics -of-cultural-despair. なお@Ronald00Address によると、出典は以下だという。G. W. F. Hegel, Letter to [Karl Ludwig von] Knebel, August 30, 1807, NexusMods, www.nexusmods.com/cyberpunk2077/images/15600。こちらは以下に引用されている。Walter Benjamin, On the Concept of History, 1940, translated by Dennis Redmond, August 4, 2001,

Internet Archive Wayback Machine, https://web.archive.org/web/20120710213703/http://members.efn.org/~dredmond/Theses_on_History.PDF.（邦訳は、ヴァルター・ベンヤミン『[新訳・注釈]歴史の概念について』鹿島徹訳、未来社）

20. Madeleine Albright, *Fascism: A Warning*, New York: HarperCollins, 2018.（邦訳は、マデレーン・オルブライト『ファシズム　警告の書』白川貴子他訳、みすず書房）
21. ポラニー前掲書所収のフレッド・ブロックの序文。
22. 以下を参照されたい。Charles I. Jones, "Paul Romer: Ideas, Nonrivalry, and Endogenous Growth," *Scandinavian Journal of Economics* 121, no. 3 (2019): 859–883.
23. Clark, *Farewell*, 91–96.（クラーク前掲書）
24. Simon Kuznets, *Modern Economic Growth: Rate, Structure, and Spread*, New Haven, CT: Yale University Press, 1966.（邦訳は、サイモン・クズネッツ『近代経済成長の分析』塩野谷祐一訳、東洋経済新報社）
25. Edward Shorter and Lawrence Shorter, *A History of Women's Bodies*, New York: Basic Books, 1982.（邦訳は、エドワード・ショーター『女体の歴史』池上千寿子他訳、勁草書房）。ノルマン朝のウィリアム1世からハノーバー朝のヴィクトリアにいたるまで、女王と女子相続人の7人に1人は産褥で死んでいることを考えてほしい。
26. Mill, *Principles*, 516.（ミル前掲書）
27. これに対してバーリンは譲れない一線として、よい「消極的自由」とあまりよくない「積極的自由」を示した。以下を参照されたい。Isaiah Berlin, "Two Concepts of Liberty," in *Four Essays on Liberty*, Oxford: Oxford University Press, 1969.（邦訳は、アイザィア・バーリン『自由論【新装版】』小川晃一他訳、みすず書房）。ミルは未知のものを安易に受け入れなかった。
28. Mill, *Principles*, 516.（ミル前掲書）
29. William Stanley Jevons, *The Coal Question: An Enquiry Concerning the Progress of the Nation, and the Probable Exhaustion of Our Coal-Mines*, London: Macmillan, 1865.
30. Marx and Engels, *Manifesto*, 17.（マルクス、エンゲルス前掲書）
31. Friedrich Engels, "Outlines of a Critique of Political Economy," *German-French Yearbooks*, 1844.（邦訳は、エンゲルス「国民経済学批判大綱」、『マルクス=エンゲルス選集補巻5国民経済学批判大綱・聖家族』所収、マルクス=レーニン主義研究所編訳、大月書店）
32. Karl Marx, *Critique of the Gotha Program*, in *Marx/Engels Selected Works*, vol.

3, Moscow: Progress Publishers, 1970 [1875], 13–30, available at Marxists Internet Archive, www.marxists.org/archive/marx/works/1875/gotha.（邦訳は、カール・マルクス『ゴータ綱領批判』望月清司訳、岩波文庫）
33. Richard Easterlin, *Growth Triumphant: The Twenty-First Century in Historical Perspective*, Ann Arbor: University of Michigan, 2009, 154.
34. Easterlin, *Growth Triumphant*, 154.
35. Thomas Robert Malthus, *First Essay on Population*, London: Macmillan, 1926 [1798], Internet Archive, https://archive.org/details/b31355250.（マルサス『人口論』初版。邦訳は、『人口論』斉藤悦則訳、光文社古典新訳文庫）。「マルサスは悪魔を暴露した」という言葉は、Maynard Keynes, The Economic Consequences of the Peace, London: Macmillan, 1919, 8.（邦訳は、ジョン・メイナード・ケインズ『平和の経済的帰結』山形浩生訳、東洋経済新報社）による。

第１章　グローバル化する世界

1. Thomas Robert Malthus, *An Essay on the Principle of Population, as It Affects the Future Improvement of Society*, London: J. Johnson, 1798.（マルサス前掲書）
2. Gregory Clark, "The Condition of the Working Class in England, 1209–2004," *Journal of Political Economy* 113, no. 6 (December 2005): 1307–1340, http://faculty.econ.ucdavis.edu/faculty/gclark/papers/wage%20 -%20 jpe%20-2004.pdf.
3. John Maynard Keynes, *The Economic Consequences of the Peace*, London: Macmillan, 1919, 8（ケインズ前掲書）
4. 例えば1800年にトーマス・ジェファーソンのライフスタイルを支えていた物質的文化と、5000年前のギルガメッシュの時代の物質的文化との対比を考えてほしい。Alexander Heidel, trans. and ed., *The Gilgamesh Epic and Old Testament Parallels*, Chicago: University of Chicago Press, 1946; Robert Silverberg, ed., *Gilgamesh the King*, New York: Arbor House, 1984; George W. Boudreau and Margaretta Markle Lovell, eds., *A Material World: Culture, Society, and the Life of Things in Early Anglo-America*, University Park, PA: Pennsylvania State University Press, 2019.
5. この引用は経済学者のトレボン・ローガンに教えてもらった。
6. この箇所、すなわち産業革命期のイギリスにおける1870年以前の独自の過程は、「技術革命」現象よりも「グローバル化」現象に拠るところが大きいという私の主張

は、主に以下の論文に基づいている。Gregory Clark, "The Secret History of the Industrial Revolution," October 2001, http://faculty.econ.ucdavis.edu/faculty/gclark/papers/secret2001.pdf.

7. William Stanley Jevons, *The Coal Question: An Enquiry Concerning the Progress of the Nation, and the Probable Exhaustion of Our Coal-Mines*, London: Macmillan, 1865.
8. Rudyard Kipling, "Recessional," first published in *The Times* (London), July 17, 1897, reprinted at Poetry Foundation, www.poetryfoundation.org / poems/46780/recessional.
9. Keynes, *Economic Consequences*, 8.（ケインズ前掲書）
10. Anton Howes, "Is Innovation in Human Nature?," *Medium*, October 21, 2016, https://medium.com/@antonhowes/is-innovation-in-human -nature-48c2578e27ba#.v54zq0ogx.
11. "Globalization over Five Centuries, World," Our World in Data, https://ourworldindata.org/grapher/globalization-over-5-centuries?country =~OWID_WRL, piecing together estimates from many authorities.
12. W. Arthur Lewis, *The Evolution of the International Economic Order*, Princeton, NJ: Princeton University Press, 1978, 14.（邦訳は、アーサー・ルイス『国際経済秩序の発展』水上健造訳、文化書房博文社）
13. Henry David Thoreau, *Walden; or, a Life in the Woods*, Boston: Ticknor and Fields, 1854, 58–59.（邦訳は、H.D.ソロー『森の生活　ウォールデン　上・下』飯田実訳、岩波文庫）
14. Mark Chirnside, *Oceanic: White Star's "Ship of the Century"*, Cheltenham: History Press, 2019, 72.
15. Elisabeth Kehoe, *Fortune's Daughters: The Extravagant Lives of the Jerome Sisters—Jennie Churchill, Clara Frewen and Leonie Leslie*, Boston: Atlantic, 2011, 71.
16. ガンジーに関してこれまで読んだ中で最も優れた文献は、以下である。Ramachandra Gupta, *Gandhi Before India*, New York: Alfred A. Knopf, 2013; *Gandhi: The Years That Changed the World, 1914–1948*, New York: Random House, 2018; *India After Gandhi: The History of the World's Largest Democracy*, London: Pan Macmillan, 2011.
17. Benjamin Yang, *Deng: A Political Biography*, London: Routledge, 2016, 22–46.（邦訳は、ベンジャミン・ヤン『鄧小平　政治的伝記』（加藤千洋他訳、岩波現代文庫）
18. Jeffrey Williamson, "Globalization and Inequality, Past and Present," *World*

Bank Observer 12, no. 2 (August 1997): 117–135, https://documents1.worldbank.org/curated/en/502441468161647699/pdf/766050JRN0WBRO00Box374378B00PUBLIC0.pdf.
19. Steven Dowrick and J. Bradford DeLong, "Globalization and Convergence," in *Globalization in Historical Perspective*, ed. Michael D. Bordo, Alan M. Taylor, and Jeffrey G. Williamson, National Bureau of Economic Research (NBER) Conference Report, Chicago: University of Chicago Press, 2003, 191–226, available at NBER, www.nber.org/system/files/chapters/c95 89/c9589.pdf.
20. Neal Stephenson, "Mother Earth, Motherboard," *Wired* 4, no. 12 (December 1, 1996), www.wired.com/1996/12/ffglass.
21. Keven H. O'Rourke and Jeffrey G. Williamson, *Globalization and History: The Evolution of a Nineteenth-Century Atlantic Economy*, Cambridge, MA: MIT Press, 1999.
22. "Globalization over Five Centuries."
23. Richard Baldwin, *The Great Convergence: Information Technology and the New Globalization*, Cambridge, MA: Harvard University Press, 2016, 5.（邦訳は、リチャード・ボールドウィン『世界経済 大いなる収斂 ITがもたらす新次元のグローバリゼーション』遠藤真美訳、日本経済新聞出版）
24. Robert Allen, *Global Economic History: A Very Short Introduction*, Oxford: Oxford University Press, 2011, 6–8.（ロバート.C.アレン『なぜ豊かな国と貧しい国が生まれたのか』グローバル世界史研究会訳、NTT出版）
25. Robert Fogel, *Railroads and American Economic Growth: Essays in Econometric History*, Baltimore: Johns Hopkins University Press, 1964, 39.
26. Wladimir S. Woytinsky and Emma S. Woytinsky, *World Commerce and Governments: Trends and Outlook*, New York: Twentieth Century Fund, 1955, 179.
27. Keynes, *Economic Consequences*, 32.（ケインズ前掲書）
28. Elizabeth Longford, *Wellington: The Years of the Sword*, London: Weidenfeld and Nicolson, 1969.
29. Thoreau, *Walden*.（ソロー前掲書）
30. Vincent P. Carosso and Rose C. Carosso, *The Morgans: Private International Bankers, 1854–1913*, Cambridge, MA: Harvard University Press, 1987, 133–200.
31. W. Arthur Lewis, *Growth and Fluctuations, 1870–1913*, London: G. Allen and Unwin, 1978, 20.

32. Laura Panza and Jeffrey G. Williamson, "Did Muhammad Ali Foster Industrialization in Early Nineteenth-Century Egypt?," *Economic History Review* 68, no. 1 (February 2015): 79–100; David S. Landes, "Bankers and Pashas: International Finance and Imperialism in the Egypt of the 1860's" (PhD diss., Harvard University, 1953).
33. Stephen S. Cohen and J. Bradford DeLong, *Concrete Economics: The Hamiltonian Approach to Economic Policy*, Boston: Harvard Business Review Press, 2016; John Stuart Mill, *Principles of Political Economy, with Some of Their Applications to Social Philosophy*, London: Longmans, Green, Reader, and Dyer, 1873, 556.（ミル前掲書）
34. AnnaLee Saxenian, *Regional Advantage: Culture and Competition in Silicon Valley and Route 128*, Cambridge, MA: Harvard University Press, 1996, 32–34.（邦訳は、アナリー・サクセニアン『現代の二都物語　なぜシリコンバレーは復活し、ボストン・ルート128は沈んだか』山形浩生他訳、日経BP社）
35. Allen, *Global Economic History*, 7.（アレン前掲書）
36. Allen, *Global Economic History*, 41–42（アレン前掲書）; Lewis, *Evolution*; Joel Mokyr, *The British Industrial Revolution: An Economic Perspective*, New York: Routledge, 2018 [1999]（ルイス前掲書）; Edgar J. Dosman, *The Life and Times of Raul Prebisch, 1901–1986*, Montreal: McGill-Queen's University Press, 2008.

第2章　技術主導の成長の加速

1. Kenneth Whyte, *Hoover: An Extraordinary Life in Extraordinary Times*, New York: Alfred A. Knopf, 2017; Herbert Hoover, *The Memoirs of Herbert Hoover*, vol. 1, *Years of Adventure, 1874–1920*; vol. 2, *The Cabinet and the Presidency, 1920–1933*; vol. 3, *The Great Depression, 1929–1941*, New York: Macmillan, 1951–1953; Rose Wilder Lane, *The Making of Herbert Hoover*, New York: Century, 1920.
2. Ellsworth Carlson, *The Kaiping Mines*, Cambridge, MA: Harvard University Press, 1957.
3. 経済に関するグローバルなリーダーシップについては、以下を参照されたい。W. Arthur Lewis, *Growth and Fluctuations, 1870–1913*, London: G. Allen and Unwin, 1978, 94–113.
4. Jack Goldstone, "Efflorescences and Economic Growth in World History: Rethinking the 'Rise of the West' and the Industrial Revolution," *Journal of*

World History 13, no. 2 (September 2002): 323–389.

5. Lewis, *Growth*, 14.
6. "Globalization over Five Centuries, World," Our World in Data, https://ourworldindata.org/grapher/globalization-over-5-centuries?country=~OWID_WRL.
7. ワグナー以前の古い物語については、以下を参照されたい。Stephan Grundy, Rhinegold, New York: Bantam, 1994, 47–63, 332–333.
8. 1700〜1945年の技術史に関して最高の文献は、私の考えでは今日にいたるまで以下である。David Landes, The Unbound *Prometheus*, Cambridge: Cambridge University Press, 1969.
9. Robert Gordon, *The Rise and Fall of American Growth: The U.S. Standard of Living Since the Civil War*, Princeton, NJ: Princeton University Press, 2017, 61（邦訳は、ロバート・J・ゴードン『アメリカ経済　成長の終焉　上・下』高遠裕子、山岡由美訳、日経BP社）
10. Donald Sassoon, One Hundred Years of Socialism: The West European Left in the Twentieth Century, New York: New Press, 1996, xxxiii. サスーンは、革命的なアイデアが技術の驚異への賞賛に変わることを好んでいなかった点に留意されたい。
11. Thomas Piketty, *Capital in the Twenty-First Century*, Cambridge, MA: Harvard University Press, 2014, 24（邦訳は、トマ・ピケティ『21世紀の資本』山形浩生他訳、みすず書房）; Mark Twain and Charles Dudley Warner, *The Gilded Age: A Novel of Today*, Boone, IA: Library of America, 2002 [1873].（邦訳は、マーク・トウェイン、C.D.ウォーナー『金メッキ時代　マーク・トウェインコレクション　上・下』柿沼孝子訳、彩流社）
12. 1900年頃のアメリカにおける労働者階級の生活については、以下を参照されたい。Margaret Frances Byington, Homestead: The Households of a Mill Town, New York: Charities Publication Committee, 1910.
13. Nicola Tesla, *My Inventions: The Autobiography of Nicola Tesla*, New York: Hart Bros., 1982 [1919]（邦訳は、ニコラ・テスラ『ニコラ・テスラ秘密の告白　世界システム=私の履歴書　フリーエネルギー=真空中の宇宙』宮本寿代訳、成甲書房）; Marc Seifer, *Wizard: The Life and Times of Nikola Tesla*, Toronto: Citadel Press, 2011.
14. Margaret Cheney, *Tesla: Man Out of Time*, New York: Simon and Schuster, 2001, 56.
15. Nikola Tesla, "My Early Life," *Electrical Experimenter*, 1919, reprinted by David Major at Medium, January 4, 2017, https://medium.com/@

dlmajor/my-early-life-by-nikola-tesla-7b55945ee114.

16. Paul David, "Heroes, Herds, and Hysteresis in Technological History: Thomas Edison and the 'Battle of the Systems' Reconsidered," *Industrial and Corporate Change* 1, no. 1 (1992): 125–180; Landes, *Unbound Prometheus*, 284–289.
17. 当時の雰囲気については、以下を参照されたい。Graham Moore, The Last Days of Night: A Novel, New York: Random House, 2016.（邦訳は、グレアム・ムーア『訴訟王エジソンの標的』唐木田みゆき訳、ハヤカワ文庫）
18. Quentin Skrabec, *George Westinghouse: Gentle Genius*, New York: Algora, 2007, 7–23.
19. David Glantz, *Operation Barbarossa: Hitler's Invasion of Russia, 1941*, Cheltenham, UK: History Press, 2011, 19–22.
20. アーウィン・コリヤーは、G.H.M.がギルバート・ホランド・モンタギューの頭文字だと考えていた。Irwin Collier, "Harvard(?) Professor's Standard of Living, 1905," Economics in the Rear-View Mirror, 2017, www.irwincollier.com/harvard-professors -standard-of-living-1905; "Gilbert Holland Mongague, 1880–1961," Internet Archive Wayback Machine, https://web.archive.org/web/20040310032941 /http://www.montaguemillennium.com/familyresearch/h_1961_gilbert.htm.
21. G.H.M., "What Should College Professors Be Paid?," *Atlantic Monthly* 95, no. 5 (May 1905): 647–650.
22. Byington, *Homestead*.
23. Ray Ginger, *Age of Excess: American Life from the End of Reconstruction to World War I*, New York: Macmillan, 1965, 95.
24. J. R. Habakkuk, *American and British Technology in the Nineteenth Century: The Search for Labour-Saving Inventions*, Cambridge: Cambridge University Press, 1962.
25. Claudia D. Goldin and Lawrence F. Katz, *The Race Between Education and Technology*, Cambridge, MA: Harvard University Press, 2008; Claudia Goldin, "The Human Capital Century and American Leadership: Virtues of the Past," National Bureau of Economic Research (NBER) working paper 8239, *Journal of Economic History* 61, no. 2 (June 2001): 263–292, available at NBER, www.nber.org/papers/w8239.
26. Leon Trotsky, *My Life: An Attempt at an Autobiography*, New York: Charles Scribner's Sons, 1930.（邦訳は、トロツキー『わが生涯　上・下』森田成也訳、岩波文庫）

27. Joseph Schumpeter, *Capitalism, Socialism, and Democracy*, New York: Harper and Bros., 1942, 83.（邦訳は、シュンペーター『資本主義、社会主義、民主主義』大野一訳、日経BPクラシックス）

第3章　グローバルノースの民主化

1. Alexander Hamilton, John Jay, and James Madison, *The Federalist Papers*, *New York Packet*, *Independent Journal*, *Daily Advertiser*, collected with nos. 78–85 added, in *The Federalist: A Collection of Essays, Written in Favour of the New Constitution, as Agreed upon by the Federal Convention, September 17, 1787*, New York: J. and A. McLean, 1787–1788, no. 10. 全文は議会図書館で閲覧できる。https://guides.loc.gov /federalist-papers/full-text.（邦訳は、A.ハミルトン、J.ジェイ他著『ザ・フェデラリスト』斎藤眞訳、岩波文庫）
2. Thomas Jefferson, Letter to George Washington, May 23, 1792, in Noble Cunningham, *Jefferson vs. Hamilton: Confrontations That Shaped a Nation*, Boston: Bedford / St. Martins, 2000, 79.
3. Munro Price, *The Perilous Crown*, New York: Pan Macmillan, 2010, 308, 351–360.
4. Daniel Ziblatt, *Conservative Parties and the Birth of Democracy*, Cambridge: Cambridge University Press, 2017, 109.
5. Ellis A. Wasson, "The Spirit of Reform, 1832 and 1867," *Albion: A Quarterly Journal Concerned with British Studies* 12, no. 2 (Summer 1980): 164–174.
6. John W. Dean, *The Rehnquist Choice: The Untold Story of the Nixon Appointment That Redefined the Supreme Court*, New York: Free Press, 2001, 160, 312.
7. Friedrich A. von Hayek, *The Constitution of Liberty*, Chicago: University of Chicago Press, 1960, 148.（邦訳は、F・A・ハイエク『自由の条件』全3巻、気賀健三他訳、春秋社）
8. Hayek, *Constitution*, 286.（ハイエク『自由の条件』）
9. Friedrich A. von Hayek, *The Road to Serfdom*, London: Routledge, 1944, 124.（邦訳は、フリードリヒ・ハイエク『隷従への道』村井章子訳、日経BPクラシックス）
10. Friedrich A. von Hayek, *Law, Legislation and Liberty: The Political Order of a Free People*, Chicago: University of Chicago Press, 1979, 172.（邦訳は、フリードリヒ・A・ハイエク『法と立法と自由』全3巻、矢島鈞次他訳、春秋社）
11. Isaiah Berlin, *The Hedgehog and the Fox: An Essay on Tolstoy's View of History*, London: Weidenfeld and Nicolson, 1953, 1.（邦訳は、バーリン『ハリネズミと狐

『戦争と平和』の政治哲学』河合秀和訳、岩波文庫）

12. Karl Polanyi, *The Great Transformation*, New York: Farrar and Rinehart, 1944, 84.（邦訳は、ポラニー前掲書）
13. マルクスは、愛し憎んでいた産業・市場経済のすべてに「ブルジョワ」のレッテルを貼る前には、「ユダヤ」という言葉を使っていた。以下を参照されたい。Jonathan Sperber, Karl Marx: A Nineteenth-Century *Life*, New York: Liveright, 2013, 133.
14. Polanyi, *Great Transformation*, 144, 153–162.（邦訳は、ポラニー前掲書）
15. William Cronon, *Nature's Metropolis: Chicago and the Great West*, New York: W. W. Norton, 1992.
16. Ray Ginger, *The Age of Excess: The United States from 1877 to 1914*, New York: Macmillan, 1965; Ray Ginger, *Altgeld's America: The Lincoln Ideal Versus Changing Realities*, Chicago: Quadrangle Books, 1958.
17. John Peter Altgeld, *Our Penal Machinery and Its Victims*, Chicago: A.

C. McClurg and Company, 1886.

18. Clarence Darrow, *The Story of My Life*, New York: Scribner's, 1932, 66.
19. US Constitution, Art. IV §4.
20. Allan Nevins, *Grover Cleveland: A Study in Courage*, New York: Dodd, Mean, 1930, 691.
21. Ginger, *Age of Excess*, 359.
22. Darrow, *My Life*, 93.
23. Clarence Darrow, *Closing Arguments: Clarence Darrow on Religion, Law, and Society*, Columbus: Ohio University Press, 2005, 202.
24. W. E. B. Du Bois, "My Evolving Program for Negro Freedom," in *What the Negro Wants*, ed. Rayford W. Logan, Chapel Hill: University of North Carolina Press, 1944, 36.
25. Booker T. Washington, *Up from Slavery: An Autobiography*, London: George Harrap, 1934 [1901], 137.
26. Annette Gordon-Reed, "The Color Line: W. E. B. Du Bois's Exhibit at the 1900 Paris Exposition," *New York Review of Books*, August 19, 2021, www.nybooks.com/articles/2021/08/19/du-bois-color-line-paris-exposition.
27. W. E. B. Du Bois, *The Souls of Black Folk*, Chicago: A. C. McClurg, 1903, n.p.（邦訳は、W. E. B.デュボイス『黒人のたましい』木島始他訳、岩波文庫）
28. Alexis de Tocqueville, *Souvenirs*, Paris: Calmann Lévy, 1893 [1850– 1852], n.p.（邦訳は、トクヴィル『二月革命の日々　トクヴィル回想録』喜安朗訳、岩波文庫）

29. Jean-François de La Harpe, *Cours de Littérature Ancienne et Moderne*, Paris: Didot Frères, 1840, n.p.
30. William L. Shirer, *The Collapse of the Third Republic: An Inquiry into the Fall of France in 1940*, New York: Pocket Books, 1971, 33–39.
31. Donald Sassoon, *One Hundred Years of Socialism: The West European Left in the Twentieth Century*, New York: New Press, 1996, 5–25.
32. John Maynard Keynes, *The End of Laissez-Faire*, London: Hogarth Press, 1926, n.p.（邦訳は、J.M.ケインズ「自由放任の終わり」、山岡洋一訳『ケインズ説得論集』所収、日経ビジネス人文庫）
33. Andrew Carnegie, "Wealth," *North American Review* 148, no. 391 (June 1889), n.p., available from Robert Bannister at Swarthmore College, June 27, 1995, www.swarthmore.edu/SocSci/rbannis1/AIH19th/Carnegie .html.
34. Winston S. Churchill, *The World Crisis*, vol. 1, New York: Charles Scribner's Sons, 1923, 33.
35. Arthur Conan Doyle, *His Last Bow: Some Reminiscences of Sherlock Holmes*, New York: George H. Doran, 1917, 307–308.（コナン・ドイル『シャーロック・ホームズ最後の挨拶』駒月雅子訳、角川文庫）
36. John Maynard Keynes, *The Economic Consequences of the Peace*, London: Macmillan, 1919, 22.（ケインズ『平和の経済的帰結』）

第4章　世界帝国

1. Bernal Díaz del Castillo, *The History of the Conquest of New Spain*, Albuquerque: University of New Mexico Press, 2008 [1568].
2. David Abernethy, *The Dynamics of Global Dominance: European Overseas Empires, 1415–1980*, New Haven, CT: Yale University Press, 2000, 242–248.
3. Eric Williams, *Capitalism and Slavery*, Chapel Hill: University of North Carolina Press, 1944（邦訳は、エリック・ウィリアムズ『資本主義と奴隷制　ニグロ史とイギリス経済史』中山毅訳、ちくま学芸文庫）; Nathan Nunn and Leonard Wantchekon, "The Slave Trade and the Origins of Mistrust in Africa," *American Economic Review* 101, no. 7 (December 2011): 3221–3252, available at American Economic Association, www.aeaweb.org/articles?id=10.1257/aer.101.7.3221.
4. Winston Churchill, *The River War: An Historical Account of the Reconquest of the Sudan*, London: Longmans, Green, 1899, n.p.

5. L. A. Knight, “The Royal Titles Act and India,” *Historical Journal* 11, no. 3 (1968): 488–507.
6. Karl Marx, “British Rule in India,” *New-York Daily Tribune*, June 25, 1853, available at Marxists Internet Archive, www.marxists.org/archive/marx / works/1853/06/25.htm（邦訳は、マルクス「イギリスのインド支配」、鈴木正四訳、マルクス＝エンゲルス全集第9巻、大月書店）; Karl Marx, “The Future Results of British Rule in India,” *New-York Daily Tribune*, July 22, 1853, available at Marxists Internet Archive, www.marxists.org/archive/marx/410. htm.（邦訳は、マルクス「イギリスのインド支配の将来の結果」同）
7. Dugald Stewart, *Account of the Life and Writings of Adam Smith, LL.D.*, Edinburgh: Transactions of the Royal Society of Edinburgh, 1794. 私の以下のウェブサイトで閲覧できる。https://delong.typepad.com/files/stewart.pdf.
8. Mancur Olson, *The Rise and Decline of Nations: Economic Growth, Stagflation, and Social Rigidities*, New Haven, CT: Yale University Press, 1982, 179.（邦訳は、マンサー・オルソン『国家興亡論　「集合行為論」から見た盛衰の科学』加藤寛監訳、PHP研究所）
9. Afaf Lutfi al-Sayyid Marsot, *A Short History of Modern Egypt*, Cambridge: Cambridge University Press, 1985, 48–68.
10. Laura Panza and Jeffrey G. Williamson, “Did Muhammad Ali Foster Industrialization in Early 19th Century Egypt?,” *Economic History Review* 68 (2015): 79–100.
11. David Landes, “Bankers and Pashas: International Finance and Imperialism in the Egypt of the 1860's” (PhD diss., Harvard University, 1953).
12. Alicia E. Neve Little, *Li Hung-Chang: His Life and Times*, London: Cassell and Company, 1903; Jonathan Spence, *The Search for Modern China*, New York: W. W. Norton, 1990.
13. Ellsworth Carlson, *The Kaiping Mines*, Cambridge, MA: Harvard University Press, 1957.
14. Robert Allen, *The British Industrial Revolution in Global Perspective*, Cambridge: Cambridge University Press, 2009.
15. A. L. Sadler, *The Maker of Modern Japan: The Life of Tokugawa Ieyasu*, London: Routledge, 1937; Conrad D. Totman, *The Collapse of the Tokugawa Bakufu: 1862–1868*, Honolulu: University Press of Hawaii, 1980.
16. Robert Allen, *Global Economic History: A Very Short Introduction*, Oxford: Oxford University Press, 2013, 118–119.（アレン前掲書）
17. Totman, *Collapse of the Tokugawa Bakufu*; Jerry Kamm Fisher, *The*

Meirokusha, Charlottesville: University of Virginia Press, 1974.

18. John P. Tang, "Railroad Expansion and Industrialization: Evidence from Meiji Japan," *Journal of Economic History* 74, no. 3 (September 2014): 863–886; George Allen, *A Short Economic History of Modern Japan, 1867– 1937*, London: Allen and Unwin, 1972, 32–62, 81–99.
19. Myung Soo Cha, "Did Takahashi Korekiyo Rescue Japan from the Great Depression?," *Journal of Economic History* 63, no. 1 (March 2003):
127–144; Dick Nanto and Shinji Takagi, "Korekiyo Takahashi and Japan's Recovery from the Great Depression," *American Economic Review* 75, no. 2 (May 1985): 369–374; Richard J. Smethurst, *From Foot Soldier to Finance Minister: Takahashi Korekiyo, Japan's Keynes*, Cambridge, MA: Harvard University Asia Ce*nter, 2007.*（邦訳は、リチャード・J・スメサースト『高橋是清　日本のケインズ　その生涯と思想』鎮目雅人他訳、東洋経済新報社）
20. Kozo Yamamura, "Success Illgotten? The Role of Meiji Militarism in Japan's Technological Progress," *Journal of Economic History* 37, no. 1 (March 1977): 113–135.
21. Rudyard Kipling, "White Man's Burden," *The Times*, February 4, 1899, reprinted at Wikipedia, https://en.wikipedia.org/wiki/The_White_Man%27s _Burden.
22. Joseph Schumpeter, *The Sociology of Imperialisms*, 1918, in *Imperialism and Social Classes: Two Essays by Joseph Schumpeter*, Cleveland: Meridian Books, 2007.
23. John Hobson, *Imperialism: A Study*, London: James Nisbet, 1902.8（邦訳は、ホブスン『帝国主義論　上・下』矢内原忠雄訳、岩波文庫）
24. Norman Angell, *Europe's Optical Illusion*, Hamilton, Kent, UK: Simpkin, Marshall, 1908.

第5章　第一次世界大戦

1. Norman Angell, *Peace Theories and the Balkan War*, London: Horace Marshall and Son, 1912, 124.
2. "Otto von Bismarck," Social Security Administration, n.d., www.ssa .gov/history/ottob.html; Otto von Bismarck, "Bismarck's Reichstag Speech on the Law for Workers' Compensation (March 15, 1884)," German Historical Institute, German History in Documents and Images, https://german historydocs.ghi-dc.org/sub_document.cfm?document_id=1809.

3. Thomas Pakenham, *The Boer War*, New York: HarperCollins, 1992.
4. George Dangerfield, *The Strange Death of Liberal England*, London: Harrison Smith and Robert Haas, 1935.
5. Max Weber, *The National State and Economic Policy*, Freiburg, 1895, quoted in Wolfgang J. Mommsen and Jürgen Osterhammel, *Max Weber and His Contemporaries*, London: Routledge, 1987, 36.（邦訳は、マックス・ウェーバー『国民国家と経済政策　(転換期を読む4)』田中真晴訳、未来社）
6. Max Weber, *The Sociology of Religion*, excerpted in Max Weber, Hans Heinrich Gerth, and C. Wright Mills, eds., *From Max Weber: Essays in Sociology*, London: Routledge and Kegan Paul, 1948, 280.（邦訳は、マックス・ウェーバー『宗教社会学　経済と社会第2部第5章』武藤一訳、創文社）
7. Robert Forczyk, *Erich von Manstein: Leadership, Strategy, Conflict*, Oxford: Osprey Publishing, 2010.
8. Christopher Clark, *The Sleepwalkers: How Europe Went to War in 1914*, London: Allen Lane, 2012; David Mackenzie, *The "Black Hand" on Trial: Salonika 1917*, New York: Columbia University Press, 1995; W. A. Dolph Owings, *The Sarajevo Trial*, Chapel Hill, NC: Documentary Publications, 1984.
9. Arno Mayer, *The Persistence of the Old Regime: Europe to the Great War*, New York: Pantheon Books, 1981.
10. Robert Citino, *The German Way of War: From the Thirty Years' War to the Third Reich*, Lawrence: University Press of Kansas, 2005.
11. Niall Ferguson, *The Pity of War*, London: Penguin, 1998, xxxix.
12. Adam Tooze, *The Deluge: The Great War, America and the Remaking of the Global Order*, New York: Penguin Random House, 2014.
13. Walther Rathenau, *To Germany's Youth*, Berlin: S. Fischer, 1918, 9.
14. Hugo Haase, "Social Democratic Party Statement on the Outbreak of the War," August 4, 1914, quoted in "The Socialists Support the War (August 4, 1914)," German Historical Institute, German History in Documents and Images, https://germanhistorydocs.ghi-dc.org/sub_document.cfm?document_id=816&language=english.
15. Michael Howard, *The First World War*, Oxford: Oxford University Press, 2002. Much shorter is Michael Howard, *The First World War: A Very Short Introduction*, Oxford: Oxford University Press, 2007.（邦訳は、マイケル・ハワード『第一次世界大戦』馬場優訳、法政大学出版局）
16. John Maynard Keynes, *The Economic Consequences of the Peace*, London:

Macmillan, 1919, 7 (ケインズ前掲書)
17. Robert Skidelsky, *John Maynard Keynes, 1883–1946: Economist, Philosopher, Statesman*, New York: Penguin, 2005. (邦訳は、ロバート・スキデルスキー『ジョン・メイナード・ケインズ　経済学者、思想家、ステーツマン　1883-1946　上・下』村井章子訳、日本経済新聞出版)

第6章　競争の二〇年代

1. ソ連の総書記だったゴルバチョフが1989年7月6日の「共通の家としてのヨーロッパ」と題する演説で提示し、ロイ・ローゼンツワイグ歴史・ニューメディア・センター(旧歴史・ニューメディア・センター)ジョージ・メイソン大学が記録した。https://chnm.gmu.edu/1989/archive/files/gorbachev-speech-7-6-89_e3ccb87237.pdf.
2. Joseph Schumpeter, *Capitalism, Socialism, and Democracy*, New York: Taylor and Francis, 2013 [1942]. (シュンペーター前掲書)
3. Karl Popper, *The Open Society and Its Enemies*, New York: Taylor and Francis, 2012 [1945]. (邦訳は、カール・ポパー『開かれた社会とその敵』全4巻、小河原誠訳、岩波文庫)
4. Peter Drucker, *Management: Tasks, Responsibilities, Practices*, New York: HarperCollins, 1993 [1973] (邦訳は、ピーター・ドラッカー『マネジメント　務め、責任、実践』全4巻、有賀裕子訳、日経BPクラシックス); Alasdair Macintyre, *After Virtue: A Study in Moral Theory*, South Bend, IN: University of Notre Dame Press, 1981.
5. こうしたアイデアを科学技術に応用することについてのよい入門書となるのは、以下の第5章である。Partha Dasgupta, *Economics: A Very Short Introduction*, Oxford: Oxford University Press, 2007, 90–99. (邦訳は、パーサ・ダスグプタ『経済学　<1冊でわかる>シリーズ』植田和弘他訳、岩波書店)
6. Charles Kindleberger, *The World in Depression, 1929–1939*, Berkeley: University of California Press, 1973, 291–292. (邦訳は、チャールズ・P・キンドルバーガー『大不況下の世界　1929-1939　増補改訂版』石崎昭彦他訳、岩波書店)
7. Margaret MacMillan, *Paris 1919: Six Months That Changed the World*, New York: Random House, 2001.
8. Laura Spinney, *Pale Rider: The Spanish Flu of 1918 and How It Changed the World*, New York: PublicAffairs, 2017.
9. Wladimir S. Woytinsky, *Stormy Passage: A Personal History Through Two*

Russian Revolutions to Democracy and Freedom, 1905–1960, New York: Vanguard, 1961.

10. Woodrow Wilson, "Address of the President of the United States to the Senate," January 22, 1917, posted at University of Michigan–Dearborn, Personal Pages, www-personal.umd.umich.edu/~ppennock/doc-Wilsonpeace .htm.
11. John Maynard Keynes, *The Economic Consequences of the Peace*, London: Macmillan, 1919, 37–55.（ケインズ前掲書）
12. Keynes, *Economic Consequences*, 3.（同）
13. Keynes, *Economic Consequences*, 3–4.（同）
14. Jan Christiaan Smuts, *Selections from the Smuts Papers*, vol. 4, *November 1918–August 1919*, Cambridge: Cambridge University Press, 1966, 152–153.
15. George H. Nash, *The Life of Herbert Hoover: The Humanitarian, 1914–1917*, New York: W. W. Norton, 1988; George H. Nash, *The Life of Herbert Hoover: Master of Emergencies, 1917–1918*, New York: W. W. Norton, 1996; Kendrick A. Clements, *The Life of Herbert Hoover: Imperfect Visionary, 1918–1928*, New York: Palgrave Macmillan, 2010.
16. Keynes, *Economic Consequences*, 268.（ケインズ前掲書）
17. Keynes, *Economic Consequences*, 149.（同）
18. Christian Seidl, "The Bauer-Schumpeter Controversy on Socialization," *History of Economic Ideas* 2, no. 2 (1994): 53にJoseph Schumpeter's 1917 "Die Krise des Steuerstaates,"の引用がある。この文章自体は以下に再録されている。Joseph Schumpeter, "Die Krise des Steuerstaates," *Aufsätze zur Soziologie*, Tübingen: J. C. B. Mohr (Paul Siebeck), 1953.
19. Joe Weisenthal, Tracy Alloway, and Zach Carter, "The Real Story of Weimar Hyperinflation," Bloomberg, *Odd Lots Podcast*, April 15, 2021, www.bloomberg.com/news/articles/2021-04-15/zach-carter-on-the-real-story-of-weimar-hyperinflation; Sally Marks, "The Myths of Reparations," *Central European History* 11, no. 3 (2008): 231–255.
20. Barry J. Eichengreen, *Golden Fetters: The Gold Standard and the Great Depression*, New York: Oxford University Press, 1992.「黄金の足枷」という言葉は、「われわれの黄金の足枷をパチッと切って再び自分の運を自分でコントロールできるようになるのは、災難ではなく幸運な解放である」という文章に出てくる。その出典は以下。John Maynard Keynes, "Two Years Off Gold: How Far Are We from Prosperity Now?," *Daily Mail*, September 19, 1933, reprinted in John

Maynard Keynes, *The Collected Writings of John Maynard Keynes*, vol. 21, *Activities, 1931–1939: World Crises and Policies in Britain and America*, Cambridge: Cambridge University Press, 1982, 285.

21. Robert Skidelsky, *John Maynard Keynes, 1883–1946: Economist, Philosopher, Statesman*, New York: Penguin, 2005, 217–249.（スキデルスキー前掲書）
22. スキデルスキー前掲書。P. J. Grigg, *Prejudice and Judgment*, London: Jonathan Cape, 1948, 183.グリッグは信用できないと私は感じている。その理由を知りたい向きは、私のウェブサイトを見てほしい。https://braddelong.substack.com/p / chapter-vi-roaring-twenties.
23. Eichengreen, *Golden Fetters*, 153–186.
24. Paul Krugman, "Notes on Globalization and Slowbalization," November 2020, The Graduate Center, City University of New York, www.gc .cuny.edu/CUNY_GC/media/LISCenter/pkrugman/Notes-on-globalization-and-slowbalization.pdf.
25. Kevin H. O'Rourke, "Globalization in Historical Perspective," in *Globalization and Unemployment*, ed. H. Wagner, Berlin: Springer-Verlag, 2000.
26. William C. Widenor, *Henry Cabot Lodge and the Search for an American Foreign Policy*, Berkeley: University of California Press, 1980; Henry Cabot Lodge, "Lynch Law and Unrestricted Immigration," *North American Review* 152, no. 414 (May 1891): 602–612. ウッドロー・ウィルソンは、移民は1880年代までにアメリカにとって脅威になると考えていた。Woodrow Wilson, *Division and Reunion, 1829–1889*, London: Longmans, Green, 1893, 297.
27. Eric S. Yellin, "How the Black Middle Class Was Attacked by Woodrow Wilson's Administration," *The Conversation*, February 8, 2016, https://theconversation.com/how-the-black-middle-class-was-attacked-by-woodrow -wilsons-administration-52200; Franklin Delano Roosevelt, "Cover Memorandum," August 7, 1916, reprinted in "Roosevelt Exposed as Rabid Jim Crower by Navy Order," *Chicago Defender*, October 15, 1932, 1, available at Internet Archive Wayback Machine, web.archive.org/web/20110104185404 /http://j-bradford-delong.net/2007_images/20070728_Roosevelt_memo.pdf.
28. J. H. Habakkuk, *American and British Technology in the Nineteenth Century: The Search for Labour Saving Inventions*, Cambridge: Cambridge University Press, 1962; David A. Hounshell, *From the American System to Mass Production: The Development of Manufacturing Technology in the United*

States, 1850–1920, Wilmington: University of Delaware Press, 1978.
29. Paul A. David, "The Dynamo and the Computer: An Historical Perspective on the Modern Productivity Paradox," *American Economic Review* 80, no. 2 (May 1990): 355–361.
30. Daniel Raff, "Wage Determination Theory and the Five-Dollar Day at Ford: A Detailed Examination" (PhD diss., Massachusetts Institute of Technology, 1987); Daniel M.G. Raff and Lawrence H. Summers, "Did Henry Ford Pay Efficiency Wages?," *Journal of Labor Economics* 5, no. 4, pt. 2 (October 1987): S57–S86.
31. "Theodore N. Vail on Public Utilities and Public Policies," *Public Service Management* 14, no. 6 (June 1913): 208.
32. Alfred P. Sloan, *My Years with General Motors*, New York: Doubleday, 1964 (邦訳は、アルフレッド・P・スローンJr『GMとともに』有賀裕子訳、ダイヤモンド社): Peter F. Drucker, *The Concept of the Corporation*, New York: John Day, 1946. (ピーター・ドラッカー『企業とは何か　ドラッカー名著集11』上田惇生訳、ダイヤモンド社)
33. Aldous Huxley, *Brave New World*, New York: Random House, 2008 [1932]. (邦訳は、オルダス・ハクスリー『すばらしい新世界』黒原敏行訳、光文社古典新訳文庫)
34. O. M. W. Sprague, *History of Crises Under the National Banking System*, Washington, DC: Government Printing Office, 1910, archived at Federal Reserve Archival System for Economic Research (FRASER), https://fraser.stlouisfed.org/files/docs/historical/nmc/nmc_538_1910.pdf; Elmus Wicker, *Banking Panics of the Gilded Age*, Cambridge: Cambridge University Press, 2000.
35. Nash, *Master of Emergencies*; Clements, *Imperfect Visionary*.
36. Calvin Coolidge, "Sixth Annual Message," 1928, American Presidency Project, University of California, Santa Barbara, www.presidency.ucsb.edu/documents/sixth-annual-message-5.
37. Calvin Coolidge, "Address to the American Society of Newspaper Editors, Washington, D.C.," January 17, 1925, American Presidency Project, University of California, Santa Barbara, www.presidency.ucsb.edu/documents/address-the-american-society-newspaper-editors-washington-dc.
38. Edward A. Filene, "The New Capitalism," *Annals of the American Academy of Political and Social Science* 149, no. 1 (May 1930): 3–11.
39. "Fisher Sees Stocks Permanently High," *New York Times*, October 16, 1929,

https://timesmachine.nytimes.com/timesmachine/1929/10/16/9600 0134.html.
40. J. Bradford DeLong and Andrei Shleifer, "Closed-End Fund Discounts: A Yardstick of Small-Investor Sentiment," *Journal of Portfolio Management* 18, no. 2 (Winter 1992): 46–53.
41. Eichengreen, *Golden Fetters*, 222–256.
42. Douglas Irwin, "Who Anticipated the Great Depression? Gustav Cassel Versus Keynes and Hayek on the Interwar Gold Standard," *Journal of Money, Credit, and Banking* 46, no. 1 (February 2014): 199–227, https://cpb-us-e1.wpmucdn.com/sites.dartmouth.edu/dist/c/1993/files/2021/01 / jmcb.12102.pdf.
43. John Kenneth Galbraith, *The Great Crash, 1929*, Boston: Houghton Mifflin, 1955.（邦訳は、ジョン・K・ガルブレイス『大暴落1929』村井章子訳、日経BPクラシックス）

第7章　大恐慌

1. Jean -Baptiste Say, *A Treatise on Political Economy*, Philadelphia: Gregg and Elliot, 1843 [1803].（邦訳は、ジャン=バティスト・セイ『経済学』増井幸雄訳、岩波書店）
2. John Stuart Mill, *Essays on Some Unsettled Questions in Political Economy*, London: John W. Parker, 1844 [1829]（邦訳は、ミル『経済学試論集』末永茂喜訳、岩波文庫）; John Maynard Keynes, *The General Theory of Employment, Interest and Money*, London: Macmillan, 1936（ジョン・メイナード・ケインズ『雇用、金利、通貨の一般理論』大野一訳、日経ＢＰクラシックス）; William Baumol, "Retrospectives: Say's Law," *Journal of Economic Perspectives* 13, no. 1 (Winter 1999): 195–204, available at American Economic Association, https://pubs.aeaweb.org/doi/pdfplus/10.1257/jep.13.1.195.
3. Karl Marx, *Theories of Surplus Value*, Moscow: Progress Publishers, 1971 [1861–1863], chap. 17, n.p., available at Marxists Internet Archive, www.marxists.org/archive/marx/works/1863/theories-surplus-value/ch17.htm.
4. Thomas Robert Malthus, *Principles of Political Economy Considered with a View Toward Their Practical Application*, 2nd ed., London: W. Pickering, 1836 [1820]; Mill, *Unsettled Questions.*
5. この重要な点は、以下に最も巧みに表現されている。Nick Rowe, "Why Is Macroeconomics So Hard to Teach?," *Economist*, August 9, 2018, www.

economist.com/finance-and-economics/2018/08/09/why-is-macroeconomics-so-hard-to-teach.

6. Jean-Baptiste Say, *Cours Complet d'Economie Politique Pratique*, Paris: Chez Rapilly, 1828–1830.
7. E. M. Forster, *Marianne Thornton: A Domestic Biography, 1797–1887*, New York: Harcourt Brace Jovanovich, 1973 [1902], 109–123.
8. Quoted in Walter Bagehot, *Lombard Street: A Description of the Money Market*, London: Henry S. King, 1873, 53.（邦訳は、ウォルター・バジョット『ロンバート街　金融市場の解説』久保恵美子訳、日経BPクラシックス）
9. John Kenneth Galbraith, *The Great Crash 1929*, Boston: Houghton Mifflin, 1955.（ガルブレイス前掲書）
10. Barry J. Eichengreen, *Golden Fetters: The Gold Standard and the Great Depression*, New York: Oxford University Press, 1992, 258–316.
11. George Orwell, *The Road to Wigan Pier*, London: Left Book Club, 1937.（邦訳は、ジョージ・オーウェル『ウィガン波止場への道』土屋宏之他訳、ちくま学芸文庫）
12. Eichengreen, *Golden Fetters*, 256–268.
13. Joseph Schumpeter, "Depressions," in Douglass V. Brown, Edward Chamberlin, Seymour E. Harris, Wassily W. Leontief, Edward S. Mason, Joseph A. Schumpeter, and Overton H. Taylor, *The Economics of the Recovery Program*, New York McGraw-Hill, 1934, 16.
14. Friedrich A. von Hayek, "Prices and Production," 1931, in Friedrich A. von Hayek, *Prices and Production and Other Works*, Auburn, AL: Ludwig von Mises Institute, 2008, 275.(ハイエク「価格と生産」、『景気循環と貨幣理論／価格と生産』ハイエク全集1-1所収、古賀勝次郎他訳、春秋社)
15. Schumpeter, "Depressions," .
16. Herbert Hoover, *The Memoirs of Herbert Hoover*, vol. 3, *The Great Depression, 1929–1941*, New York: Macmillan, 1953, 30.
17. Mill, *Unsettled Questions*, n.p.（ミル『経済学試論集』
18. Bagehot, *Lombard Street*(バジョット前掲書); Robert Peel, "Letter of 1844," in *British Parliamentary Papers*, 1847, vol. 2, xxix, quoted in Charles Kindleberger, *A Financial History of Western Europe*, London: George Allen and Unwin, 1984, 90.
19. Ralph G. Hawtrey, *A Century of Bank Rate*, London: Taylor and Francis, 1995 [1938], 145.
20. John Maynard Keynes, "The Great Slump of 1930," *Nation and Athenaeum*,

December 20 and 27, 1930, n.p.（邦訳は、ジョン・メイナード・ケインズ「一九三〇年の大不況」、『ケインズ説得論集』所収、山岡洋一訳、日経ビジネス人文庫）

21. John Maynard Keynes, *The Economic Consequences of the Peace*, London: Macmillan, 1919, 251.(ケインズ『平和の経済的帰結』)
22. Barry Eichengreen and Jeffrey Sachs, "Exchange Rates and Economic Recovery in the 1930s," National Bureau of Economic Research (NBER) working paper 1498, *Journal of Economic History* 45, no. 4 (December 1985): 925–946, available at NBER, www.nber.org/papers/w1498.
23. Franklin Delano Roosevelt, "First Inaugural Address," March 4, 1933, American Presidency Project, University of California, Santa Barbara, www.presidency.ucsb.edu/documents/inaugural-address-8.
24. P. J. Grigg, *Prejudice and Judgment*, London: Jonathan Cape, 1948, 7.
25. Jacob Viner, "Review: Mr. Keynes on the Causes of Unemployment," *Quarterly Journal of Economics* 51, no. 1 (November 1936): 147–167.
26. Keynes, *General Theory*, chap. 24, n.p.（ケインズ『一般理論』）
27. Margaret Weir and Theda Skocpol, "State Structures and Social Keynesianism: Responses to the Great Depression in Sweden and the United States," *International Journal of Comparative Sociology* 24, nos. 1–2 (January 1983).
28. Richard J. Smethurst, *From Foot Soldier to Finance Minister: Takahashi Korekiyo*, Cambridge, MA: Harvard University Asia Center, 2007.(スメサースト前掲書)
29. Hjalmar Horace Greeley Schacht, *Confessions of "the Old Wizard": Autobiography*, Boston: Houghton Mifflin, 1956.
30. Nico Voigtlaender and Hans-Joachim Voth, "Highway to Hitler," National Bureau of Economic Research (NBER) working paper 20150, issue date May 2014, revised January 2021, available at NBER, www.nber.org / papers/w20150.
31. Adolf Hitler, *Mein Kampf*, Baltimore: Pimlico, 1992 [1925]（邦訳は、アドルフ・ヒトラー『わが闘争　上・下』平野一郎他訳、角川文庫）; Adolf Hitler, *Hitler's Second Book*, New York: Enigma Books, 2006.
32. Eichengreen, *Golden Fetters*, 411.
33. "Statement of J. Bradford DeLong, Professor of Economics, University of California at Berkeley," in "Lessons from the New Deal: Hearing Before the Subcommittee on Economic Policy of the Committee of Banking, Housing,

and Urban Affairs, United States Senate, One Hundred Eleventh Congress, First Session, on What Lessons Can Congress Learn from the New Deal That Can Help Drive Our Economy Today," March 31, 2009, Washington, DC: Government Printing Office, 2009, 21–22, 53–60, available at US Government Publishing Office website, www.govinfo.gov/content/pkg/CHRG -111shrg53161/html/CHRG-111shrg53161.htm.

34. Peter Temin, *Lessons from the Great Depression*, Cambridge, MA: MIT Press, 1991.（邦訳は、ピーター・テミン『大恐慌の教訓』猪木武徳他訳、東洋経済新報社）
35. William L. Shirer, *The Collapse of the Third Republic: An Inquiry into the Fall of France in 1940*, New York: Pocket Books, 1971, 294.
36. Orwell, *Wigan Pier*, 78.（オーウェル前掲書）
37. Orwell, *Wigan Pier*, 40–42.（同上）
38. Franklin Delano Roosevelt, "Address Accepting the Presidential Nomination at the Democratic National Convention in Chicago," July 2, 1932, American Presidency Project, University of California, Santa Barbara, www .presidency.ucsb.edu/documents/address-accepting-the-presidential-nomination -the-democratic-national-convention-chicago-1.
39. Ellis Hawley, *The New Deal and the Problem of Monopoly, 1934–1938: A Study in Economic Schizophrenia*, Madison: University of Wisconsin Press, 1958.
40. Vaclav Smil, *Creating the Twentieth Century: Technical Innovations of 1867–1914 and Their Lasting Impact*, Oxford: Oxford University Press, 2005; Vaclav Smil, *Transforming the Twentieth Century: Technical Innovations and Their Consequences*, Oxford: Oxford University Press, 2006.
41. Dwight D. Eisenhower, Letter to Edgar Newton Eisenhower, November 8, 1954, available at Teaching American History, https://teachingamericanhistory.org/library/document/letter-to-edgar-newton-eisenhower.
42. John Maynard Keynes, *Essays in Persuasion*, London: Macmillan, 1933, 326–329（ケインズ『ケインズ説得論集』）

第8章　実際の社会主義

1. Giuseppe Tomasi di Lampedusa, *The Leopard*, New York: Random House, 1960 [1958], 40.
2. Joseph Weydemeyer, "Dictatorship of the Proletariat," Turn-Zeitung,

January 1, 1852, available at Libcom, https://libcom.org/files/Joseph%20Weydemeyer%20-%20The%20Dictatorship%20of%20the%20Proletariat%20(article%20published%20in%20New%20York,%201852).pdf. ここには、ハイエクの「リュクルゴス・モーメント」という概念との決定的な類似性が認められる。それによれば、短期的に権威主義の下での暴力的手段を行使することによって長期的な自由が守られるという。Margaret Thatcher, Letter to Friedrich von Hayek, February 17, 1982. 手紙の複写とデジタル画像は以下を参照されたい。Corey Robin, "Margaret Thatcher's Democracy Lessons," Jacobin, n.d., https://jacobinmag.com/2013/07/margaret-thatcher-democracy-lessons.

3. しかし、レーニンだけでなく、クロムウェルも、時にはカエサル自身も、独裁の「一時的な」性質に問題を抱えていた。
4. Karl Marx, "Wage Labour and Capital," *Neue Rheinische Zeitung*, April 5–8, 11, 1849 [1847], chap. 9, available at Marxists Internet Archive, www . marxists.org/archive/marx/works/1847/wage-labour.（邦訳は、カール・マルクス『賃労働と資本』長谷部文雄訳、岩波文庫）
5. Karl Marx and Friedrich Engels, *Manifesto of the Communist Party*, London: Communist League, 1848, n.p.（邦訳はマルクス、エンゲルス前掲書）
6. George Boyer, "The Historical Background of the Communist Manifesto," *Journal of Economic Perspectives* 12, no. 4 (Fall 1998): 151–174.
7. Eric Hobsbawm, *Age of Extremes: The Short Twentieth Century, 1914– 1991*, London: Michael Joseph, 1984, 379.(ホブズボーム前掲書)
8. Evan Mawdsley, *The Russian Civil War*, New York: Simon and Schuster, 2009.
9. Peter Boettke, *Calculation and Coordination: Essays on Socialism and Transitional Political Economy*, New York: Routledge, 2001, 312, quoting Vladimir Lenin, "Theses for an Appeal to the International Socialist Committee and All Socialist Parties" [1931], in *Lenin Collected Works*, vol. 23, Moscow: Progress Publishers, 1964, 206–216, available at Marxists Internet Archive, www.marxists.org/archive/lenin/works/1916/dec/25.htm.
10. Edmund Wilson, *To the Finland Station: A Study in the Writing and Acting of History*, Garden City, NY: Doubleday, 1955 [1940], 384–385.（邦訳は、エドマンド・ウィルソン『フィンランド駅へ　上・下』岡本正明訳、みすず書房）
11. マイケル・ポラニーの主な論点は以下に。"Planning and Spontaneous Order," *Manchester School of Economics and Social Studies* 16, no. 3 (1948): 237–268.
12. Vladimir Lenin, *Testament*, November 1922, in *Lenin Collected Works*, vol.

36, Moscow: Progress Publishers, 1966, 594–596, available at History Guide: Lectures on Twentieth Century Europe, www.historyguide.org / europe/testament.html.
13. Adolf Hitler, *Mein Kampf*, Baltimore: Pimlico, 1992 [1925].(ヒトラー前掲書)
14. Bertholt Brecht, "The Solution," June 1953, reprinted at Internet Poem, https://internetpoem.com/bertolt-brecht/the-solution-poem.
15. Timothy Snyder, *Bloodlands: Europe Between Hitler and Stalin*, New York: Basic Books, 2010, 21–87.(邦訳は、ティモシー・スナイダー『ブラッド・ランド　ヒトラーとスターリン大虐殺の真実　上・下』布施由紀子訳、ちくま学芸文庫)

索引

数字・欧文

ア行

カ行

サ行

タ行

ナ行

ハ行

マ行

ヤ行

ラ行

ワ行

［著者略歴］

ブラッドフォード・デロング (Bradford DeLong)

カリフォルニア大学バークレー校経済学教授。1960年生まれ。専門は、経済史、マクロ経済学、経済成長論、金融論。全米経済研究所（NBER）研究員。クリントン政権時代の1993年から1995年まで財務省次官補代理を務めた。共著に『アメリカ経済政策入門　建国から現在まで』（みすず書房）。

タイラー・コーエンらと並ぶ人気ブロガーの1人。金融市場の非合理的な「ノイズ・トレーダー」の研究や商品経済から情報注目経済（information-attention economy）への移行の研究で知られる。

［訳者略歴］

村井章子（むらい・あきこ）

翻訳家。上智大学文学部卒業。アダム・スミス『道徳感情論』（共訳）、ミルトン・フリードマン『資本主義と自由』（いずれも日経BPクラシックス）、ファーガソン『キッシンジャー　1・2』、レビンソン『コンテナ物語　増補改訂版』（以上、日経BP）、カーネマン『ファスト&スロー』（ハヤカワ文庫）など多数。

20世紀経済史
ユートピアへの緩慢な歩み
上

2024年6月24日　第1版第1刷

著者　ブラッドフォード・デロング
訳者　村井章子
発行者　中川ヒロミ
発行　株式会社日経BP
発売　株式会社日経BPマーケティング
〒105-8308　東京都港区虎ノ門4-3-12
https://bookplus.nikkei.com/

装丁　水戸部 功
製作　マーリンクレイン
印刷・製本　中央精版印刷

本書の無断複写・複製（コピー等）は、著作権法上の例外を除き、禁じられています。
購入者以外の第三者による電子データ化および電子書籍化は、
私的使用も含め一切認められていません。
Printed in Japan 2024
ISBN 978-4-296-00130-9

本書に関するお問い合わせ、ご質問は下記にて承ります。
https://nkbp.jp/booksQA